365 JOURS

DU MÊME AUTEUR

LA FLAMME ET LA CENDRE, Grasset, 2002 ; Hachette, 2003 (postface inédite).

POUR L'ÉGALITÉ RÉELLE, *Eléments pour un réformisme radical*, Les Notes de la Fondation Jean-Jaurès, 2004.

CONSTRUIRE L'EUROPE POLITIQUE, *Cinquante propositions pour l'Europe de demain*, 2004.

OUI ! *Lettre ouverte aux enfants d'Europe*, Grasset, 2004.

DOMINIQUE STRAUSS-KAHN

365 JOURS

BERNARD GRASSET
PARIS

Avant-propos

J'ai fait, avec 365 Jours, le choix d'un livre atypique.
Il ne s'agit pas d'un essai. La grande construction théorique ex cathedra, *voilà un exercice qui me paraissait trop éloigné des nécessités de l'heure et auquel, qui plus est, je me suis déjà livré il y a suffisamment peu de temps* [1] *pour que ma vision du monde et du socialisme ne soit pas encore, du moins je l'espère, périmée.*
Il ne s'agit pas d'un programme. La longue liste de propositions précises, couvrant tous les sujets, techniquement détaillée, financièrement gagée, juridiquement étudiée, voilà un travail que le Parti socialiste, et moi avec lui, préparons précisément en ce moment mais où je risquais, pour reprendre la formule de Pierre Mendès France, de n'avoir le choix qu'entre « se répéter ou se contredire ».
Il ne s'agit pas d'un projet. La définition des objectifs pour la décennie qui vient, la projection de notre pays dans le monde qui va – ou, trop souvent, qui ne va pas –, l'articulation avec les mesures qui illustrent ces priorités, voilà une tâche qui m'a paru prématurée : elle incombera au candidat désigné par le Parti socialiste en novembre 2006.
Il s'agit pourtant un peu d'un essai – émaillé d'analyses théoriques –, d'un programme – agrémenté de propositions précises – et d'un projet – structuré par des convictions et des valeurs.
Il s'agit surtout d'autre chose. Grâce à ce journal, j'ai

---

1. *La Flamme et la Cendre*, Grasset, janvier 2002.

7

voulu me livrer à une mise en situation. J'ai choisi de me confronter à la réalité française, européenne et mondiale pour dire comment j'aurais réagi sous le feu de l'actualité qui vous assaille lorsque vous exercez les plus hautes responsabilités. J'ai choisi de me livrer à cet exercice car gouverner, c'est aussi cela : être capable d'avoir un avis sur les affaires du monde sans pouvoir attendre la rédaction d'une note, l'avis d'un expert ou la création d'une commission.

Ce journal m'a enfin permis d'égrener quelques souvenirs personnels – des rencontres, des événements, des amitiés – même si je peux faire miens les propos de François Mitterrand dans La Paille et le Grain *: « ... le lecteur devant être averti que je fais le tri qu'imposent mon peu de goût pour l'indiscrétion et mon dégoût de l'exhibition. »*

J'ai commencé ce journal à l'occasion d'une collision comme seule l'actualité en réserve. D'un côté, un événement personnel qui a marqué, pour moi, la fin d'une époque : le tremblement de terre d'Agadir dont l'anniversaire tombe le 29 février. D'un autre côté, un événement politique qui ouvrait une nouvelle période : le vote de la révision constitutionnelle du 1ᵉʳ mars 2005, qui lança le référendum sur le traité constitutionnel européen.

J'ai refermé ce journal au début du mois de mars 2006, après douze mois d'une actualité brûlante. Les émeutes dans les banlieues. Les manifestations contre le CPE. Le procès d'Outreau. La libération de Florence Aubenas. Les attentats de Londres. Le retrait israélien de Gaza. Le cyclone Katrina. La grippe aviaire. Les délocalisations. Les emplois précaires. Et puis le référendum et la victoire du « non », les débats sur le déclin de la France, l'effacement de Jacques Chirac, l'arrivée à Matignon de Dominique de Villepin, le retour au gouvernement de Nicolas Sarkozy, le congrès du Parti socialiste, la gauche qui se cherche.

Pendant un an, chaque jour ou presque, sans autre guide que ma propre subjectivité, j'ai pris des notes pour fixer une impression, préciser ma position, croquer un

*portrait. Je n'ai fait ensuite que les reprendre pour véri-
fier, compléter, développer et sortir des contraintes de
l'urgence. Puis, pour éviter au lecteur un trop fort sentiment de dispersion, j'ai pris le parti de regrouper tous ces
événements autour de trois thèmes : l'Europe, la France* [1]*,
le monde.*

*Voici donc 365 Jours, chronique d'une année où s'est
rejouée la bataille autour du modèle social qui a fait de la
France ce qu'elle est aujourd'hui.*

---

1. S'agissant de la France, j'ai fait le choix, évidemment discutable, de
regrouper dans un chapitre intitulé « Hier » les débats, et parfois les
combats, relatifs à notre histoire ainsi que quelques souvenirs personnels ;
dans « Aujourd'hui » les questions d'actualité, notamment politiques,
économiques et sociales ; et dans « Demain » les enjeux du futur que sont le
développement durable, la démographie ou les nouvelles technologies.

Introduction

Je parcours la France depuis des mois.

En quelques mois, en une année, j'ai dialogué avec des milliers de Français.

L'infinie diversité de ces femmes et de ces hommes reflète la richesse de notre peuple. Les uns sont blancs, les autres noirs, d'autres voient leur teint témoigner du brassage de leurs origines. Les uns sont jeunes, les autres vieux, d'autres vivent tous les âges de la maturité. Les uns sont riches, les autres pauvres, d'autres appartiennent au groupe indistinct des « classes moyennes ». Leurs questions sont variées et portent la marque de l'actualité ; mais toutes, je vous l'affirme, toutes trahissent leur inquiétude et, parfois, leur angoisse. Une angoisse diffuse, informulée, mais si profonde et si partagée que les uns et les autres s'excusent presque quand, au détour d'un commentaire, ils cèdent à la tentation de l'optimisme.

Que le monde d'hier soit plus doux que celui de demain n'est pas une idée neuve. Lors du siècle écoulé, la peur de l'avenir s'est plus d'une fois emparée des Français. Le doute s'est saisi d'eux quand le rempart de notre défense nationale a cédé et que l'intégrité de notre territoire s'est trouvée menacée. Il s'est installé lorsque la crise économique, celle des années 1930 comme celle des années 1970, a fait apparaître un chômage durable. Il s'est nourri d'un sentiment de déclin quand la débâcle coloniale a ramené la France à ses frontières traditionnelles. Mais chaque fois, l'espoir de vaincre, de repartir de l'avant, de forger collectivement un avenir meilleur était porté par un groupe de femmes et d'hommes qui, petit à petit, de proche en proche, a convaincu les Français de relever la tête. Les Français se sont souvent interrogés sur leur destin. Jamais ils n'avaient songé à renoncer.

Mais jamais le mal ne s'était installé aussi insidieusement et profondément. Tout voudrait pousser aujourd'hui les Français à baisser les bras. Et d'abord la mondialisation qui, telle une vague, semble engloutir ce que nous avions patiemment bâti au fil des générations. La puissance de notre économie est sapée par la concurrence de pays émergents qu'hier encore nous enveloppions du regard protecteur et condescendant longtemps porté par l'homme blanc sur le reste du monde. Les systèmes de redistribution de notre société se trouvent au bord de la faillite et sont contestés jusque dans leurs fondements. La République laïque est affaiblie parce qu'elle s'est montrée incapable de remplir sa mission et que le repli de ceux qui nient son universalité sur des communautés d'appartenance l'a minée. Que de repères partis en fumée en l'espace de quelques années !

Nous ne sommes certes pas les seuls en Europe à voir ainsi ébranlées nos convictions les mieux ancrées. Alors pourquoi ? Pourquoi la France présente-t-elle aujourd'hui, bien plus que ses voisins, tous les signes de l'exaspération ? Pourquoi lit-on parfois dans les yeux de trop de Français cette tristesse empreinte d'un soupçon de résignation qui leur ressemble si peu ?

C'est que la mondialisation n'explique pas tout. Ce n'est pas la mondialisation qui fait que, dans nos grandes écoles, la proportion d'élèves issus des milieux populaires est plus faible aujourd'hui qu'il y a cinquante ans. Ce n'est pas la mondialisation qui contraint le pays à recruter ses élites dans une fraction aussi restreinte de la population, ce n'est pas la mondialisation qui tolère à la tête des entreprises et de l'Etat une consanguinité qu'on ne retrouve dans aucune démocratie, ce n'est pas elle qui interdit d'ouvrir notre administration à des cadres venus du secteur privé ou nos universités à des professeurs étrangers. Ce n'est pas elle qui nous pousse aux choix faciles de l'individualisme.

Nous avons failli. Nous n'avons pas réussi à faire vivre l'idée de progrès. Le pays le sait. Le pays le sent. L'histoire de la Ve République est celle d'une promesse non tenue.

Puisque nous avons « tout essayé » et que rien ne semble convenir, puisque le rêve d'un succès collectif semble s'estomper, il n'y aurait pas d'autre voie que celle du « chacun pour soi ». Il faudrait renoncer à faire progresser la société tout entière. Il faudrait tenter d'échapper à un destin commun.

Or nous, Français, avons toujours cru en notre destin. Plus que d'autres peut-être, nous avons conscience d'être un peuple différent. Pas supérieur, non. Mais différent. Depuis la Révolution française et l'épopée des armées de Valmy qui portèrent dans toute l'Europe la flamme de la liberté, nous avons fait nôtre ce rôle particulier et magnifique de montrer la voie à ceux qui nous entourent. Que cela nous ait valu quelques quolibets de la part de nos partenaires, c'est certain. Que ces piques ne nous aient pas empêchés de tenir ce rôle, c'est tout aussi certain. Nos voisins nous ont raillés mais ils nous ont admirés, ils nous ont critiqués mais ils nous ont entendus, ils se sont moqués mais ils nous ont suivis.

C'est cette identité que l'école de la République a fait naître et grandir en chacun. C'est cette identité qui, aujourd'hui, vole en éclats. La mondialisation bouscule notre économie, remet en cause notre organisation sociale, conteste nos valeurs républicaines : tout cela est vrai, mais tout cela, nous pourrions le dominer. Si nous ne bougeons pas, si nous plions l'échine, si nous renonçons, c'est que nous avons perdu ce qui nous donnait du ressort : notre fierté. Nous nous étiolons parce que nous ne nous sentons plus capables de tenir notre rang, le rang de la France, que nous voulons le premier.

Deux voies s'offrent dès lors à nous : celle du renoncement ou celle de l'espoir.

Je vois aujourd'hui le renoncement dans l'esprit de beaucoup. Je le vois théorisé par certains. Je le vois dans l'action du gouvernement et du président de la République.

Renoncement à faire vivre la République, d'abord. La récente crise des banlieues a dessillé les yeux de ceux qui persistaient à nier que la République ait déserté les quartiers. Il est vain d'appeler les jeunes des cités au respect de la loi quand la République est absente des lieux où ils vivent : les services publics ont disparu, les associations sont exsangues, les forces de l'ordre elles-mêmes sont moins présentes qu'elles ne l'étaient voilà quelques années. On ne saurait s'étonner que les communautés, qu'elles soient religieuses, ethniques ou culturelles, viennent occuper l'espace laissé vacant. Tout se passe comme si le pouvoir politique renonçait à faire vivre la République sur l'ensemble du territoire et s'en remettait aux organisations communautaires pour le suppléer.

Renoncement à trouver les voies de la croissance, ensuite. L'aventure du « contrat nouvelles embauches » (CNE) et du « contrat première embauche » (CPE) ne signifie qu'une chose : articuler la relation de travail autour d'un partage équitable des risques entre employeur et employé est devenu une tâche trop ardue. Puisque la croissance économique, qui seule permet de véritablement créer des emplois, lui semble hors de portée, la droite a choisi de faire croire que de nombreux emplois naîtront spontanément de la facilité de licencier ceux que, de toute façon, on n'avait pas besoin d'embaucher. Que deux millions d'emplois aient été créés entre 1997 et 2000 en dépit d'un droit du travail supposé paralysant ne trouble nullement la quiétude des contempteurs de la protection des salariés.

Renoncement à former la jeunesse, aussi. Ces jeunes peu qualifiés qui sortent chaque année par milliers du système éducatif, il est trop pénible de chercher à les doter d'une véritable formation. Qu'ils entrent en apprentissage, dès quatorze ans si c'est possible. L'école, ce n'est pas pour eux !

Renoncement à l'Europe, enfin. Que la construction européenne soit profondément inscrite dans notre idéal, que nous l'ayons durablement marquée de notre influence, que nous lui devions une part de notre expansion et de notre ouverture au monde ne change rien à l'affaire : l'Europe apparaît de plus en plus comme une menace et de moins en moins comme une protection. Le « non » des Français au projet de traité constitutionnel européen a sans doute été l'expression, à mes yeux regrettable mais, somme toute, logique, de la défiance que leur inspirent les modalités de la construction européenne. On chercherait toutefois en vain les initiatives prises depuis un an par le président de la République pour réconcilier les Français avec l'Europe. Sans doute ce chemin est-il lui aussi considéré comme trop escarpé ! Qu'on mesure seulement l'affadissement de l'ambition européenne de la France qui, en peu d'années, est passée de la poignée de main de Verdun au combat perdu pour une réduction de la TVA réclamée par les restaurateurs !

Le sens de la rupture qu'on nous propose est donc clair : quel que soit son visage, la droite prend acte de cette situation et, non contente de renoncer à y remédier, l'aggrave par les politiques qu'elle mène. Elle sacrifie certes à un discours compassionnel, mais considère que le *modèle social français* a vécu et prépare une société où chacun serait seul face à l'éventualité du malheur. La dureté des actes, la brutalité des comportements n'annoncent pour l'avenir qu'un autoritarisme libéral qui sacrifierait l'héritage de notre société.

La démocratie aura pâti du deuxième mandat de Jacques Chirac. Ses derniers mois s'étirent dans une atmosphère crépusculaire où tous les repères sont brouillés, où toutes les aventures paraissent possibles. Il est temps qu'il s'achève. L'enjeu de l'élection présidentielle qui vient est essentiel : il s'agit de rendre aux Français la confiance qu'ils ont perdue. J'ai la volonté d'être candidat à cette élection et de l'emporter parce que j'ai la conviction de pouvoir, avec d'autres, rendre aux Français l'espoir de bâtir une société plus juste. La présidence de Jacques Chirac, le climat d'autoritarisme que fait régner Nicolas Sarkozy, l'amateurisme grandiloquent de Dominique de Villepin, les divisions et les incertitudes de la gauche ont altéré la qualité du débat politique en France. Je ne me résigne pas à la désaffection persistante qu'inspire aux Français le spectacle de la vie publique : je la refuse absolument.

C'est parce que je la refuse que je veux contribuer à rendre de la clarté au débat politique. Chacun doit dire ce qu'il veut pour le pays. Pour ma part, je ne veux ni d'une gauche libérale qui se résignerait à la situation que je dénonce, ni d'une gauche passéiste qui n'aurait d'autre ambition que de retarder la mise en cause des acquis. La France mérite autre chose. Seul l'avènement d'une gauche débarrassée tant de ses oripeaux révolutionnaires que des scories du XXe siècle peut permettre de sauver le modèle de société que nous offrons au monde. Je ne veux pas une gauche d'imitation ; je veux une gauche d'innovation. Une gauche porteuse des espoirs de son temps. Une gauche qui comprendrait les contraintes liées à la mondialisation mais ne renoncerait pas à les repousser. Une gauche qui saurait faire revivre l'esprit d'entreprise mais n'oublierait pas les valeurs d'égalité. C'est cette vraie gauche qui portera l'espoir de la France.

Quatrième puissance économique mondiale à égalité avec le Royaume-Uni, notre pays dispose de tous les atouts lui permettant d'assurer son avenir en continuant à tenir son rôle : une population globalement bien formée même si les inégalités persistent en la matière, une recherche efficace même si l'effort consenti pour la développer demeure insuffisant, une puissance industrielle majeure même si elle tend à s'éroder. Ce qui nous fait défaut, c'est la capacité à mobiliser nos atouts. Il nous faut nous donner un objectif et tracer le chemin que nous emprunterons pour l'atteindre. Notre peuple n'attend que cela, car si la désespérance peut le faire fléchir par instants, il garde intacte cette vitalité qui fut et sera sa force. J'en veux pour preuve le dynamisme de notre démographie : si les Français continuent à avoir plus d'enfants que leurs voisins, c'est qu'au fond d'eux-mêmes, ils ne croient pas que l'avenir soit aussi sombre que l'annoncent les Cassandres. Je partage ce sentiment. Notre avenir n'est pas écrit et, en tout cas, il n'est pas écrit qu'il ne puisse être heureux pour les Français et glorieux pour la France. Avec les Français, pour eux, je refuse d'abandonner la partie.

C'est de ce refus qu'est né ce livre. J'ai voulu saisir toutes les facettes d'une défiance qui nourrit le pessimisme dans lequel s'englue la société française. Pourquoi cacherais-je que si j'ai tant voulu comprendre d'où elle vient, c'est parce qu'elle menace la gauche plus que la droite ? La gauche, dont la force repose sur l'action collective, a toujours besoin d'éclairer le présent par un futur meilleur. A l'opposé, la droite s'appuie sur un désir d'ordre qui fait du présent le prolongement d'une tradition et s'accommode fort bien d'une dépolitisation qui se manifeste par le repli des individus sur leurs préoccupations privées.

Si les politiques socialistes et social-démocrates ont connu de grands succès après la Seconde Guerre mondiale, c'est parce qu'en appréhendant les individus dans leurs dimensions citoyenne, économique et sociale, elles ont su dessiner une ambition commune. Les socialistes d'aujourd'hui ont le devoir de forger les outils qui leur permettront de faire renaître l'espoir. Pour cela, les politiques que nous concevrons devront prendre en compte tout ce qui fait l'homme : le citoyen, le travailleur, le membre d'une famille, l'habitant d'une ville ou d'une campagne, le consommateur, l'épargnant... En un mot, nous avons une société à refaire : là où la droite sépare les individus en accentuant les divergences de leurs intérêts, nous devons les unir dans un projet commun.

J'ai ces objectifs en tête depuis plusieurs années. En un sens, ils étaient présents dès 1997. Mais ils m'apparaissent aujourd'hui d'autant plus clairement que les défis posés à la société française sont plus graves et que les réponses à leur apporter doivent être d'une autre ampleur.

Nous avons besoin d'un réformisme radical. Réformisme, parce que je crois à la capacité du politique à agir et de la société à se transformer, et parce que je sais d'expérience que l'avenir ne se construit que dans la réforme. La mode s'entête aujourd'hui à déclarer la réforme impossible. Je n'en crois rien : le peuple français est prêt à réformer la société à condition que cette réforme soit largement discutée et qu'elle soit conduite dans la justice. Radical, parce qu'il faut attaquer les inégalités à la racine, le faire sans timidité, sans demi-mesure. Je veux montrer dans ce livre comment cette démarche peut s'appliquer aux différentes questions que nous pose une année politique.

Le reproche que les Français adressent le plus souvent aux responsables politiques est de ne pas leur dire la vérité, de ne pas leur expliquer la situation du pays, de ne pas leur proposer de chemin. Leurs choix ne sont cependant pas dépourvus d'ambiguïté : n'ont-ils pas élu par deux fois Jacques Chirac, champion s'il en est dans l'art de la dissimulation ? Cette part d'ombre tient sans doute à la puissance du scepticisme qui taraude notre société. L'espoir doit se mériter. Les Français veulent savoir où ils vont et quel sera leur rôle ; il faut pour les convaincre se défier des généralités et dire comment résoudre les problèmes qui nous sont posés. C'est à ces conditions qu'une véritable alternative pourra être construite.

Au terme de ce parcours d'une année, je crois avoir une vision plus claire encore de ce dont la France souffre, de ce qu'elle attend, de ce dont elle a besoin, des réponses à lui apporter. Il n'est pas de défi que le peuple français ne soit prêt à relever si lui est montré un chemin de justice et d'espoir. C'est ce chemin que je veux tracer.

L'Europe

Si ce journal s'ouvre sur la révision de la Constitution qui était nécessaire à l'adoption du traité constitutionnel européen, c'est que le débat européen sera particulièrement présent dans les douze mois qui suivront.

L'Europe est en panne, ce débat a divisé les Français, il a marqué de son empreinte la vie politique nationale : l'échec du référendum signa la fin du gouvernement Raffarin.

Il a aussi divisé la gauche. Cette brisure a été douloureuse. Mais, pour moi, elle est dépassée.

Toute la gauche et, a fortiori, tous les socialistes trouvaient que l'Union européenne ne répondait pas aux espoirs qu'ils avaient placés en elle : elle ne facilitait pas la croissance économique, elle ne faisait pas reculer le chômage, elle ne créait pas un espace solidaire. D'où le slogan de campagne choisi par le Parti socialiste pour les élections européennes de 2004 : « Et maintenant, l'Europe sociale! »

Certains, dont je suis, ont considéré que le projet de traité constitutionnel, aussi imparfait fût-il, permettrait d'aller de l'avant : en nous rapprochant d'une Europe politique, il prenait le bon chemin. D'autres, et parmi eux beaucoup de socialistes, ont jugé que ce traité ne permettrait pas d'avancer; les plus critiques y ont décelé un recul de l'ambition européenne. Les Français ont tranché. Exit le traité. Nous voilà revenus à la situation de départ : l'Europe telle qu'elle existe ne nous satisfait pas; comment pouvons-nous progresser ensemble pour atteindre un

21

objectif qui nous est commun : l'Europe politique et sociale ?

Nos partenaires européens attendent de nous que nous indiquions un chemin. D'abord, parce que c'est en France que le traité a été déchiqueté : il n'est pas anormal qu'on nous demande comment sortir de l'impasse dans laquelle nous avons entraîné nos voisins. Ensuite, parce que depuis cinquante ans, rien, en Europe, ne s'est construit sans la France et encore moins contre la France.

Je crains que sortir de cette crise ne soit long et difficile. Le rejet du traité nous aura ainsi fait perdre beaucoup de temps. Lors de la seconde moitié de l'année, les dirigeants des Etats membres ont manifesté le peu d'enthousiasme que leur inspire le projet européen : loin d'être le lieu de sa relance, le sommet européen de décembre dernier a été des plus gris.

Nous n'avons pourtant d'autre voie que celle de la refondation de l'idée européenne. J'entends donc l'emprunter avec détermination. Au cours des mois qui viennent, en accord avec les principaux responsables socialistes ou sociaux-démocrates européens, je ferai des propositions pour avancer.

Que voulons-nous faire ensemble ? Quel doit être notre horizon commun, notre « mythe » collectif ? Conserver une Union conçue comme un espace de droit où se conjuguent les intérêts de nations largement interdépendantes, ou avancer vers une Union de type fédéral ? Nous limiter à la dimension économique de la construction européenne et organiser un grand marché, ou développer un modèle européen étendu aux divers aspects de la vie en société ?

Toutes ces questions renvoient à un problème plus profond : celui de la légitimité d'une Union politique. Est-il légitime que ce soit l'Union, et non les Etats membres, qui porte une large part de nos objectifs communs ? Est-il légitime que l'Union s'occupe de social, d'environnement, de justice, de police, de diplomatie, de défense, de recherche ?

J'estime que seule l'existence de valeurs européennes, constitutives d'un modèle de société européen, peut justifier le passage à l'Europe politique ainsi que la définition et la mise en œuvre de nombre de nos politiques publiques par les institutions européennes. Mais j'affirme qu'une telle communauté de valeurs existe et qu'elle donne corps à un modèle de société. L'Europe politique est dès lors légitime. Plus encore : elle est devenue nécessaire, car sa contestation par la mondialisation menace de disparition le modèle européen.

C'est pourquoi je veux m'engager dans la construction de l'Europe politique. Ce sera une œuvre de longue haleine. Elle se fera par avancées progressives, par étapes successives.

La conviction qui me porte peut paraître paradoxale en un temps où l'Union semble piétiner. Mais c'est justement parce que l'horizon semble fermé que le moment politique est venu pour l'Union européenne de défendre, de rénover et de proposer au monde le modèle de société qui est le sien. Tel est, pour moi, le « mythe » fondateur de l'Europe de demain. Pas de renoncement, seulement de l'espoir.

Mardi 1ᵉʳ mars 2005

Cette fois, c'est parti. Le Congrès vient de voter la révision de la Constitution française nécessaire à l'adoption du traité constitutionnel européen. La campagne référendaire va bientôt démarrer, et elle ne s'engage pas sous les meilleurs auspices. Les Français, et notamment les socialistes, seront en effet tentés, plutôt que de se prononcer sur le texte qui leur est soumis, de juger Jacques Chirac – son action nationale, fortement rejetée en 2004 lors des élections cantonales, régionales et européennes, mais aussi son engagement européen. Or celui-ci est tout sauf convaincant.

Jacques Chirac a brillé en la matière par son inconstance : de l'appel de Cochin en 1978 où, dans un esprit maurrassien, il voyait dans l'Europe la marque du « parti de l'étranger » à ses vibrants appels d'aujourd'hui, en passant par son opposition au début des années 1980 à l'entrée de l'Espagne et du Portugal dans ce qui était alors la Communauté européenne, il est difficile de trouver une cohérence. Tout se passe comme si Chirac avait compris, au moment de Maastricht, qu'il fallait être européen pour prétendre diriger la France. C'est d'ailleurs plutôt à son honneur. Mais cette conversion ne fait pas une conviction.

Car Jacques Chirac n'est pas seulement un européen inconstant : il est aussi un européen tiède. Bientôt dix ans qu'il est président de la République : on cherche en vain, de sa part, une impulsion, une initiative, une action, un résultat qui aient marqué la construction européenne. Le passage à l'euro ? C'est François Mitterrand qui l'a voulu, c'est parce que Jacques Chirac n'est pas parvenu à en créer les conditions qu'il a dissous l'Assemblée en 1997, et c'est notre politique économique qui l'a réalisé. La défense ? C'est le gouvernement de Lionel Jospin qui a pris les initiatives qui ont conduit en 1998 à l'accord franco-britannique de Saint-Malo. Les institutions ? Jacques Chirac est, pour l'essentiel, responsable du traité de Nice, qui ne permet pas à l'Europe à 25 de fonctionner dans des conditions satisfaisantes. Le couple franco-allemand ? Il a connu pendant cinq ans, jusqu'à la guerre d'Irak, une panne sans précédent.

Surtout, Chirac est un européen inconsistant. La révision constitutionnelle promulguée aujourd'hui en est l'illustration parfaite. Quelle idée que d'obliger à approuver par référendum toute nouvelle adhésion... J'ai voté pour la révision mais je suis contre cette disposition. Elle me paraît contraire à l'esprit de la Constitution : le référendum est une prérogative présidentielle ou une volonté parlementaire ; Jacques Chirac n'avait pas à engager ses successeurs, proches ou lointains. Elle est surtout le témoignage d'une défiance envers l'élargissement de l'Europe que je regrette profondément. Tout ça pour quoi ? Pour trouver un accord avec... l'UMP et Nicolas Sarkozy, hostiles à l'entrée de la Turquie quand le président y est favorable. Ainsi vont, avec Jacques Chirac, la démocratie, la République et, en passant, l'Europe : variables d'ajustement entre petites habiletés et grosses ficelles.

Certains voient dans ce référendum une formalité : je pense que ce sera une épreuve. Nos électeurs me disent qu'ils ne veulent pas « voter encore pour Jacques Chirac ». Nous allons sentir le poids de la nature plébiscitaire du référendum en France, avec la tentation d'infliger une nouvelle sanction à ce président qui n'a jamais su donner sens ni vision à son action. Parce que je crois à l'Europe, parce que j'ai la conviction que la Constitution européenne est un progrès, je vais faire campagne avec force dans le pays comme je l'ai fait, il y a quelques mois, pour convaincre les socialistes. Mais je ne suis pas rassuré : ce sera dur, très dur.

Mercredi 2 mars

José Luis Zapatero est devant l'Assemblée, avec son optimisme national et son enthousiasme européen. J'observe cet homme jeune avec intérêt et plaisir. Il est l'incarnation de la réussite d'un pays qui a su, après la longue et douloureuse parenthèse franquiste, retrouver toute sa place en Europe et déployer un formidable dynamisme. Trente ans après la mort du dictateur, l'Espagne est toujours dans l'élan de la démocratie retrouvée. Elle n'est ni fatiguée, ni blasée, ni inquiète, comme la France l'est parfois. Elle sait que les libertés sont une conquête, pas un acquis. Elle veut la croissance, elle connaît les bienfaits de l'ouverture. Elle veut s'affirmer politiquement, rayonner culturellement, faire la fête. Elle sait intégrer sa jeunesse. Elle a envie d'espoir.

Les socialistes espagnols, avec Felipe Gonzalez, ont longtemps symbolisé ce renouveau. Aznar, avec son nationalisme sourcilleux, son conservatisme sans compassion, son atlantisme exacerbé, a tenté un tournant réactionnaire – l'autre face de ce pays de contrastes. Il a finalement chuté sur ses mensonges et demi-vérités lors des attentats terroristes du 18 mars 2004 à Madrid.

Et voilà Zapatero. C'est un socialiste de notre siècle. Il se bat pour la démocratie, le pluralisme et la justice. Il veut approfondir encore la régionalisation. Il souhaite promouvoir d'importantes réformes de société – comme le mariage des couples de même sexe. Il a remis l'Europe au cœur de la politique espagnole : l'Espagne a adopté la Constitution européenne avec 77 % des voix, et ce n'est pas un hasard. Il mène une politique qui associe l'efficacité économique à la justice sociale. Je ne crois, pour l'Europe, à aucun modèle. Chaque nation, chaque société a ses traditions, ses structures, sa culture. Il n'y a pas plus de « zapaterisme » que de « blairisme » pour l'Europe entière. Mais je crois qu'il faut emprunter à chacun ce qui fait la clé de son succès et l'adapter, quand c'est possible, aux couleurs de la France, tout en faisant l'Europe. En écoutant Zapatero, je me dis que la leçon espagnole comporte beaucoup d'éléments utiles.

Jeudi 3 mars

Il y a des jours paradoxaux – au moins en apparence. Aujourd'hui, Tony Blair avance sur le social et Henri Emmanuelli recule sur l'Europe.

Tony Blair est souvent présenté, notamment par la « gauche de la gauche », comme un « social-libéral », voire comme un libéral. Il vient pourtant de donner un coup de pouce au salaire minimum au Royaume-Uni. Il l'a créé en 1999 – il n'existait pas jusque-là, surtout pas sous les gouvernements conservateurs de Margaret Thatcher et John Major. Il l'a, depuis lors, augmenté de 40 %. Cette mesure montre bien l'ambivalence de ce qu'on appelle le « blairisme ». Blair est une figure controversée à gauche. Être qualifié de « blairiste » – mon ami Jean-Marie Bockel le sait bien – constitue au Parti socialiste un quasi-motif d'excommunication. Je ne crois pas aux étiquettes : elles stigmatisent, elles caricaturent, elles ne définissent pas. Pour moi, Tony Blair n'est ni un modèle, ni un repoussoir. Je le connais bien. A mes yeux, il a été, depuis huit ans, un grand Premier ministre pour le Royaume-Uni. Il a succédé, ne l'oublions jamais, à dix-huit années de thatchérisme, à un ultra-conservatisme qui avait brisé les syndicats, creusé les inégalités, détruit la cohésion sociale. Il a pris la tête du « New Labour » qui se définit, au contraire du Parti socialiste français, comme un mouvement de centre gauche. Il faut reconnaître les progrès économiques et sociaux qu'il a fait faire au Royaume-Uni : Tony Blair a massivement investi – notamment au cours de son second mandat – dans des services publics longtemps maltraités

28

par les conservateurs. Et, au-delà du SMIC, il a contribué à moderniser l'économie et la société britanniques. Il a voulu donner à chacun sa chance d'y prendre une place. Le Premier ministre britannique a aussi inversé la politique européenne de son pays. Margaret Thatcher voulait garder le Royaume-Uni en marge de l'Union : elle en combattait les avancées et demandait un « juste retour » – le fameux « I want my money back » qui a débouché sur le « chèque » consenti par les Européens en 1984. Tony Blair, au contraire, a l'ambition de mettre le Royaume-Uni au cœur de l'Europe, et même d'en prendre la tête. Son premier geste a ainsi été, dès son arrivée au pouvoir en 1997, de ratifier le protocole social annexé au traité de Maastricht qui avait été rejeté par John Major. Que l'on me comprenne bien : je ne fais pas l'apologie de Tony Blair, je veux simplement resituer les choses dans leur contexte historique et national. Je ne crois pas à la transposition de la « troisième voie » blairiste à la France. Le modèle anglo-saxon, marqué par l'hyperflexibilité du droit du travail, la condition précaire des demandeurs d'emploi et le faible niveau de l'indemnisation du chômage, caractérisé par un niveau relativement bas des prélèvements obligatoires et de la protection sociale, n'est pas, ne peut pas être, le nôtre. Tony Blair est un adepte inconditionnel de la libéralisation de tous les marchés – énergie, transports, services. Ce n'est pas mon cas. Il est parfois prêt à des alliances incongrues, comme avec Aznar ou Berlusconi. Enfin, sa vision européenne n'est pas la mienne : il veut une Europe du marché, alignée sur les Etats-Unis ; je souhaite une Europe sociale, une Europe politique, une Europe-puissance.

C'est précisément la raison pour laquelle je défends le traité constitutionnel... contre lequel Henri Emmanuelli, européen de toujours, vient de s'engager. Après Jean-Luc Mélenchon qui avait ouvert la voie, c'est donc l'ancien président de l'Assemblée nationale et ancien premier secrétaire du PS qui franchit le Rubicon. Sa déclaration est un vrai souci. L'homme est habile et courageux. La base de son raisonnement n'est pas l'Europe – il a plaidé du temps de Maastricht pour l'Europe fédérale contre les gauchistes – ni vraiment le traité – sans quoi il se serait offusqué de celui de Nice, qui était incontestablement moins bon. Non, il procède d'abord de cette idée que, même pour l'Europe, même au nom de l'Europe, on ne peut se retrouver une nouvelle fois aux côtés de Jacques Chirac. Il pense que les classes populaires ne peuvent être reconquises par une gauche qui se déclarerait pour le « oui ». Eternelle question de la conviction et des circonstances. Ma réponse à ceux qui hésitaient, autour de moi, a été nette. On ne peut pas mettre l'Europe en panne pour des raisons de circonstance. J'ai contribué à faire l'euro. J'ai combattu pour l'Europe. J'ai élaboré, à la demande de Romano Prodi, cinquante propositions sur l'Europe politique – pour aller au-delà du traité constitutionnel. Je ne peux pas, je ne veux pas me dérober aujourd'hui : ce serait une faute morale et politique. En politique, il faut évidemment de la pertinence, mais aussi de la conviction, de la cohérence et de la constance.

Samedi 12 mars

Séminaire de *Policy Network* à Londres. *Policy Network* fait partie de cette kyrielle de *think tanks* blairistes créés ces dix dernières années au Royaume-Uni. Il était censé ne pas être blairiste – preuve de bonne volonté, c'était un jeune Français sympathique et entreprenant, Frédéric Michel, qui avait piloté son lancement. Mais, aujourd'hui, il est présidé par Peter Mandelson qui veille à sa stricte orthodoxie. Il était censé ne pas être un laboratoire d'idées replié sur lui-même, mais un réseau souple de discussions informelles entre responsables et intellectuels européens – et, de ce point de vue, la promesse a été tenue.

Le séminaire porte sur l'état de la social-démocratie européenne. Il commence mal. Mon Eurostar est resté bloqué à l'entrée du tunnel pendant une heure et demie ; je suis donc en retard, très en retard. J'entre dans la salle. Je m'asseois – aussi discrètement que possible. Une minute se passe, peut-être moins. Et Peter Mandelson – suffisamment rigoureux pour faire respecter les horaires prévus et suffisamment facétieux pour se réjouir de ma situation inconfortable – me passe *illico presto* la parole... pour conclure la session que je n'ai pas présidée ! Pourtant, le séminaire se finit bien, et même beaucoup mieux que je ne l'escomptais. Car ce que révèlent les débats, c'est que les Britanniques commencent à s'essouffler avec leur « troisième voie », que les Allemands continuent de patiner et donc, paradoxe compte tenu de notre situation, que les Français retrouvent un espace politique. C'est d'autant plus intéressant que, en choisissant de centrer mon intervention sur le thème de la justice sociale, en faisant le pari de défendre mes thèses sur l'égalité réelle, en me situant donc plus « à gauche » que mes interlocuteurs, je les prends à rebrousse-poil. J'en suis plus que jamais convaincu : un vent nouveau peut souffler sur la social-démocratie européenne.

Le moment est venu. J'avance quelques orientations.

D'abord, une interrogation qui est au cœur de notre identité socialiste et à la source de nos valeurs d'hommes et de femmes de gauche : « qu'est-ce qu'une société juste ? » La recherche de justice sociale, d'égalité entre les citoyens, de solidarité collective constitue l'objectif premier du projet politique de la social-démocratie européenne. Emportée par les mutations du capitalisme, les évolutions démographiques, les nouvelles attentes sociales, la société d'aujourd'hui s'est engagée sur une pente dangereuse, inégalitaire. Pour garantir une société juste, la gauche doit renouveler son corpus idéologique et ses instruments afin de les adapter à la réalité contemporaine et aux enjeux de demain. Elle doit fonder une social-démocratie moderne.

Pour y contribuer, je propose une triple vision du socialisme. Le socialisme de la redistribution. Le socialisme de la production. Le socialisme de l'émancipation. Et un nouvel espace de régulation : l'Europe.

Face au creusement des inégalités de marché, j'en ap-

31

pelle au renforcement du « socialisme de la redistribution ». C'est nécessaire si nous voulons stabiliser les écarts de revenus disponibles entre les plus aisés et les plus modestes, alors que l'éventail des revenus avant redistribution – c'est-à-dire avant les corrections apportées par la fiscalité et les prestations sociales – a tendance à s'ouvrir.

Pour faire face aux contraintes qui s'exercent désormais sur sa capacité redistributive, l'Etat-providence a besoin de réformes profondes et courageuses. J'esquisse deux pistes.

La première est d'accroître l'efficacité du système redistributif. Nous avons, dans tous nos pays, des marges de manœuvre pour cela. C'est particulièrement vrai pour la France. Nous avons certes créé une machine qui redistribue la moitié de la richesse nationale. Mais elle la redistribue mal : en dépit de ce volume global élevé, notre fiscalité contribue peu à la correction des inégalités. Si nous avons pu nous accommoder de cette inefficacité dans la période faste des « Trente Glorieuses », ce n'est plus le cas aujourd'hui. C'est pourquoi une vaste remise à plat de notre fiscalité – et en particulier de notre fiscalité locale – est nécessaire, dans le cadre d'un plan global pluriannuel englobant tous les instruments et permettant de redonner à l'ensemble une cohérence.

La seconde piste qu'il nous faut suivre consiste à réformer tout en protégeant les droits acquis. La réforme de nos Etats-providence est nécessaire, en raison notamment des pressions démographiques qu'ils subissent. Ceux qui disent le contraire et prétendent que le système peut être maintenu inchangé sont des démagogues : demain, on ne rasera pas gratis. Mais les réformes qui sont mises en œuvre, un peu partout en Europe, et en particulier en France, par les gouvernements conservateurs me choquent : elles remettent en cause des droits acquis sans compensation, elles constituent une rupture dans le contrat implicite qui lie l'Etat à ses citoyens. Un exemple, avec la fonction publique française. Ceux qui sont entrés dans l'administration l'ont fait sur la base d'un contrat implicite : d'un côté, une perspective de rémunération plus faible que dans le secteur privé ; de l'autre, la protection de l'emploi et une meilleure retraite. Si, demain, les fonctionnaires peuvent être licenciés et leur retraite alignée sur celle du privé, le contrat aura été rompu. C'est d'autant plus dommageable qu'il s'agit d'un contrat de très long terme, engageant l'ensemble de la vie professionnelle. Je ne conteste pas, bien au contraire, qu'une réforme soit nécessaire. Elle est assez simple si elle ne concerne que les nouveaux entrants : chacun décidera s'il veut entrer dans la fonction publique dans le cadre des nouvelles conditions définies par la réforme. Elle est plus complexe si elle concerne aussi les fonctionnaires en place. Il serait en effet inique qu'elle s'applique rétroactivement à des citoyens qui auraient peut-être fait d'autres choix de carrière s'ils avaient connu ces conditions. C'est pourquoi il faut que les réformes reconnaissent les droits acquis dans le passé en indemnisant leur perte. C'est à cette condition que les réformes, douloureuses mais nécessaires, de nos Etats-providence respecteront l'objectif de justice sociale.

Pour réguler le capitalisme moderne et empêcher la prolifération des inégalités, il faut par ailleurs développer le « socialisme de la production ».

Il faut aller attaquer les inégalités à la racine, et oser mettre les mains dans le système productif. Nous, socialistes, avons trop longtemps hésité à le faire : au nom d'un maximalisme idéologique, nous nous interdisions de réformer la machine capitaliste de l'intérieur. Dans ces conditions, la gauche restait inerte. « Ils ont les mains propres, mais ils n'ont pas de mains », aurait dit Péguy. Organiser le « socialisme de la production », c'est accepter, aussi, de nous salir les mains.

Ce « socialisme de la production » est fécond : gouvernance d'entreprise, réglementation des marchés financiers, encadrement des délocalisations... J'expose en quelques mots, devant mes amis britanniques un peu surpris, la perspective de la sécurisation des parcours professionnels encore appelée « sécurité sociale professionnelle ».

Parce que le capital est devenu ultra-mobile, parce que

les sites industriels se délocalisent plus facilement, parce que les entreprises naissent et meurent plus rapidement, les carrières linéaires au sein d'une même entité appartiennent au passé. Désormais, chacun a compris que, dans sa vie professionnelle, il changera plusieurs fois d'entreprise, et également de métier. Or les travailleurs sont dans une situation fondamentalement inégalitaire face à cette nouvelle donne. Le cadre très qualifié a une légitimité propre, celle de ses diplômes, qu'il peut valoriser devant ses nouveaux employeurs. L'ouvrier pas ou peu qualifié a pour seule légitimité la reconnaissance interne que lui a donnée la qualité de son travail dans l'entreprise. Cette reconnaissance n'est pas souvent valorisable devant un nouvel employeur : il est condamné au chômage ou, au mieux, à repartir de zéro. Pour lui, le changement professionnel est une rupture, parfois définitive, de sa carrière.

Il faut donc prendre en charge collectivement la rupture professionnelle et garantir la transition de l'emploi perdu vers l'emploi nouveau. Dans *La Flamme et la Cendre*, j'appelais cela la mutualisation des risques de la mutation. Jusqu'à maintenant, avec les statuts professionnels, c'est le poste de travail qui était protégé. Désormais, ce sont le travailleur et sa trajectoire professionnelle qui doivent l'être. Les solutions pratiques sont évidemment difficiles à mettre en œuvre. Mais il nous faut bâtir un nouveau droit social et une véritable « sécurité sociale professionnelle ».

Enfin, pour fonder une égalité réelle des chances, garante de la promotion sociale pour tous, nous devons inventer le « socialisme de l'émancipation ».

Intervenir au sein du système de production pour limiter les inégalités ne suffit pas. Il faut aussi intervenir en amont. Il y a autant d'enfants intelligents et travailleurs dans une commune riche que dans une banlieue défavorisée. Pourtant, statistiquement, les premiers réussiront et les derniers échoueront. De ce point de vue, le marché ne crée pas d'inégalités nouvelles : il ne fait que les constater. Il traduit, en termes de réussite financière et professionnelle, les inégalités de départ.

Le « socialisme de l'émancipation » doit permette de

remettre en mouvement la mobilité sociale. Il reposerait sur deux principes. D'une part, la correction des inégalités en amont, et non plus seulement *a posteriori*. D'autre part, la concentration des moyens publics. L'objectif est de garantir à tous une réelle égalité de destins. Pas une simple égalité juridique et formelle. Pour cela, il faut donner plus à ceux qui ont moins – plus de services publics à ceux qui ont moins de capital social.

Cette approche est un retour aux sources du socialisme qui, fondalementalement, n'a jamais eu d'autre objectif que l'émancipation du citoyen. Elle ouvre des perspectives de réforme radicale dans les principaux services publics garants de l'égalité des chances : la petite enfance, l'éducation, le logement, l'urbanisme, l'intégration...

Je ne prends qu'un exemple : celui de l'école. Aujourd'hui, en France, au nom de l'égalité républicaine, nous offrons en principe la même école à tous nos enfants : le même cursus, les mêmes matières, le même nombre d'heures de cours pour tous. Mais même si l'égalité formelle de principe était respectée, elle serait fautive. Parce que le service public de l'école se veut égalitaire, il reproduit les inégalités existant entre les enfants et les légitime. Il faut rompre avec cette égalité formelle et concentrer les moyens sur les élèves qui en ont besoin, afin de restaurer une réelle égalité des chances. Si un enfant a besoin de trente heures pour assimiler son cours de mathématiques au lieu des vingt théoriquement prévues au programme, l'école doit être capable de les lui fournir. Il faut donner plus aux élèves qui en ont le plus besoin.

J'insiste enfin sur le fait que, pour se déployer, la social-démocratie moderne doit redéfinir le territoire de la régulation et investir le champ européen.

J'entends Mandelson penser en latin : « *In cauda venenum*[1] ». Mais il ne peut nier que l'Etat est affaibli parce qu'il n'agit plus au niveau territorial pertinent. Il faut

---

1. Litt. : le poison est dans la queue. Se dit d'un texte débutant aimablement pour finir, par surprise, beaucoup plus durement.

mettre toute notre énergie politique dans la construction de l'Europe, qui seule possède la masse critique permettant d'influer sur la régulation mondiale, notamment à travers la construction des institutions internationales. L'Europe doit être notre nouvel horizon, le levier de la social-démocratie de demain.

Le déphasage entre la demande politique de repères et de sens qu'expriment fortement nos concitoyens et une offre politique le plus souvent inadaptée et en recul idéologique est à l'origine de la crise démocratique actuelle. Cette crise est un fait ; elle n'est nullement une fatalité. Il nous revient de nous atteler à ce défi démocratique et de travailler à notre refondation intellectuelle. C'est à nous de construire un projet politique adapté aux mutations de la modernité, une vision de la société capable d'offrir les clés de l'avenir, une nouvelle identité face à la perte des repères collectifs anciens. Cette perspective est tout sauf l'accompagnement passif des transformations actuelles : le réformisme de gauche n'est pas une abdication devant le marché, il est au contraire constitutif d'un réformisme radical capable de changer le cours du monde.

Approbation polie des Britanniques, ovation des Allemands !

Vendredi 18 mars

Le « non » serait en tête... Les sondages, personne n'y croit, mais tout le monde s'y réfère, même moi ! Il y a un besoin irrépressible de savoir, avant l'événement. Je sais donc je suis. Une peur panique de ne pas être dans le coup. Tout le monde veut être à la cour « de ceux qui savent avant les autres ». Il faut comprendre, entendre, mais aussi résister, hausser les épaules, être détaché ! Je finis par croire que les sondages sont des pronostics où les sondés suivent les sondages. Je n'ignore pourtant pas qu'ils finissent par créer un climat et pèsent sur les convictions. De la même façon qu'il y a soixante millions de sélectionneurs pour l'équipe de France de football, les Français sont devenus des pronostiqueurs politiques. Il s'ensuit une sorte de démission de la volonté politique. On commente les sondages, on se bat de moins en moins pour défendre ses idées. Les convictions se dissolvent dans la force du préjugé. Je ne minimise néanmoins pas l'importance de cette enquête d'opinion. Elle confirme ce que chacun sait : une campagne du « oui » qui peine à entraîner, une tentation forte des Français d'exprimer, en votant « non », leurs insatisfactions – envers l'Europe, envers Chirac, envers Raffarin. Je pensais d'emblée que la bataille serait dure. Nous y sommes : elle l'est.

Le PS a la force d'inverser le cours des choses. Mais comme en 2002, il se défausse, se délite, se débande au premier signe contraire. L'impressionnisme règne en maître et la rage de vaincre pour ce que l'on croit juste s'évapore.

Il faut trouver un moyen de frapper les esprits, sinon nous allons devoir faire campagne la peur au ventre.

Lundi 21 mars

Accord, enfin, sur la réforme du pacte de stabilité – cette « loi » européenne qui encadre les politiques budgétaires nationales et fixe notamment un plafond de 3 % pour le déficit public. Il y a là un paradoxe européen. Depuis 1957, pas à pas, étape par étape, nous avons construit l'Europe économique, la Communauté *économique* européenne. Et pourtant, c'est par l'économie que l'Europe est en train d'échouer : depuis 1980, l'Europe est la zone du monde où la croissance est la plus faible. Comment expliquer ce résultat alarmant ?

Il y a d'abord les retards structurels. L'Europe a conservé son économie industrielle d'après-guerre, désormais concurrencée par la Chine et l'Inde. Elle n'a pas franchi la « frontière technologique », comme disent les économistes, qui la sépare de l'économie de la connaissance – cette économie à haute valeur ajoutée et fort potentiel de croissance qu'ont atteint les Etats-Unis, le Japon, bientôt la Corée. Les solutions sont connues et ont été identifiées dans le « programme de Lisbonne » : investir massivement dans les dépenses d'avenir – et notamment la recherche, l'enseignement supérieur, l'innovation. Le problème, c'est qu'on ne le fait pas.

Mais il y a aussi les questions de gouvernance macroéconomique. L'euro est une réforme inachevée. Nous avons créé une zone économique intégrée, mais nous ne la gouvernons pas, nous n'exploitons pas ses potentialités. Il n'y a pas de politique budgétaire, pas de politique de change, pas de discussion entre les autorités monétaires – la Banque centrale européenne – et budgétaires – les ministres des Finances réunis au sein de l'Eurogroupe, dont j'avais, aux côtés de Lionel Jospin, proposé et obtenu la création en 1997, malgré les réticences d'Helmut Kohl et l'hostilité de Tony Blair.

Qu'avons-nous mis en place pour pallier l'absence de gouvernement économique ? Un pilotage automatique par les règles : celles qui sont inscrites dans le pacte de stabilité et qui limitent l'action budgétaire. Celles qui sont rédigées dans les statuts de la BCE et qui incitent les autorités monétaires à se consacrer essentiellement à la maîtrise de l'inflation, en ignorant le soutien à la croissance. Ces règles étaient utiles pour la période de convergence économique qui menait à l'euro. Il faut maintenant redonner des marges de manœuvre aux politiques économiques, permettre de faire des choix. La zone euro a besoin d'un pilote. La réforme du pacte de stabilité va dans le bon sens. Mais on est encore loin du compte. Il nous faudra un gouvernement économique de la zone euro, avec un ministre des Finances européen, l'institutionnalisation de l'Eurogroupe qui n'est aujourd'hui qu'un « club » sans existence juridique ni pouvoir financier, la représentation unifiée de la zone euro sur la scène internationale.

Si nous n'y prenons garde, l'Europe économique va échouer – et avec elle s'effondrera le projet européen. Elle échouera si elle demeure un projet incomplet. Nous sommes au milieu du gué. Il faut se décider à avancer et à donner les pleines compétences économiques à l'Union pour gérer ce formidable instrument qu'est l'euro. La gauche, revenue au pouvoir en 2007, le proposera très vite.

Mercredi 30 mars

La polémique enfle sur l'ajournement par France 2 de son émission avec Barroso. Le président de la Commission est un politique. Il est convaincu que le libéralisme anglo-saxon est l'avenir de l'Europe. On n'a jamais connu, à la tête de la Commission, un homme défendant une telle idéologie. Jacques Delors et Romano Prodi étaient des responsables habités par l'intérêt général européen. Jamais ils n'auraient stigmatisé un pays, une nation. Barroso a pris, lui, l'exception française pour cible. Mais il ne faut pas se dérober au débat ou l'escamoter. Il y a en France une trop grande soif de comprendre, une trop grande envie de maîtriser son destin.

L'image de Barroso n'est pas celle que nous voulons donner de l'Europe. Mais l'évacuer du débat donne l'impression que c'est la réalité que nous voulons cacher. Je ne crois pas que cette exigence, qui est paraît-il celle de Jacques Chirac lui-même, serve la cause du « oui ».

Mardi 5 avril

Un mauvais coup, à nouveau, en plein débat référendaire européen. Cette fois-ci, il s'agit du budget : six Etats membres, contributeurs nets au budget européen, ont pris position pour limiter les ressources financières de l'Union à 1 % du PIB européen. La France, avec le Royaume-Uni et l'Allemagne, en fait partie. Pour la première fois dans l'histoire de la construction européenne, elle ne défend pas la solidarité mais l'égoïsme national, elle épouse la thèse du « juste retour » chère à Margaret Thatcher, elle plaide pour le rétrécissement de l'Europe. Venant de Jacques Chirac, une telle position ne me surprend pas. Il n'empêche qu'elle me choque.

C'est une véritable agression contre l'Union. Le budget européen, qui a atteint un pic de 1,18 % en 2000, est déjà très limité : il pèse moins que le budget du Danemark, moins que les finances des collectivités locales françaises. Et il faudrait encore le diminuer ! Alors que l'on intègre dix nouveaux membres pauvres d'Europe centrale et orientale : comment va-t-on financer les importants transferts de solidarité vers ces pays ? Alors que l'on veut relancer le « programme de Lisbonne », qui doit permettre à l'Europe de basculer vers l'économie de la connaissance et de renouer avec une croissance forte : comment va-t-on investir dans la recherche, l'enseignement supérieur, l'innovation, les grands projets d'infrastructures ? Alors que l'on prétend, à travers le traité constitutionnel, étendre les compétences de l'Union et aller vers l'Europe politique : mais que pourra faire l'Europe avec un tel nanisme budgétaire ?

Nos amis britanniques ou allemands nous rétorquent qu'il faut redéployer les moyens budgétaires : l'Union ne peut plus continuer à consacrer 40 % de son budget à la politique agricole commune et à peine 5 % à la recherche. Bien sûr, ce n'est pas faux ! Oui, je l'ai dit et je le répète : il faut réformer la PAC, la réorienter vers l'agriculture durable et de qualité, diminuer les subventions agricoles accordées aux grosses exploitations et favoriser les agricultures méditerranéennes. Mais combien économiserons-nous ? Un dixième de point de PIB au grand maximum ? Ce n'est pas à la hauteur des enjeux !

J'ai proposé de nous donner comme objectif de moyen terme un doublement du budget européen. C'est la seule manière de financer à la fois la solidarité et l'avenir en Europe. Et que l'on ne me dise pas que c'est irréaliste :

même en atteignant 2 %, le budget européen serait encore à des années-lumière d'un budget de type fédéral qui, par exemple, représente aux Etats-Unis près de 20 % du PIB.

*

J'échange quelques mots avec Jack Lang dans la cour de la rue de Solférino. Je lui dis que, malgré les sondages, nous pouvons l'emporter. Il est de cet avis. J'aime son enthousiasme et sa force de conviction. Il a toujours la même foi que celle que je ressentais à Riom, il y a six mois, lors d'un meeting commun durant la campagne interne. Ah, si tout le monde se battait comme lui !

Dimanche 10 avril

Je reviens de cette campagne éclair aux Antilles doublement inquiet. Les Européens, et pas seulement les Français métropolitains, auraient beaucoup à apprendre de l'expérience de ceux que l'on appelle, dans le sabir bruxellois, les « régions ultra-périphériques ». Leur proximité géographique avec leurs voisins place en effet les DOM aux avant-postes des conséquences de la mondialisation. C'est vrai des problèmes d'immigration clandestine. C'est vrai des risques de délocalisation. Mais trop souvent, nous ignorons les leçons que nous pourrions en tirer. Mon autre inquiétude est plus immédiate. Là comme ailleurs, les défenseurs du « non » utilisent – ou, plutôt, instrumentalisent – des extraits du traité constitutionnel pour inquiéter. Je vois ainsi combien l'idée que les DOM risquent d'être moins bien traités si le « oui » l'emporte s'est peu à peu insinuée dans les esprits. Je me suis employé à expliquer, et les meetings ont tous été extraordinairement enthousiastes – notamment celui qui s'est tenu, en plein air, avec le chaleureux Victorin Lurel en Guadeloupe. Mais c'est d'autant moins gagné que, parallèlement, la crise de la banane couve. J'ai promis de m'en occuper.

Lundi 11 avril

J'ai appelé le président de la République pour le sensibiliser à l'enjeu des toutes prochaines décisions européennes sur la banane. Il me dit s'en occuper immédiatement. Il me rappelle quelques heures plus tard pour m'assurer que des instructions ont été données à nos négociateurs.

Jeudi 14 avril

Débat télévisé avec les jeunes. Jacques Chirac n'a pas été bon, ce qui peut arriver à tout le monde. Mais l'effet risque d'être désastreux. Le président est apparu déphasé. Epouvantable enfermement du pouvoir qui rend aveugle et sourd. Chirac vit depuis plus de quarante ans dans les palais nationaux et ses relations avec le peuple se résument à des poignées de main. La meilleure des intuitions politiques s'érode à un tel régime. Il faut constamment garder un lien avec la vie, trouver les moyens d'échanger vraiment, de se ressourcer autrement qu'au travers des notes de cabinet.

Sarcelles m'est indispensable de ce point de vue. Ne serait-ce que par la controverse municipale ou le contact direct avec les administrés un soir de conseil de quartier. Je suis contre le cumul des mandats et je pense que, pour les ministres, la règle imposée par Lionel Jospin était la bonne : pas de fonction exécutive, mais la possibilité de siéger dans un conseil. J'irai même plus loin : je pense qu'il ne devrait pas y avoir de ministre qui ne soit élu à un conseil municipal, général ou régional. Quant au président et au Premier ministre, ils devraient rencontrer plus souvent opposition, syndicats et associations, voire les élus de leur propre majorité.

L'image étant tout, on surprotège les gouvernants. Il ne doit rien se passer. Rien ne doit perturber l'harmonie du pouvoir. Jospin, les bras ballants, devant les grévistes de la société Lu : voilà la hantise des communicants. Mais être pris à partie, c'est pouvoir prendre parti.

La vie est nécessaire pour aborder le débat avec la jeunesse. En une génération, cette dernière est passée d'une révolte vis-à-vis du « no future » à la désespérance vis-à-vis du « bad future ». Pour la comprendre, il faut la fréquenter.

On ne construit rien de grand sans le dynamisme de la jeunesse. L'Europe a vraiment besoin de son enthousiasme. Dans cette émission, nous avions un homme désemparé devant des jeunes qui n'exigeaient rien d'autre qu'un présent et un avenir décents. L'Europe n'était ni la conviction profonde de l'un, ni la préoccupation immédiate des autres.

Vendredi 15 avril

Jeremy Rifkin, l'essayiste américain, s'invite dans la campagne référendaire en publiant son nouveau livre, *Le Rêve européen*. C'est un petit ballon d'oxygène. Quel paradoxe : c'est un intellectuel venu de l'autre rive de l'Atlantique qui nous rappelle que, dans le monde entier, l'Europe fait rêver.

Selon lui, le rêve européen est en passe de supplanter le rêve américain. Je partage cette idée. Dans mon rapport sur l'avenir de l'Europe, j'esquissais, il y a un an, les contours du modèle européen. C'est un modèle de civilisation qui place la personne humaine au-dessus de tout, en consacrant l'inviolabilité absolue des droits de l'homme. C'est un modèle de développement durable qui met la croissance au service de la justice sociale et de l'environnement. C'est un modèle politique qui refuse la

43

loi du plus fort et règle par le droit les relations internationales. C'est un modèle humaniste, fondé sur un socle culturel commun et animé par une communauté de destin.

Le modèle européen existe. Mais nous, Européens, n'en sommes pas vraiment conscients. Nous avons fait l'Europe, nous n'avons pas encore fait les citoyens européens. Comme beaucoup, j'œuvre pour que le rêve de Rifkin soit bientôt celui des Européens. La campagne que nous vivons marque-t-elle la naissance du peuple d'Europe? Je l'espère, à voir la formidable vitalité de nos débats. Les Français, dans les réunions publiques, entre amis, en famille, ne parlent plus que de ça!

Jeudi 19 avril

Et voilà que Villepin prend la tête de la campagne à la place de Raffarin. Comment le souffle un peu ampoulé, vaguement gaulliste, un tantinet néo-souverainiste peut-il faire image? Villepin rêve la France plus qu'il ne la sent, alors qu'avec Raffarin c'était l'inverse. Il manque toujours quelque chose à cette droite.

Les Français font preuve d'une hostilité sans retenue vis-à-vis du pouvoir, mais on veut absolument mettre le pouvoir en première ligne dans un débat référendaire. Quelle erreur!

Mitterrand avait su se confronter à Séguin et dissocier le débat national du débat européen à l'époque du traité de Maastricht. Jacques Chirac n'est capable que de se faire représenter.

Mardi 26 avril

Mon DVD pour le « oui » sort au bon moment. François Hollande l'a assassiné d'une phrase ce matin. Lionel

Jospin mettait en scène et en valeur ses secrétaires nationaux, François les raille. C'est dommage!

DVD, Internet, blog, podcast : je crois beaucoup en ces nouvelles formes de communication. Internet permet de voir, d'aller voir et de passer soi-même un message. On est lecteur et vecteur. C'est aussi une révolution considérable pour l'information écrite. Hier, les journaux avaient le monopole du dire. La France connaît un magnifique engouement pour les nouvelles technologies. Elle a abordé ce tournant avec retard, mais elle est aujourd'hui une grande consommatrice de nouveautés technologiques. Ne pas comprendre cela, c'est ne pas comprendre la France que nous aurons à gouverner.

D'ailleurs, les porteurs du « non » se sont emparés de cet instrument. Ils construisent une contestation en réseau. Nous, nous restons trop classiques. Le PS est inexistant dans ce domaine. Nous en sommes encore aux communiqués sur le Net alors que les internautes veulent des blogs. Cela nécessite un gros effort. Nous en sommes loin. Mais puisqu'il y a urgence, j'ai fabriqué ce DVD dans l'urgence. Si l'argumentation, tout le monde le reconnaît, est percutante, la première partie est trop emphatique. J'ai parlé « comme à la télé » alors que c'était un DVD. Il faut faire plus simple, plus souple, plus direct. Un hebdo m'accroche en disant que j'ai « joué au président », comme on « joue à la fermière ». Je souris. La formule ne fait pas plaisir, mais elle doit faire réfléchir.

Dimanche 1ᵉʳ mai

51 % pour le « oui » en ce jour de fête des travailleurs. Voilà une bonne nouvelle. C'est possible, j'y crois, on peut gagner.

*

45

A nouveau, les commentaires sur le suicide de Pierre Bérégovoy. Inévitables, sans doute, parce que la date, le 1er mai, fut symboliquement choisie et qu'elle n'en est que plus douloureuse. Pierre défendait ses idées avec ténacité et âpreté. Lorsque j'étais président de la commission des Finances de l'Assemblée nationale, je combattais sa « désinflation compétitive ». Béré ne me battait pas froid, il ne m'envoyait pas quelque janissaire, il ne me contournait pas. Il provoquait le débat. Il venait lui-même défendre ses thèses. Il avait gardé ses habitudes de syndicaliste : dire les choses et débattre. Surtout, il distinguait le débat politique et l'amitié. Après un échange acharné, il proposait de « prendre un canon ». Mais, sur le zinc, il remettait ça ! J'ai appris à le connaître et, au gouvernement, à le servir. J'en garde de la fierté.

Jeudi 5 mai

Meeting à Cahors hier soir. Dans un contexte national de plus en plus difficile. Et dans un territoire, le Sud-Ouest, rétif au référendum. J'interviens. Puis le débat s'engage. Une question reprenant les arguments du « non ». Puis deux. Puis trois. Et ça ne s'arrête guère. D'instinct, je choisis la ligne de conduite dont je veux qu'elle soit la mienne jusqu'à la fin de cette campagne. Dans la salle, ce sont les nôtres, les hommes et les femmes dont je partage habituellement les combats. Alors, un mot s'impose : le respect. Respect de leurs positions et, donc, refus absolu de cette facilité qui conduit à considérer comme négligeables les arguments et les défenseurs du « non » : ils considèrent que l'Europe ne leur apporte pas ce qu'ils en attendaient ; ils comprennent de l'Europe autre chose que ce que je voudrais qu'ils comprennent. Alors, n'invectivons pas, mais argumentons. C'est le seul moyen, peut-être, de convaincre.

Vendredi 6 mai

Le « New Labour » de Tony Blair a donc gagné à nouveau les élections législatives au Royaume-Uni. Les travaillistes l'emportent pour la troisième fois consécutive : cela n'était tout simplement jamais arrivé. Bien sûr, la victoire est plus courte qu'en 1997 et 2001 : la majorité travailliste n'est « que » de 60 sièges. Evidemment, le score – 37 % des voix – traduit une usure. Incontestablement, Tony Blair connaît une désaffection, due notamment à ses choix erronés sur l'Irak que les Britanniques ne lui ont pas pardonnés et ne lui pardonneront pas.

Et pourtant, c'est une victoire, une nouvelle victoire, nette, indiscutable et, qui plus est, annoncée. Les socialistes français aiment bien se considérer comme les « plus à gauche » d'Europe. Ils ne détestent pas donner aux autres des leçons de conviction – ou de pureté idéologique. Ils ont eu beaucoup de mal – l'ont-ils fait vraiment, complètement, d'ailleurs – à se convertir à la social-démocratie. Ils regardent de haut les partis travaillistes ou sociaux-démocrates scandinaves, suspects de compromissions ou de tiédeur. Le problème, au bout du compte, c'est que nous gagnons moins souvent les élections.

Il y a là un paradoxe et une injustice. Car il est arrivé aux socialistes français, après de grandes réformes initiales, de succomber aux dangers dénoncés dans les années 1930 par Léon Blum : la pause, puis le reniement. Il leur est aussi arrivé de gérer sans grande imagination voire, dans les années 1950, de mener des politiques étrangère et coloniale opposées à leurs valeurs. Ils n'ont pas toujours répugné à cette pratique détestable du grand écart entre les mots – animés de pureté révolutionnaire et de volonté politique – et les actes – parfois hyperréalistes – qu'on appelle le mollétisme. Lorsque j'observe le comportement de certains socialistes lors du référendum interne sur la

Constitution européenne, lorsque je vois la campagne menée devant les Français en faveur du « non » par les mêmes qui, hier, cherchaient les faveurs de Blair et se voulaient des modernisateurs, je crains que tout le monde n'y ait pas renoncé.

Je crois dès lors que nous devrions nous garder des leçons trop hâtives. Il y a au Royaume-Uni, comme en Suède ou, sous d'autres formes, en Allemagne, une tradition de la gauche différente de la nôtre. Elle repose sur l'alliance étroite, même si les liens se sont relâchés, même si la désyndicalisation et la désaffection militante n'épargnent personne, entre des partis puissants et des syndicats forts. Elle se veut réformiste, c'est-à-dire qu'elle mise sur la transformation progressive de la société par des avancées négociées entre les partenaires sociaux. Elle est lente, parfois, elle est capable de compromis incertains, à l'occasion, mais elle convainc, toujours, plus que les conservateurs, elle gagne les élections, elle progresse à un rythme régulier, sans accélérations brusques ni coups de frein brutaux. Je ne crois pas qu'il faille copier le « New Labour », les sociaux-démocrates suédois ou le SPD allemand. Mais nous devons nous inspirer de ce qui fait leur force pour devenir un parti plus nombreux, plus ouvert sur la société et capable de représenter constamment plus de 25 à 30 % de l'électorat. Je souhaite, à l'image de cette gauche qui gagne, une gauche durable à la française. Pour cela, il y a un impératif absolu : dire la vérité et, une fois au pouvoir, agir en conformité avec ses engagements.

Vendredi 13 mai

Meeting à Sotteville-lès-Rouen. Je tiens à honorer cette invitation. En Haute-Normandie ? Sur une terre du « non » ? Dans le fief de Laurent Fabius ? Oui, précisément ! Je veux montrer que les défenseurs du traité constitutionnel doivent avoir le courage de se battre partout, sutout là où c'est le plus difficile. Et je veux apporter mon soutien à Pierre Bourguignon, le député-maire de la ville, qui, depuis des années, résiste « derrière les lignes » à la pression fabiusienne et me témoigne sa fidélité.

Mardi 17 mai

Le « non » est repassé en tête et Laurent Fabius a reçu José Bové à Rouen. Ils ont bu un coup de cidre à la défaite du traité. Laurent donne son crédit à un « plan B ». Sa position est la rencontre d'une conviction – l'élargissement fut une erreur –, d'une intuition – Chirac ne peut pas gagner le référendum –, et d'une ambition – se faire désigner par un PS réputé plus à gauche que lui. Je pense qu'il ne gagnera rien sur sa gauche tout en portant pour longtemps l'opprobre du faux plan B. Et je ne suis pas certain qu'il y gagne en authenticité. Chez ses amis, tous ne l'ont d'ailleurs pas suivi – à l'instar de Gilles Savary, Alain Rousset, Bernard Cazeaux, Jean-Louis Fousseret ou Béatrice Marre qui sont restés fidèles à leur engagement de toujours. Chez les européens, l'affaire sera difficile. Pour faire tomber la suspicion, il lui faudra en faire beaucoup. Mais il apparaîtra alors parjure à ceux qui ont dit « non ». On ne gagne pas l'adhésion populaire par un artifice. Par contre, on ruine ce qui définissait une conviction. Je ne comprends pas pourquoi Fabius s'est mis hors jeu. Il pense être le plus ancien dans le grade le plus élevé. Il estime que la situation va venir à lui. Il ne craint que le retour de Jospin. Et puis face à un François Hollande qui le titille, il a basculé pour un gain incertain. Il était un candidat possible, il est devenu improbable. Il en avait les qualités, il vient de les abîmer.

Mercredi 18 mai

L'Union européenne annonce des consultations pour limiter les importations de produits textiles en provenance de Chine. Ces importations progressent depuis le début de l'année. Ce n'est pas une surprise. Nous avions dix ans pour nous organiser et aider nos partenaires du Maghreb, nos fournisseurs « traditionnels », à se préparer à cette nouvelle donne. La décision d'en finir avec l'accord multifibres qui encadrait le commerce textile avait été prise en 1994. La date de la fin des quotas protectionnistes avait été arrêtée : 1er janvier 2005. Nous y sommes. L'industrie s'est adaptée, mais trop peu. Pourquoi? Pourquoi les prix à l'importation et à la consommation restent-ils par ailleurs aussi désespérément étales? Les consommateurs ne sont pas les bénéficiaires de cette concurrence accrue. D'autres doivent bien y trouver leur compte, non? Je ne suis pas opposé à des mesures commerciales défensives permettant d'accompagner et de lisser les transitions économiques, mais à condition que nous en profitions pour investir et nous adapter. Innovation, design, textiles techniques, différenciation des produits, services associés : nos industries textiles ne sont pas condamnées à disparaître. Et puis c'est une stratégie qu'il faut jouer à deux, avec nos partenaires africains du Nord ou de l'océan Indien comme le Maroc ou Maurice, qui sont pour nous un atout en termes de compétitivité. Nous devons construire un co-développement Europe-Afrique compétitif, qui trouve sa place sur l'échiquier mondial face à tous, même face à la Chine.

Dimanche 22 mai

Le SPD allemand vient de perdre les élections régionales dans le land de Rhénanie du Nord-Westphalie, qui est le plus peuplé d'Allemagne et qui, surtout, est un fief socialiste historique. Cette défaite succède à beaucoup d'autres. L'électorat socialiste n'approuve manifestement pas le programme de réformes choisi par le chancelier, mon ami Gerhard Schröder : réformes de la fiscalité, de la protection sociale, du marché du travail. Celles-ci remettent profondément en cause le modèle social allemand et ébranlent les fondements traditionnels de la social-démocratie. Il est vrai qu'elles sont dures. Sans les approuver, sans penser qu'elles sont, telles quelles, transposables à la France, je sais qu'elles obéissent à une nécessité : quinze ans après la chute du mur de Berlin, l'Allemagne paie encore le prix fort d'une unification vitale mais à tous égards coûteuse.

Le SPD est désormais trop affaibli pour pouvoir continuer ainsi. Il est tombé aux alentours de 25 % des suffrages – son score aux dernières élections européennes – et va bientôt peiner à réunir une minorité de blocage au Bundesrat, l'assemblée des Länder. Schröder en est depuis longtemps conscient. Il m'avait dit qu'il agirait au lendemain des élections en Rhénanie. Il le fait en avançant la date des élections générales à l'automne et en remettant son mandat en jeu. C'est un formidable coup de poker, digne du tempérament de joueur du chancelier. C'est aussi une décision rationnelle : privé de toute marge de manœuvre politique, délaissé par les siens, il doit se tourner vers le peuple pour expliquer sa politique, faire de nouvelles propositions, se confronter avec la vision très libérale – trop libérale – de la CDU-CSU.

La manœuvre est audacieuse. Ses chances de succès sont faibles, et Schröder le sait. Mais il va se battre jusqu'au bout et, avec une bête politique de son acabit, face à une adversaire qui a encore beaucoup à prouver, Angela Merkel, peut-être la surprise n'est-elle pas impossible. Je l'espère en tout cas. Je parlerai de cette campagne avec Gerhard Schröder la semaine prochaine : nous conclurons ensemble, à Toulouse, la campagne référendaire française. C'est dans la difficulté, je suis bien placé pour le savoir, qu'on reconnaît ses vrais amis.

Mardi 24 mai

Un comble ! Les syndicats européens s'inquiètent de la poussée du « non » ! Un cégétiste, rapporteur pour la Confédération européenne des syndicats (CES), plaide pour le traité, et Bernard Thibault indique en privé qu'il ne lui est pas totalement hostile, même s'il ne peut évidemment pas le dire. Finalement, beaucoup de responsables du syndicalisme français sont *mezzo voce* favorables au traité constitutionnel, qu'ils jugent plus protecteur que celui de Nice. Seule FO fait exception. Jean-Claude Mailly, qui recentre sa centrale par petites touches, a obtenu un compromis avec les trotskystes lambertistes sur une vraie-fausse non-consigne de vote. François Chérèque et Alain Olive sont les plus allants.

Le Parti socialiste s'intéresse trop peu au syndicalisme. Sa mutation est pourtant spectaculaire. La CFDT défend l'autonomie face au politique; la CGT a rompu les amarres vis-à-vis de l'appareil du PCF; l'UNSA progresse; SUD stagne après avoir réussi une percée, et le Groupe des dix n'a pas pu se transformer en confédération. Après une intense politisation dans les années 1970, durant lesquelles la CFDT et la CGT soutenaient la gauche, le syndicalisme français se réorganise en syndicalisme de l'engagement. Il n'a plus peur de signer des accords sur une base syndicale. On assiste à une sorte de retour à la charte d'Amiens, la grève générale en moins, mais avec la même méfiance vis-à-vis du politique. La politique contractuelle en aurait tiré profit si, dans le même temps, le MEDEF ne s'était pas politisé. La question du nouveau compromis social est pourtant le chantier refondateur de la société française. Les syndicats, quoi qu'ils en disent, sont moins prisonniers des « rhétoriques politiques » des années 1970 que les états-majors de gauche. Je crois que le PS devrait encourager ce mouvement au lieu de l'ignorer. Dans le respect de l'indépendance, il y a un « bloc social-démocrate » de fait, qui peut vivre et qui serait utile au pays. Il changerait la gauche et serait la base du renouveau français. Mais la vision des socialistes est de plus en plus parlementaire, de moins en moins sociale. On n'ose même plus participer à des manifestations. Le PS est pourtant un parti de militants. Cette rétraction sur la rue de Solférino est préjudiciable au projet même des socialistes.

On se trompe lorsqu'on pense qu'une partie des socialistes serait tentée par l'alliance avec la LCR. Ce qui impressionne certaines franges du PS, c'est l'axe Attac-SUD. Faute d'avoir produit une analyse social-démocrate de la mondialisation, certains sont fascinés par cette nouvelle forme de contestation. Ce faisant, nous tournons le dos au mouvement actuel du syndicalisme. Voilà pourquoi nous n'avons pas préparé le référendum dans notre « sphère d'influence ».

Jeudi 26 mai

Dernière émission de la campagne : « Mots croisés », sur France 2, chez Arlette Chabot. Emission originale dans son organisation, avec des débats autour de deux tables rondes. Emission tendue dans son déroulement : la lucidité recule au rythme où la fatigue avance – comme en témoigne Daniel Cohn-Bendit, que j'aime beaucoup, mais dont la capacité à supporter physiquement et psychologiquement la contradiction a semblé entamée. Beaucoup de messages de partisans du « oui » qui ont apprécié mes interventions. D'autres avis plus réservés. Je lis ici ou là que je n'ai pas été suffisamment incisif, à l'égard notamment d'Olivier Besancenot. J'ai, depuis le meeting de Cahors, choisi une ligne de conduite face aux défenseurs du « non » de gauche : fermeté sur le fond, souplesse sur la forme. Je m'y suis tenu. Je ne sais si cela suffira pour sauver le « oui » – à quelques jours du vote, j'en doute évidemment. Mais j'ai la certitude que cela servira la gauche car quel que soit le résultat, il faudra bien se retrouver.

Vendredi 27 mai

Dernier meeting de campagne, à Toulouse, avec Gerhard Schröder qui m'a fait l'amitié d'accepter de venir, bien qu'il soit lui aussi en campagne. Je vais le chercher à l'aéroport de Blagnac où l'avion de la chancellerie atterrit à l'heure dite.

Schröder, chaleureux comme toujours, détaille sa stratégie pour les semaines qui viennent. Comme on le sait, le SPD a perdu les élections dans son bastion de Rhénanie-Westphalie. Ce n'est pas le premier Land qui tombe et ce n'est pas le dernier. En France, nous nous plaignons souvent d'avoir des élections trop fréquentes ; que dire alors de la RFA où les élections dans les Länder se succèdent à un rythme rapide ! Le chancelier n'a pas l'intention d'être traîné de défaite en défaite : il a donc décidé d'anticiper les élections législatives. Bien sûr, la conjoncture politique n'est pas bonne et les conservateurs de la CDU-CSU devancent le SPD de plus de 20 points. Mais tout vaut mieux que la mort lente. Il ne le dit qu'à demi-mot, mais il compte sur son expérience et sur sa stature internationale pour s'imposer face à Angela Merkel. Je le sens fatigué mais pas découragé, et même assez combatif – comme si l'odeur de la poudre lui avait donné une vigueur nouvelle.

Le meeting s'est passé dans une ambiance particulièrement chaude, malgré un départ un peu poussif. Nous avions prévu une liaison satellite avec Lille où François Hollande reçoit José Luis Zapatero pour un meeting analogue. Quelques difficultés techniques et quelques lenteurs dans les discours lillois nous font attendre sur la scène pendant près de vingt minutes. Pour moi comme pour Jean-Michel Baylet qui devons intervenir les premiers, c'est juste un peu désagréable. Pour le chancelier de la République fédérale d'Allemagne, c'est à la limite de l'impolitesse. Je sens que les élus haut-garonnais Pierre Izard, Bertrand Auban, Claude Raynal, Jean-Pierre Plancade, Jean-Louis Idiart et Kader Arif commencent à être gênés. Schröder n'a pas l'air de se formaliser. Il nous racontera au cours du dîner qui suivra quelques aventures analogues : l'animal politique en a vu d'autres. Après un bref dîner, il repart illico pour Berlin. *Viel Glück!* Bonne chance !

Dimanche 29 mai

Le « non » est à 55 %.
Rien n'y a fait.
Nos arguments n'ont pas été entendus. Les Français voulaient dire « non » à Chirac. La France veut aussi réorienter l'Europe.
Terrible paradoxe par lequel le pays a dit « non » à ce qu'il voulait profondément. Les Français trouvent l'Europe trop libérale et trop peu démocratique. Le traité constitutionnel européen permettait le début d'une réorientation. Je ne crois pas que le « non » soit fondateur d'un nouveau cycle à gauche. Il est le produit des circonstances. Il est le révélateur de la colère française vis-à-vis du libéralisme ambiant en Europe. Il est la sanction de la « démission » de Jacques Chirac face à la construction européenne. Si le Parti socialiste porte sa part de responsabilité, c'est qu'il n'a pas donné de sens, de contenu à son alternative. Il a trop tardé à produire son projet et les

Français n'ont trouvé que le « non » pour s'opposer. Je crains que ce « non » n'ait trois conséquences : l'affaiblissement de la vision française de l'Europe politique, l'affaiblissement de Jacques Chirac en Europe, l'affaiblissement de la social-démocratie française dans la social-démocratie européenne. Ce triple affaiblissement confortera le cours libéral de l'Europe et donc sa crise.

Les Français ont voté. Le peuple est souverain, la Constitution européenne est mort-née. Il ne sert à rien de pleurer sur le lait renversé. Il ne faut pas être dans l'amertume, mais trouver un nouveau chemin. Pourtant, quel gâchis ! Il n'y a évidemment pas de plan B, E ou F. Le « non » français ne changera rien aux délocalisations. Il n'y aura pas de nouveau rapport de force avec le marché libéral, sinon dans un sens moins favorable. Il n'empêche ! Il y a une impérieuse nécessité de l'Europe politique.

Finalement, la France reste au cœur du débat parce qu'il n'y aura pas de nouvelle donne européenne sans une nouvelle donne française. C'est pourquoi je suis convaincu que le renouveau français est indispensable au deuxième souffle européen.

Jeudi 2 juin

Les Pays-Bas viennent de voter « non » à leur tour. Massivement. Après le « non » français, ce vote est lourd de sens pour l'avenir de l'Europe.

Première conséquence : après deux votes populaires négatifs, de surcroît dans deux pays fondateurs, le traité constitutionnel est enterré. Il n'y a plus aucune chance de faire adopter ce texte en l'état.

Seconde conséquence : la perspective d'une relance prochaine de la construction européenne s'éloigne. Car le « ne » néerlandais est clair : c'est un vote de crispation souverainiste. Un vote anti-européen. Les sondages sont édifiants. Wouter Bos, le jeune leader du parti social-démocrate, l'a exprimé avec une rare brutalité. Selon lui, les Hollandais ont voté contre le traité pour trois raisons. D'abord, ils en ont assez de payer pour les autres, hier les pays du sud de l'Europe, demain les pays de l'Est. Ensuite, ils en ont assez des technocrates de Bruxelles qui prennent des décisions dans leur dos. Enfin, ils ne veulent plus des diktats du couple franco-allemand. Fermez le ban.

Dimanche 5 juin

Voilà une semaine que le peuple français a rejeté le traité constitutionnel.

Le choc n'est pas passé. L'analyse ne peut qu'être sommaire. Pourtant la question revient, lancinante : pourquoi les Français ont-ils voté « non » ?

Bien sûr, il y a des raisons internes. Les électeurs ont voté « non » pour sanctionner le gouvernement. C'est logique. Il y a dans tout référendum une part de plébiscite : on répond autant à la question qu'à celui qui la pose. Et pour les Français, il était plus important de rejeter le gouvernement que de dire « oui » ou « non » à la Constitution. Le Premier ministre irlandais, Bertie Ahern, qui a perdu un référendum sur l'Europe, à l'occasion du traité de Nice, m'a dit en riant, lors d'un récent entretien à Dublin : « Votre gouvernement est dans la situation de ce gars qui invite une fille au cinéma. Si elle refuse, ce n'est pas parce que le film ne lui plaît pas : c'est parce qu'elle ne veut pas sortir avec lui. » Voilà : Marianne ne voulait plus sortir ni avec Jean-Pierre Raffarin ni avec Jacques Chirac. Elle le leur a crié dans les sondages, dans la rue, dans les urnes aux élections locales puis européennes. Sans succès. Elle le leur a crié à nouveau le 29 mai. Il a bien fallu qu'ils entendent.

Bien sûr, il y a aussi des raisons propres à la gauche et particulièrement au PS. Je le dis tout net : nous avons fait une campagne médiocre. Nous avons banalisé les aspects positifs du traité. La ligne « des petites avancées sans aucun recul » n'est guère mobilisatrice face à l'enfer libéral promis par les partisans du « non » : un « oui bof » face à un « non de combat ». Nous avons aussi mené une campagne trop négative : contre les arguments du « non », pas vraiment pour les arguments du « oui ». Et puis la division de la gauche a fortement brouillé notre message. Lors de la campagne, nous disions : « Si vous voulez l'Europe sociale, votez oui. » Mais une partie de la gauche, jusque dans les rangs socialistes, répondait : « Si vous voulez l'Europe sociale, votez non. » Nous disions « droits fondamentaux », elle nous répondait mensongèrement « droit de grève », « remise en cause de l'IVG », « abandon de la laïcité ». Nous disions « faisons un pas en avant, d'autres viendront », elle nous répondait « renégociation » et « plan B ». Et c'est sur ce dernier point, sans doute, que l'engagement inattendu de Laurent Fabius a été le plus désastreux.

Mais fondamentalement, les électeurs ont voté « non » pour sanctionner l'Europe telle qu'elle se construit. Dans ce vote, il y a certes un vote anti-européen, souverainiste ou nationaliste. C'est le vote de Jean-Marie Le Pen et de Philippe de Villiers à droite, de Jean-Pierre Chevènement à gauche. Mais il y a aussi un « non » pro-européen, un « non » qui se défie des dérives actuelles de l'Europe, qui ne veut pas détruire l'Union mais la réorienter. Ce « non » est pour l'essentiel un « non » de gauche qui s'élève contre une pratique jugée trop libérale et trop technocratique.

Le paradoxe, c'est que, selon moi, le traité offrait un début de réponse aux critiques du « non » de gauche. Las ! Les Français auront profité du référendum pour marquer leur réprobation globale.

Je crois pourtant qu'il y a un espoir. La France n'a pas sombré dans une attitude régressive. Les Français veulent une puissante réorientation du cours européen. Nous ne pouvons plus nous contenter d'une évolution lente et par trop millimétrée : il faudra des actes forts.

Lundi 6 juin

Ça y est. Le « non » français et le « non » néerlandais produisent leurs premiers effets. Tony Blair vient d'annoncer le gel du référendum qu'il avait promis aux Britanniques sur la Constitution européenne. La décision était prévisible et l'argumentation est imparable. Le traité ne peut en effet entrer en vigueur que s'il est approuvé par la totalité des Etats membres. Deux d'entre eux l'ont rejeté. Tony Blair, qui savait qu'organiser un référendum sur l'Europe – que ce soit sur le traité constitutionnel européen ou, davantage encore, sur l'euro – était dangereux avec une opinion eurosceptique, peut désormais ajouter que c'est inutile. Au-delà du coup de grâce porté au traité lui-même, la question est de savoir si le successeur de Tony Blair sera aussi européen que lui. Il serait audacieux d'en faire le pari.

Jeudi 16 juin

Grande manifestation à Madrid contre le projet du gouvernement socialiste d'autoriser le mariage des individus de même sexe. Je suis impressionné par la foule. Quant à l'engagement de l'épiscopat espagnol, il me préoccupe – même si je le comprends. Les Eglises me paraissent de plus en plus éloignées des attentes et de la société dans son ensemble, et de certains croyants.

Je suis surtout impressionné par la force de conviction de José Luis Zapatero. Il a clairement affiché sa volonté de réformer le mariage et l'adoption. Il tient ses engagements. C'est courageux dans un pays comme l'Espagne où le catholicisme est encore puissant. Son choix est une victoire du socialisme d'émancipation sur le conservatisme. La France, si prompte à donner des leçons, hier pionnière avec le Pacs, a perdu une avance considérable sur le chemin de l'égalité des droits.

Pour ma part, j'irai le 25 juin prochain à la Marche des Fiertés.

Samedi 2 juillet

Rendez-vous ce matin à la Fondation Jean-Jaurès pour un séminaire sur le référendum.

La cité Malesherbes a été le siège historique de la SFIO. C'est aussi, je ne peux m'empêcher d'y penser chaque fois que j'y pénètre, le lieu de la rencontre de mes parents. Mon père, qui avait quitté très tôt le Parti communiste, au milieu des années 1930, à l'occasion des procès de Moscou, s'était engagé à la SFIO avant la guerre. Après avoir été démobilisé, il rejoignit le réseau de résistance Libé-Nord. Après la guerre, il a plusieurs fois été candidat en Seine-et-Marne – et fut battu autant de fois. Jamais élu, il avait cependant un titre qui existait alors dans ce parti très structuré et très hiérarchisé, titre dont il était fier : il était « orateur » de la SFIO, ce qui lui donnait le droit de s'exprimer dans les réunions publiques au nom de son parti. Après avoir été instituteur, il donnait aussi des consultations juridiques gratuites cité Malesherbes... qui était le siège du *Populaire*, le journal du parti pour lequel ma mère, journaliste, travaillait.

Le séminaire d'aujourd'hui doit revenir sur ce qui s'est passé le 29 mai et permettre d'en mieux comprendre la portée profonde. J'aime le cadre de cette discussion : il y a là des universitaires, des responsables politiques, des syndicalistes, des chefs d'entreprise – beaucoup de combattants du « oui » mais aussi quelques partisans du « non » – et le débat est libre, sérieux, confiant. Pierre Mauroy, le président de la Fondation, interviendra comme il le fait souvent à la fin du séminaire, ramassant ce qui a été dit, retrouvant des racines historiques, relativisant les événements et nous plaçant tous, finalement, dans la grande perspective du socialisme – du Pierre Mauroy, quoi ! Comme nous tous, j'ai de l'admiration pour Pierre Mauroy, pas seulement parce qu'il a été le premier Premier ministre de François Mitterrand mais aussi parce que c'est lui qui a écarté le risque du grand dérapage en 1983. Mais au-delà de l'admiration, j'ai aussi de l'affection pour l'homme, le socialiste authentique, porteur de cette tradition du Nord chaude et fraternelle. Je suis également intéressé par la thèse originale que défend un sémiologue, Alain Mergier, qui montre que, dans un contexte où dominent vulnérabilité sociale et hégémonie idéologique du libéralisme, les Français ont eu le sentiment de se trouver dans une situation « dissymétrique » : c'est le « non », et pas le « oui » qui permettait de se réaffirmer comme « sujet » en perturbant le cours des choses.

Je conclus le séminaire en insistant sur la nécessité de se projeter à nouveau dans le futur. Je m'amuse à paraphraser la formule célèbre de Laurent Fabius lors du congrès de Metz : « au-delà du "oui" et du "non", il y a le socialisme » !

Jeudi 7 juillet

Après les Etats-Unis le 11 septembre 2001 et l'Espagne le 11 mars 2004, c'est au tour de la Grande-Bretagne d'être frappée par les attentats terroristes. Trente-sept personnes sont mortes dans l'explosion de plusieurs bombes dans le métro et les bus londoniens. Comme le 11 septembre, comme le 11 mars, je suis révolté par l'horreur et la lâcheté du terrorisme. Comme le 11 septembre et le 11 mars, je suis frappé par la force de nos démocraties face à cette violence inacceptable : le terrorisme est vain, il ne nous abattra pas. Comme toujours dans l'épreuve, le peuple britannique a réagi avec courage et dignité ; quant à ses dirigeants, ils ont manifesté une fermeté exemplaire.

J'observe Tony Blair dans ce moment difficile. Il n'est plus le jeune homme euphorique, au visage angélique animé par un sourire permanent, que l'on surnommait « Bambi » lorsqu'il avait emporté les élections de mai 1997 et mis fin à dix-huit ans de thatchérisme. Le pouvoir l'a à la fois usé et bonifié. Il vient d'être élu pour la troisième fois, marquant ainsi l'histoire de son parti. Il sait que c'est son dernier mandat – et qu'il l'a obtenu sans enthousiasme. Cette situation hésitante reflète les ambiguïtés de son bilan : un Royaume-Uni plus fort, plus moderne mais plus inégal, plus européen bien qu'il ne se soit pas engagé dans l'euro comme Blair l'aurait souhaité.

Surtout, Tony Blair s'est coupé du cœur des Britanniques par son engagement aveugle, déraisonnable, justifié par des assertions contraires à la vérité, dans la guerre en Irak aux côtés de George Bush. Comme tous les leaders politiques approchant du terme de leur parcours, il est à la fois fort de son expérience et de la capacité qui lui est reconnue de représenter son pays, et faible par la lassitude qu'il éprouve manifestement de plus en plus souvent et que ses concitoyens ressentent à son endroit. C'est avec ces atouts contrastés qu'il affronte une période difficile et importante. Titulaire de la présidence de l'Union européenne pour six mois, il lui revient, à défaut de pouvoir lui rendre un élan que les référendums français et néerlandais ont brisé, de la stabiliser en lui donnant un budget. Et voilà maintenant que surgit sur le sol même de son pays le défi terroriste.

Je dois avouer que sa réaction m'a impressionné. Le Premier ministre, qui a appelé les Britanniques au calme et au rassemblement, qui a opposé au terrorisme une intransigeance absolue, n'était plus l'homme las et parfois désabusé qui était apparu sur les écrans ces derniers temps. Il avait de l'énergie et de la dignité. Un souffle churchillien, un peu de l'âme de cette nation qui a toujours résisté à toutes les tentatives d'occupation, passaient dans son discours à la fois inspiré et rassurant. C'est dans ces moments-là qu'on mesure la stature d'un responsable politique, par sa capacité à défendre les intérêts vitaux de son pays, à exprimer l'esprit d'un peuple, à créer la confiance à l'instant même où elle est la plus menacée, donc la plus nécessaire. Personne ne peut être en permanence à cette hauteur. Mais les hommes d'Etat savent s'y élever lorsqu'il le faut. Tony Blair est loin d'être parfait, il a commis de lourdes erreurs mais, parce qu'il est capable de vision, parce qu'il sait entraîner quand c'est indispensable, c'est un homme d'Etat. Jacques Chirac, qui n'a pas donné de sens à sa longue présidence, qui a toujours truqué, rusé, tergiversé, qui n'a pas su faire bouger la France, peine à en être un. Avec leurs ombres et leurs lumières, les années Blair resteront dans l'histoire du Royaume-Uni comme une période marquante alors que les années Chirac demeureront, pour la France, un souvenir pénible.

Mardi 30 août

La Turquie est candidate à l'adhésion à l'Union européenne, et la France ne s'opposera pas à l'ouverture de négociations avec elle. Cela n'a pas été sans difficultés, tant les contradictions sont fortes entre Jacques Chirac d'une part, partisan affaibli de l'entrée de la Turquie dans l'Union, et Nicolas Sarkozy et la droite d'autre part, qui s'y opposent avec vigueur, voire avec véhémence. La décision d'ouvrir des négociations me paraît sage. La vocation européenne de la Turquie est une question difficile. La géographie comme l'histoire livrent des conclusions incertaines : la Turquie est à la fois dans et hors de l'Europe, elle a combattu et accompagné les Européens. Je sais aussi que la Turquie d'aujourd'hui est loin de remplir les critères d'une adhésion à l'Union. Pour y entrer, la Turquie doit faire des progrès considérables : la situation des droits de l'homme y est encore ô combien perfectible ; l'égalité entre les hommes et les femmes – si essentielle dans le modèle de société européen – est à construire ; le respect des minorités – et d'abord le droit des Kurdes à pratiquer leur langue – doit être affirmé ; les militaires – certes garants de la laïcité – ne peuvent être au XXIe siècle si proches du pouvoir. La Turquie ne pourra par ailleurs nous rejoindre sans qu'elle ait reconnu le génocide des Arméniens en 1915. La négation de ce massacre, la persécution dont sont l'objet les intellectuels et les écrivains qui, comme Orhan Pamuk, osent l'évoquer publiquement me choquent profondément : on ne construit pas l'avenir sur la révision du passé. Pour moi, c'est clair : la Turquie n'est pas prête, mais j'ai la conviction qu'elle pourra, en travaillant sur elle-même, nous rejoindre.

Je pense aussi qu'elle le doit. D'abord parce que nous avons maintes fois répété nos engagements à l'égard de ce pays, qui appartient déjà à la plupart des instances européennes non communautaires. La Turquie est, depuis 1999, reconnue comme candidate à l'adhésion à l'Union européenne : elle doit être traitée avec bonne foi. Surtout, notre intérêt stratégique est d'arrimer la Turquie à l'Union : je préfère voir ce grand pays devenir définitivement laïc, démocratique, européen, plutôt que de le renvoyer au choix incertain entre islamisme fondamentaliste et dictature militaire ou de le laisser sous la protection exclusive des Etats-Unis. J'y vois aussi une dimension culturelle essentielle : il n'y a pas, pour moi, de critère caché. L'Europe n'est pas un club chrétien, et je veux croire en notre capacité à intégrer à notre citoyenneté une population largement musulmane. Avec la Turquie, soyons exigeants, intransigeants même, mais soyons sincères et ouverts.

Au-delà de l'adhésion de la Turquie, j'ai des frontières de l'Europe une vision originale. Elle ne fait pas l'unanimité ; j'en discute souvent avec Pierre Moscovici, qui ne la partage pas tout en étant lui aussi favorable à l'adhésion de la Turquie. Pourtant, j'en ai la conviction, elle finira par s'imposer. L'Europe a une vocation méditerranéenne évidente. Quand je regarde la planète, quand je réfléchis au monde tel qu'il sera dans trente ans, je vois plusieurs zones d'influence émerger : les Etats-Unis, la

Chine, l'Inde, l'Amérique latine autour du Brésil. Si l'Europe veut compter démographiquement, économiquement, politiquement, elle doit s'intégrer à un ensemble plus vaste qui inclut la Méditerranée. La Turquie y a bien sûr sa place mais aussi les pays du Maghreb et, vivant enfin en paix, la Palestine et Israël. Utopie ? A court terme, sans doute. Mais je suis persuadé que dans vingt ans, dans trente ans, cette vision deviendra réalité.

Lundi 12 septembre

La liste d'Oskar Lafontaine est créditée de 8 % des intentions de vote. Le « Linkspartei » allemand, parti autoproclamé de « la gauche », né de la fusion du PDS – l'ex-parti communiste de l'Allemagne de l'Est – et de dissidents du parti social-démocrate SPD regroupés autour de son ancien président Oskar Lafontaine, obtient, à quelques semaines des élections allemandes, 8 % des intentions de vote. C'est relativement peu, mais c'est assez pour troubler le jeu politique et permettre à la CDU-CSU d'Angela Merkel, qui faiblit, de rester devant les sociaux-démocrates de Gerhard Schröder, qui remontent.

Voir Oskar Lafontaine embarqué dans cette aventure ambiguë me préoccupe. Car le « Linkspartei » emprunte volontiers une tonalité populiste, se situant hors de toute alliance de gouvernement possible et critiquant – rhétorique détestable – l' « establishment politique social-libéral », version moderne du fameux « bonnet blanc, blanc bonnet » de Jacques Duclos en 1969. Oskar lui-même n'hésite pas, hélas, à flirter avec la xénophobie en dénonçant les « travailleurs étrangers », utilisant ainsi une expression inédite en Allemagne depuis les années 1930.

Cette dérive m'attriste. J'ai bien connu Oskar Lafontaine avant même qu'il devienne mon collègue en tant que ministre des Finances en 1998-1999. Il a été, au début des années 1990, le leader brillant et bouillant du SPD. Elu de la Sarre, il est parfaitement francophone ; son engagement socialiste est incontestable ; il sait être entraînant, il est convaincant et compétent. Un attentat, qui l'a laissé longtemps physiquement affaibli après qu'il a frôlé la mort, puis les combats de la vie politique l'ont contraint à céder la place à Gerhard Schröder. Les deux hommes sont très différents par leur sensibilité et par leur style. Plus recentré, Schröder était sans doute l'homme qu'il fallait pour battre Helmut Kohl en 1998, après seize ans de pouvoir conservateur. Un temps associés aux commandes, Schröder et Lafontaine n'ont pas pu coexister longtemps au gouvernement : en politique, si la mise en commun des talents est indispensable au succès, le leadership ne se partage pas.

Lafontaine s'était retiré de la vie politique il y a six ans. Son retour me paraît malheureusement déterminé davantage par l'amertume que par la volonté sincère de construire une alternative à gauche. Comme souvent dans ce type de situation, il réserve le meilleur de ses coups à ses amis d'hier : il n'a manifestement d'adversaires qu'à gauche. Le résultat est hélas probable : une grande partie des voix qu'il prendra manqueront au SPD et risquent fort d'interdire à celui-ci, malgré la dynamique de la campagne de Schröder, de conserver la tête du gouvernement. Cela accrédite le scénario, qui court aujourd'hui les rédactions, d'une grande coalition conduite par les conservateurs.

Les leçons de cette aventure sont claires. La revanche et l'acrimonie ne fondent pas une politique. A gauche, la division est toujours annonciatrice de la défaite : seule l'union fait la force. Je crains que cet adage ne se vérifie à nouveau lors des élections en Allemagne. Qui peut l'oublier pour la France de 2007 ?

Lundi 19 septembre

Les Allemands ont voté, et c'est un fantastique imbroglio. La CDU-CSU, créditée de 42 % des voix à la veille du scrutin, n'en recueille que 35 %. Le SPD, donné archibattu il y a encore six mois, échoue près du but, à 34 %. Quelques centaines de milliers de voix séparent donc les deux partis. Comme je le craignais, le « Linkspartei » a pris à Schröder les 2 ou 3 % des suffrages qui lui auraient permis d'être le premier parti allemand – ce qui, dans ce pays qui prise peu les « combinazione » postélectorales, est décisif.

De cette élection serrée ne se dégage aucune majorité. Les deux coalitions qui briguaient la confiance des Allemands – CDU-CSU et libéraux d'un côté, SPD et Verts de l'autre – sont minoritaires. Le « Linkspartei » ne veut pas participer au pouvoir : il refuse toute logique de gouvernement et même de soutien, montrant ainsi qu'il est une force essentiellement négative. Il agit ainsi à l'image de l'extrême gauche française. Espérons que cela changera et que ses dirigeants sauront à nouveau, à tout le moins, faire la différence entre la gauche et la droite. Aujourd'hui, en Allemagne, plusieurs formules sont possibles. Les Verts ont dit clairement qu'ils ne voulaient pas gouverner avec les conservateurs et les libéraux : après cinq ans de gouvernement avec le SPD, Joschka Fischer, qui restera comme un grand ministre des Affaires étrangères et un visionnaire européen, ne veut pas se renier, ce qui est tout à son honneur.

Je ne crois pas non plus que les libéraux, de leur côté, accepteront de former une coalition avec le SPD et les Verts. Ce regroupement est peut-être celui qui exprimerait le mieux le vote des Allemands. Ils ont en effet refusé le programme trop libéral de la CDU-CSU, si proche de celui de Nicolas Sarkozy en France, sans pour autant faire confiance à leur chancelier – bref, ils ont manifesté leur aspiration à être gouvernés à la gauche du centre. Je ne crois pourtant pas que cette union se réalisera, car le FDP allemand est trop lié aux conservateurs dans les Länder pour procéder à un tel renversement d'alliances.

C'est pourquoi l'hypothèse la plus probable est selon moi celle d'une « grande coalition » entre la CDU-CSU et le SPD. Invraisemblable en France, cette formule a déjà été expérimentée en Allemagne entre 1966 et 1969. Elle pourrait répondre au goût des Allemands pour la stabilité et le consensus. Pour y parvenir, deux questions doivent trouver réponse. Il faut d'abord que les deux formations s'accordent sur un programme de gouvernement et qu'elles parviennent à former un gouvernement : ce ne sera pas chose aisée compte tenu des options économiques et sociales très radicales prises par Angela Merkel – par exemple une « flat tax » de 25 % sur tous les revenus, la réforme du licenciement ou le report de l'âge légal de la retraite à soixante-dix ans. Mais ce n'est pas insurmontable : dans le cas d'espèce, nécessité fera d'autant plus loi que les électeurs ont clairement rejeté ce programme.

La deuxième question est peut-être encore plus délicate : qui dirigera cette coalition ? Compte tenu de la faiblesse de l'écart qui sépare leurs scores, les deux chefs de la CDU et du SPD peuvent y prétendre. Gerhard Schröder a, dans la campagne, incontestablement dominé Angela Merkel, moins expérimentée, plus incertaine : le rebond des sociaux-démocrates est assurément davantage dû à leur chef qu'à leur programme, et Schröder reste, aux yeux des Allemands, le dirigeant le plus crédible. Mais Angela Merkel détient un avantage qui pourrait se révéler décisif : arrivée en tête du scrutin, fût-ce de peu, elle bénéficie du talisman de la légitimité qui, en Allemagne, est très important. Gerhard Schröder a réagi de manière un peu euphorique et condescendante à sa non-défaite inattendue. Il a pu paraître arrogant, voire machiste, à l'égard d'Angela Merkel. Ces deux-là, en tout cas, ne gouverneront pas ensemble. Les tractations vont s'engager ; elles seront longues et difficiles.

Mardi 27 septembre

Conduite par deux frères jumeaux, la droite conservatrice a remporté les élections législatives en Pologne. Cette nouvelle m'inquiète. Il s'agit en effet d'un vote à proprement parler réactionnaire. Réaction, sans doute, contre le pouvoir sortant. Les ex-communistes du SLD, mal convertis en vrais sociaux-démocrates, se sont effondrés, victimes de la corruption, de l'inefficacité et de la division. Le président Kwasniewski n'a pas pu ou pas voulu créer un parti de la gauche moderne qui eût permis d'éviter l'évaporation des voix de gauche et de proposer une alternative réformiste à la Pologne.

Mais ce vote est aussi une réaction sociale, politique et morale. Contrairement aux pronostics, ce ne sont pas en effet les libéraux, partisans du marché sans frein, qui l'ont emporté, mais une formation ultraconservatrice, nationaliste, régressive sur la question des mœurs, atlantiste, profondément anti-européenne. Or la Pologne, qui vient d'adhérer à l'Union, est le plus important des nouveaux pays membres, par la taille comme par le poids économique.

Ce tournant politique montre que l'élargissement n'a pas été seulement un choc à l'Ouest, dans la « Vieille Europe » – ce dont le « non » français et le « non » néerlandais ont témoigné –, mais aussi qu'il n'a pas été suffisamment digéré dans la « Nouvelle Europe ». Je crains, dans l'Europe élargie, le retour des nationalismes et de la xénophobie qui a d'ailleurs nourri en France cette campagne indigne contre « le plombier polonais ». Ce vote est un signal d'alarme. La réunification de l'Europe est un moment historique ; je suis sûr qu'elle est une chance. Mais nous n'en avons pas encore convaincu les peuples : c'est une des tâches, lourde mais essentielle, qui attend ceux qui, après le départ de Jacques Chirac, auront à repenser l'Europe.

Samedi 1ᵉʳ octobre

Grand colloque sur l'Euroméditerranée à Marseille. J'en profite pour voir Jean-Noël Guérini en tête à tête. Ma conviction en sort renforcée : il est le mieux placé pour faire revenir à gauche la ville de Gaston Defferre.

Dans mon intervention, je défends trois convictions.

D'abord, que la question que nous avons à traiter est bien celle de l' « Euroméditerranée » et pas celle de l'Afrique du Nord. Certes, les relations avec les trois pays du Maghreb sont particulières et, pour nous, privilégiées. Mais ce que l'on doit traiter concerne aussi trois sous-ensembles autour de la Méditerranée : la Turquie, l'Egypte et le couple Israël-Liban. Malgré la composition de l'assistance, largement maghrébine, je ne veux pas laisser le débat se concentrer uniquement sur les relations entre l'Union européenne et le Maghreb.

Ensuite, j'affirme que sans savoir dans quelle mesure la construction euroméditerranéenne est possible, je sais qu'elle est nécessaire. Je développe ma vision du monde dans trente ans, structurée autour de grands ensembles.

Enfin, je souligne que le rôle de la France doit être majeur. Il y a une demi-douzaine de pays méditerranéens mais pour des raisons historiques, pour des raisons économiques et pour des raisons géographiques, la France peut en être le leader.

La construction de l'Euroméditerranée est aussi le moyen de revenir sur le conflit israélo-palestinien. J'enrage de voir l'Europe incapable d'influer sur l'avenir du Proche-Orient. C'est pourtant à nous d'apporter les éléments d'une solution. Nous ne devons pas laisser les Américains être les seuls acteurs, mais nous restons incapables d'intervenir. Et l'échec du traité constitutionnel, avec ce qu'il apportait de neuf en matière de politique étrangère, ne va pas arranger les choses !

Dernière notation, sur la relance franco-allemande. Si les Allemands ne sont pas méditerranéens et sont peu concernés par les pays du Maghreb, ils le sont beaucoup par les Turcs. En clair, il faut mener la politique de la Méditerranée avec les pays de l'Union.

L'Allemagne a enfin un gouvernement! Il aura fallu un mois, un long mois de tractations pour parvenir à le constituer. La sortie de Gerhard Schröder aura été douloureuse. Personnellement vainqueur des élections, mais à la tête d'un parti arrivé en seconde position, il n'a pas voulu admettre qu'il lui fallait, malgré tout, concéder la victoire à Angela Merkel. Il a donc donné l'impression de s'accrocher au pouvoir et d'être mauvais perdant, gênant le SPD et irritant les Allemands. Il part finalement, sans doute un peu amer et ayant inutilement entamé son image. Mais je suis sûr qu'il restera dans l'histoire politique allemande comme un formidable combattant qui a réussi l'alternance, a su faire évoluer son pays dans des circonstances difficiles et a posé les bases de son redressement.

Comme c'était logique, et même presque inévitable après le résultat des élections, c'est une grande coalition entre la CDU-CSU et le SPD qui va diriger le pays. Pour un Français, cette formule est incompréhensible, inimaginable – comme si chez nous le PS s'alliait à l'UMP. Mais elle s'explique par plusieurs spécificités de la vie politique allemande. Le mode de scrutin, tout d'abord, est proportionnel et ne permet pas toujours de dégager des majorités claires. Il possède donc les vertus et les défauts inverses de ceux de notre système hyper-majoritaire : il représente mieux la diversité, mais n'assure pas la stabilité. C'est pourquoi je pense qu'un mode de scrutin mixte – à dominante majoritaire mais comprenant une dose de proportionnelle – est le meilleur. La scène politique allemande est par ailleurs beaucoup moins polarisée que la nôtre. La gauche et la droite s'y distinguent et s'y confrontent, bien sûr, mais avec moins de violence qu'en France. Le SPD est un parti réformiste et la CDU-CSU, bien qu'elle soit devenue beaucoup plus conservatrice qu'elle ne l'était il y a quelques années, a une aile chrétienne-sociale – c'est d'ailleurs celle-ci qui, en harmonie avec les sociaux-démocrates, a fait inscrire en 1949 dans la Loi fondamentale de la République fédérale le principe progressiste de l' « économie sociale de marché ». Tout cela crée une culture du consensus bien étrangère à la tradition française. Nos deux pays ont en réalité des façons différentes de régler les situations politiques contradictoires : chez eux, c'est la grande coalition, chez nous, la cohabitation – absolument invraisemblable au demeurant pour un Allemand !

Le gouvernement d'Angela Merkel est constitué à parité de ministres CDU-CSU et SPD. Les sociaux-démocrates y occupent même les postes essentiels : Affaires étrangères, Affaires sociales et Travail, Santé, Justice, Finances, Transports, Environnement... Les partenaires de la coalition sont parvenus à trouver des compromis sur la fiscalité, avec une hausse de la TVA, sur la protection contre le licenciement, avec l'abandon du projet des conservateurs, ou sur la retraite à soixante-sept ans et non à soixante-dix. Mais ils ont reporté le lancement de certains chantiers importants comme la réforme de la santé, sur laquelle les deux formations défendent des conceptions opposées. Les deux partis ont donc défini un équilibre, qui sera nécessairement instable.

Fondamentalement, les options des socialistes et celles des conservateurs demeurent antagonistes. Et les contradictions ne manqueront pas d'éclater, entre les partenaires de la coalition mais aussi au sein de chacun d'entre eux. Je m'interroge notamment sur la coopération future chez les sociaux-démocrates entre le vice-chancelier, ministre du Travail, Franz Müntefering, son successeur à la tête du parti, Matthias Platzeck, et le chef du groupe, de la « fraction » parlementaire, Peter Struck. Ils s'entendent bien, mais représentent des intérêts différents. Comment cet attelage résistera-t-il aux inévitables tensions d'une coalition qui, forcément, finira par profiter à l'un de ses protagonistes ? Aujourd'hui, la balance semble plutôt pencher du côté des sociaux-démocrates – qui, ne l'oublions pas, l'avaient emporté en 1969 avec Willy Brandt, à l'issue de la précédente expérience de ce type : ils détiennent les principaux portefeuilles et ont pour l'essentiel imposé leur ligne. Cela durera-t-il ? Je ne néglige pas la force de la CDU-CSU et je connais le poids, la légitimité que confère, tant en politique intérieure qu'en politique extérieure, la fonction de chancelier.

Cette grande coalition était sans doute, pour nos amis sociaux-démocrates, un choix obligé. Je souhaite, pour l'Allemagne et pour l'Europe, qu'elle réussisse. Je pense néanmoins qu'elle ne pourra durer quatre ans, que des difficultés apparaîtront vite, d'abord surmontables, puis croissantes, enfin insupportables. C'est pourquoi je ne crois pas aux formules d'union nationale. Elles peuvent s'imposer à tel ou tel moment, mais sont nécessairement provisoires et imparfaites. Pour bien gouverner, il faut de la cohérence. L'Allemagne devra y revenir. La France et la gauche devront en 2007 trouver la leur.

Lundi 17 octobre

Fantastique résultat que ces primaires de la gauche italienne ! Les partis de la gauche et du centre ont choisi pour désigner leur chef de file aux élections générales d'avril 2006 une formule originale, coutumière aux Etats-Unis mais sans précédent en Europe : des primaires ouvertes à tous les citoyens se déclarant sympathisants de cette cause, en contrepartie d'une inscription sur un registre et du paiement d'un euro (au moins !).

Le succès de la formule a dépassé toutes les attentes. L'engouement populaire a été impressionnant : les organisateurs des primaires espéraient un million de participants ; ils en ont enregistré plus de quatre millions et ont recueilli onze millions d'euros, ce qui est appréciable pour mener campagne contre le pouvoir de l'argent incarné par Berlusconi. La gauche et le centre gauche pourront de plus s'appuyer, pendant la bataille électorale, sur ces millions de porte-parole.

Le vote est aussi éclairant par sa cohérence. Tous les pronostics prévoyaient une victoire confortable mais sans éclat de Romano Prodi – autour de 60 % des voix – et un poids significatif de la tendance néo-communiste incarnée par Fausto Bertinotti – environ 25 % des suffrages. Un tel résultat aurait, bien sûr, limité les marges de manœuvre de Prodi. Le nombre de votants a conduit à un résultat passablement différent : Prodi a obtenu 75 % des voix et Bertinotti moins de 15 % ; c'est l'extrême gauche qui en sort affaiblie, presque marginalisée. Cette surprise apparente s'explique : les sympathisants sont souvent plus représentatifs de l'électorat que les militants des partis et s'embarrassent moins de considérations idéologiques ou tactiques. Ils ont choisi directement et massivement celui qui leur paraissait le mieux à même non seulement de l'emporter, mais de gouverner et de réformer. Cette leçon, selon moi, vaut aussi pour la France : ne nous laissons pas trop influencer, comme c'est hélas souvent le cas, par un surmoi révolutionnaire. Ne cédons pas à la loi de l'extrême gauche, même si la déférence dont elle est maintenant l'objet tend, de façon absurde, à devenir « politiquement correcte ». Etre soi-même, assumer le réformisme est toujours la meilleure voie pour la gauche de gouvernement.

La tentation de transposer ce modèle en France est évidemment très forte. Certes, il bousculerait nos pratiques, mais qui ne voit qu'il les dépoussiérerait aussi, qu'il est tellement plus moderne, tellement plus démocratique, qu'il donne au candidat et à sa coalition tellement plus de force que les modes de désignation traditionnels des candidats en France ? Je réfléchis depuis longtemps à de telles formules. Comme beaucoup d'autres, je connais les lacunes de notre système partisan. Les partis politiques sont assis en France sur une base étroite qui fournit une image déformée non seulement de la société, mais de leurs propres sympathisants. Le PS compte par exemple quelque 120 000 membres, autant que son homologue belge (pour une population six fois moins nombreuse), contre environ 400 000 au PSOE espagnol et environ 700 000 au SPD allemand ou au PDS italien. Agés, insuffisamment féminisés malgré de gros progrès en la matière, ils représentent mal la diversité – religieuse, ethnique, sociologique – de la société française.

Malheureusement, la transposition des primaires italiennes à la France est aujourd'hui difficile. Elle serait en tout cas prématurée, artificielle, voire dangereuse. La situation de la gauche française est très différente de celle de nos amis italiens. Ceux-ci ont, en effet, affirmé leur volonté commune de gouverner ensemble avant de procéder au choix de leur leader : la primaire visait donc à désigner le candidat de toute la gauche, de l'extrême gauche au centre à la suite de la décomposition de la démocratie chrétienne dont Romano Prodi est lui-même issu.

La gauche française est loin, très loin d'être aussi unie. Bien au contraire, son émiettement a été une des causes essentielles de l'élimination de Lionel Jospin au soir du premier tour de l'élection présidentielle de 2002. Cette fragmentation ne s'est pas significativement réduite depuis lors. Toutes les formations de gauche et d'extrême gauche – Lutte ouvrière, la Ligue communiste révolutionnaire, le Parti communiste, les Verts, peut-être même le PRG et le MRC – sont sur la ligne de départ pour la présidentielle de 2007. Toutes préparent un ou des candidats. Dans ces conditions, les primaires de la gauche française n'auraient pas la même vertu de rassemblement, elles risqueraient même d'être faussées. Je vois mal en effet que le candidat du PS soit choisi par l'extrême gauche et non par les socialistes ! L'unité de la gauche, pour laquelle je me bats depuis si longtemps, est sans doute un préalable à ses primaires.

Ce seront donc encore les partis et leurs adhérents qui désigneront leur candidat pour 2007. Les socialistes savent, lorsqu'il s'agit de l'élection présidentielle, se libérer des logiques de courant ou des consignes d'appareil pour se déterminer librement, en citoyens attachés à l'intérêt général de la gauche et de la France. C'est ainsi qu'ils avaient largement préféré, en 1995, Lionel Jospin, alors marginalisé au sein du PS, isolé lors du congrès de Liévin, à Henri Emmanuelli, pourtant premier secrétaire du parti. Tous les socialistes avaient de l'amitié et du respect pour Lionel comme pour Henri. Tous connaissaient leurs qualités et leur attachement viscéral à l'identité socialiste. Mais en 1995, il n'y avait pas photo : l'un incarnait plus que l'autre ce que les Français de gauche attendaient d'un président de la République. Dans un contexte différent, avec d'autres acteurs, je suis sûr que le vote des socialistes en vue de la présidentielle de 2007 obéira au même esprit de responsabilité. Cela ne m'empêche pas de penser que le rassemblement de la gauche est un impératif et les primaires une formule d'avenir.

Mardi 25 octobre

« La Commission européenne respecte tous les modèles sociaux », vient d'affirmer son président, José Manuel Barroso. De quoi s'agit-il ? Une entreprise lettone a ouvert un chantier de construction à Vaxholm, près de Stockholm. Elle y a détaché des travailleurs lettons qui ont travaillé aux conditions sociales lettonnes, sans adhérer aux conventions collectives suédoises. Les syndicats locaux sont arrivés à arrêter le chantier. L'affaire a été portée devant la Cour européenne de justice pour examiner la légalité de cette action au regard du droit européen.

Alors que la Suède est l'un des rares pays à n'avoir imposé aucune restriction à la libre circulation des travailleurs issus des nouveaux Etats membres, il y a donc quand même une affaire du « maçon letton ». En l'occurrence, c'est la validité aux yeux de Bruxelles d'un aspect majeur du modèle suédois qui est en cause : le fait que le droit du travail n'y est pas fixé par la loi, mais par les conventions collectives.

Le modèle suédois serait-il en délicatesse avec l'Europe ? Bien au contraire. Après la crise du début des années 1990 – récession, déficit record, dépenses publiques galopantes pour maintenir les objectifs de l'Etat-providence –, des réformes radicales ont fait de la Suède le meilleur élève de la stratégie de Lisbonne. Croissance supérieure à celle de la zone euro, excédent budgétaire, gestion exemplaire des finances publiques. Pari sur l'économie de la connaissance, avec le plus fort taux d'investissement dans la recherche et le développement. Pari aussi sur le capital humain, avec le taux de diplômés de l'enseignement supérieur le plus élevé. Pari encore sur la mondialisation, avec des groupes multinationaux grâce auxquels près de la moitié du PIB repose sur les échanges extérieurs. Bref, des résultats qui ont de quoi faire envie.

Cette réussite économique n'a pas pour autant entamé la protection sociale généreuse qui est à la base du modèle suédois, qu'il s'agisse de l'indemnisation du chômage, de l'assurance-maladie, de la prise en compte des personnes âgées, de l'insertion des handicapés, sans parler des succès de la politique en faveur de la parité hommes-femmes. La leçon est claire : entre l'économique et le social, on n'est pas obligé de choisir. On peut exceller dans les deux.

Certes, le taux élevé d'imposition est une des conséquences de ce modèle. Mais le secret de la Suède réside aussi dans sa capacité de se réformer. Un exemple : on fait souvent référence en Europe à la refonte du système suédois de retraite. Les Suédois ont réussi à combiner habilement de la répartition et de la capitalisation, à mettre en place un système transparent et responsabilisant où chacun sait ce qu'il peut attendre, et ils ont réussi à faire cela sans donner à quiconque le moindre sentiment d'injustice. C'est là le secret. Mais il y en a un autre : c'est une tradition particulière de dialogue social, remontant aux années 1930, qui permet à la Suède de gérer les conséquences sociales des nécessités économiques dans un esprit de consensus, en impliquant les syndicats qui représentent 85 % des salariés. Avec la prééminence des conventions collectives, l'Etat étant reconnu garant de la cohésion sociale mais s'abstenant en contrepartie de réglementer les relations du travail, nous tenons les principaux éléments du pacte fondateur.

Sans doute cette capacité de réforme peut-elle souffrir un jour devant les défis qui s'annoncent : une croissance qui ne crée pas assez d'emplois ; une compétition internationale qui s'étend, même dans les activités à forte valeur ajoutée ; une qualité des services publics qui exige un effort constant ; un appel à l'immigration qui fait débat. On voit bien que les sociaux-démocrates affronteront les urnes en 2006 dans un contexte plus difficile. Mais Göran Persson, le Premier ministre, qui est aujourd'hui le grand architecte du modèle suédois, connaît son affaire. C'est un vrai social-démocrate qui, dans nos réunions, nous ramène toujours à la réalité sociale, au rôle des syndicats et des associations. J'ai confiance, il gagnera une nouvelle fois.

Bien sûr, tout cela n'est pas transposable en bloc à la France. Nos structures et nos traditions ne sont pas les mêmes, la taille des deux pays n'a rien à voir. Mais n'oublions pas de tenir compte de l'essentiel : il y a en Suède une « ingénierie sociale », héritée de trois quarts de siècle d'expérience social-démocrate, dont l'efficacité est indéniable et qui peut nous inspirer pour bousculer nos archaïsmes.

Mardi 15 novembre

A trois jours du congrès du Parti socialiste, je reviens de Fribourg, en Suisse, dont l'université m'a fait l'honneur de me décerner un doctorat *honoris causa*. Ce n'est pas seulement un voyage dans l'espace : c'est, à bien des égards, un voyage dans le temps. Il y a le décorum. Les robes noires. L'hermine. La cérémonie. Les discours, dont la tradition veut qu'ils soient prononcés moitié en français, moitié en allemand – comme le sont les cours actuellement dispensés. Wolfgang Schaüble, l'ancien dirigeant de la CDU honoré lui aussi, et moi nous prêtons volontiers au jeu. Il est tentant d'en sourire. Et pourtant! Cette trace du réseau médiéval des universités peut aussi être une préfiguration des universités européennes de l'avenir. Le projet Erasmus est bien nommé! C'est la remise en marche, encore bien insuffisante, de la première véritable réalité européenne qu'était l'Europe du savoir.

Lundi 19 décembre

Voilà, les lumières se sont éteintes, le rideau est retombé sur le sommet des chefs d'Etat et de gouvernement qui devait trouver une solution au casse-tête budgétaire européen. Certains ont gagné, comme Angela Merkel qui a fait preuve de fermeté. Je ne l'ai jamais rencontrée et mon opinion n'est fondée que sur ce que j'ai lu d'elle – inévitablement caricatural – et sur ce que Gerhard Schröder m'en a dit – qui ne peut être impartial. Elle a obtenu ce qu'elle voulait, ce qui constituait l'objectif de l'Allemagne depuis des années : réduire la contribution nette de son pays. Les Allemands sont traditionnellement « contributeurs nets » au budget européen, ce qui signifie qu'ils versent plus qu'ils ne reçoivent. Cela est moins injuste qu'il n'y paraît. Il est normal que les pays les plus riches de l'Union contribuent plus que les autres : c'est l'expression de la solidarité entre les Etats membres. Mais alors pourquoi la France bénéficie-t-elle d'un solde à peu près équilibré? Dans la réponse à cette question réside une des clés (peut-être aujourd'hui rouillée) de la construction européenne. La France paie beaucoup mais reçoit beaucoup parce qu'elle est largement bénéficiaire de la politique agricole commune. C'était notre cadeau de mariage. Aux Allemands, nous avons offert en retour un grand marché pour leurs produits industriels. Cet équilibre initial s'est affaibli sous le triple effet du temps, de l'élargissement et du développement industriel de la France. Si bien qu'aujourd'hui, tout chancelier allemand n'a qu'un objectif : obtenir la diminution de la contribution nette de son pays. C'est ce qu'Angela Merkel a réussi. Elle est la grande gagnante de ce sommet. Outre un rôle de médiatrice, exercé pour une fois sans payer (elle a même obtenu une contribution nouvelle pour les Länder de l'Est), elle a montré qu'elle ne serait pas le simple notaire de l'accord SPD/CDU.

Les Néerlandais ne s'en sortent pas trop mal non plus. Comme s'ils avaient pu faire valoir qu'il fallait tenir compte de leur « non ». C'est l'avantage d'un « non » lisible, contrairement à celui de la France qui est généralement attribué dans les capitales européennes à une trahison plus qu'à une conviction.

Pour Blair, l'opération n'aura pas été glorieuse. Commencée dans une sombre manœuvre visant à acheter tout le monde pour isoler la France, elle se termine avec l'annonce de lendemains difficiles à Westminster parce que pour la première fois depuis Fontainebleau, le principe du rabais britannique a été remis en question. Il est vrai qu'avec les coûts croissants de l'élargissement, il devenait explosif. Il reste que Tony Blair n'a pas semblé avoir vraiment la main. L'ambiance à Londres était inhabituelle.

Et la France, dont j'attendais le sursaut! La France qui, dans ces moments-là, sait se montrer inventive, généreuse, visionnaire. La France qui devait montrer la voie, justement parce qu'elle était à l'origine de l'échec du traité. Eh bien la France n'a rien dit. De Gaulle aurait parlé. Mitterrand aussi. Chirac n'a rien dit. J'enrage de nous voir ainsi relégués dans le wagon de queue.

Seule satisfaction, avoir vu la Pologne prendre une position lisible dans une alliance avec nous. C'est là une double évolution : la Pologne prend des habitudes de négociation dans la famille européenne et se rapproche de la France sur les objectifs de long terme. Il faudra voir ce qui l'emportera dans les opinions des nouveaux Etats membres : la satisfaction de voir l'Europe faire un effort budgétaire ou les conditions de cette négociation particulièrement âpre. Je parie que les réalisations concrètes de la politique de cohésion dans les prochaines années l'emporteront. Mais au-delà, que de déceptions ! Avec ce que nous mettions sur la table (deux milliards de contribution supplémentaire dès 2007, une baisse tendancielle de la part de la PAC), nous avions de quoi entraîner. Las ! Pas de projet politique, encéphalogramme plat.

Je veux m'efforcer de regarder les choses de façon positive. Nous sommes parvenus à définir une programmation budgétaire jusqu'en 2013, ce qui n'est déjà pas si mal ; reste à trouver un accord avec le Parlement. C'est peut-être la fin du « détricotage » qui a commencé après le « non » français. L'engagement a été pris de financer l'élargissement à hauteur de 4 % du PIB des nouveaux entrants : c'est un progrès. Favoriser le développement des dix nouveaux membres est le seul moyen d'éviter un dumping insupportable de leur part. Insupportable, mais légitime si nous ne faisions pas l'effort budgétaire auquel ils peuvent prétendre. Reste à savoir si ces économies ont une véritable capacité d'absorption des soutiens qui ont été prévus. Sinon tout sera bien plus difficile.

Une clause de révision de la programmation a été prévue dès 2008-2009. Elle doit être approuvée à l'unanimité, ce qui en limite singulièrement la portée. Mais elle traduit l'idée que, pour tout le monde, ce budget est un budget de transition qui sera probablement remis en cause en 2009. Dès lors la séquence pourrait être la suivante : attentisme jusqu'à la fin de 2006 ; élections en France et aux Pays-Bas et nouvelle présidence allemande de l'Union européenne ; relance politique en 2007, présidence française au premier semestre 2008 et nouveau budget en 2009. Alors, et alors seulement, reviendra la question institutionnelle.

Un ami me disait récemment qu'il en voudrait toujours aux tenants du « non » d'avoir gâché l'avenir de ses enfants. Avec un calendrier serré, nous n'aurons perdu que quatre ou cinq ans !

Dimanche 15 janvier 2006

Je reviens sur le séminaire consacré à la relance de la construction européenne qui s'est tenu hier à Bruxelles. Un casse-tête en termes d'agenda : je suis le matin à Lyon pour le lancement de la campagne contre la surpopulation dans les prisons, et le soir à L'Haÿ-les-Roses pour ma rentrée politique. Mais je devais absolument être présent à Bruxelles puisqu'il s'agissait d'une initiative d'*A gauche, en Europe*, le club que je préside avec Michel Rocard.

C'est la première tentative de relance de la réflexion sur l'avenir de l'Union depuis les « non » français et néerlandais. Je suis en effet persuadé qu'il faut rebondir vite après l'échec des référendums : convaincre nos partenaires de faire le deuil du traité constitutionnel, proposer une alternative crédible. Sans quoi ce sera l'enlisement pour longtemps. Et l'Europe perdra de précieuses années.

Je suis aussi convaincu que la relance ne sera pas assurée par des gouvernements qui, dans leur majorité, se satisfont de l'échec du traité constitutionnel. Elle ne peut venir que de la gauche progressiste, celle qui place l'Europe au centre de son projet politique. C'est pourquoi, avec nos amis belges de *Gauche réformiste européenne*, nous avons entamé dès octobre des négociations avec les autres *think tanks* socialistes et sociaux-démocrates européens, en vue d'une initiative commune. Pari réussi ! Les négociations, auxquelles Olivier Ferrand a consacré beaucoup de son temps, furent intenses. Elles aboutissent à un document intitulé « Relancer l'Europe des citoyens – pour une initiative progressiste européenne ». Il est signé par huit *think tanks* : Alternativas (Espagne), la fondation de José Luis Zapatero ; Italianieuropei (Italie), présidé par l'ancien président du Conseil Massimo D'Alema ; Istame (Grèce), le club de l'ancien Premier ministre George Papandreou ; Demos (Hongrie), le *think tank* du Premier

ministre Ferenc Gyurszani ; Gauche réformiste européenne (Belgique) de Bruno Liebhaberg ; et A gauche en
Europe (France). Policy Network (Royaume-Uni, présidé
par Peter Mandelson), pour des raisons politiques, et la
Friedrich Ebert Stiftung (Allemagne, la fondation du
SPD), pour des raisons institutionnelles, ont participé aux
négociations mais n'ont pas signé le texte.

Que dit ce document ? Il tire les leçons des « non » français et néerlandais. Première critique : l'Europe est ineffi-
cace. Les citoyens ont le sentiment que l'Europe a échoué
sur son principal domaine de compétences : l'économie.
Ils n'ont pas tort. Depuis le début des années 1990,
l'Union est la zone du monde où la croissance est la plus
faible. Nous sommes rattrapés par les pays émergents,
décrochés par les Etats-Unis. Tant que l'Europe existante
sera défaillante, les citoyens refuseront de poursuivre la
construction européenne. C'est un préalable absolu : faire
correctement fonctionner l'Europe économique.

Deuxième critique : l'Europe ne protège pas assez les
citoyens européens. Ceux-ci ont le sentiment que l'Europe
n'est pas un rempart face à la mondialisation – pire,
qu'elle en est le cheval de Troie. Sur ce point, ils se trompent. En particulier pour les pays de la zone euro : la
monnaie unique nous a beaucoup protégés des effets de la
mondialisation. Mais visiblement, le message n'est pas
passé.

Troisième critique : l'Europe n'a pas assez de légitimité
démocratique. Les citoyens ont le sentiment de ne pas
avoir de prise sur les décisions. Ils veulent que l'Europe se
fasse avec eux, pas sans eux, encore moins contre eux.
L'écart entre une Union à fort contenu politique et à faible
légitimité démocratique est devenu insoutenable. Il faut
donc faire émerger une Europe démocratique et, pour ce
faire, la question des institutions ne constitue qu'un
aspect. Il manque aussi un espace démocratique animant
la vie publique européenne. Un certain nombre de propositions sont avancées. D'abord, placer le choix du président de la Commission au centre des élections au Parlement européen : ceci leur donnerait un véritable enjeu

politique. Ensuite, choisir les commissaires parmi les députés européens : l'attractivité des mandats européens pour les responsables politiques en serait accrue. Autre réforme, réserver une fraction des sièges du Parlement européen (par exemple 20 %) à des parlementaires élus sur des listes paneuropéennes : cela stimulerait le débat européen en déconnectant l'élection de la scène nationale. Autre proposition encore, procéder à la proclamation simultanée et globale des résultats des élections européennes – ce qui induirait une lecture européenne, et non plus nationale, du scrutin.

Restent les citoyens. C'est l'un des enseignements politiques majeurs de l'expérience du traité constitutionnel : depuis cinquante ans, les gouvernements ont fait l'Europe sans se soucier de faire des Européens. Doit-on être surpris de la faiblesse du sentiment d'appartenance européen ? Pourtant, l'émergence d'une conscience européenne peut être facilitée par une multitude d'initiatives. Le document propose notamment la généralisation du programme Erasmus, l'enseignement de l'histoire, des cultures et des institutions européennes dans les lycées, l'enseignement obligatoire d'une deuxième langue européenne dès l'école primaire, un soutien financier accru à la production d'œuvres culturelles européennes, la création d'un grand média audiovisuel public à vocation européenne, ou encore la mise sur pied d'un forum permanent de débat sur l'Europe dans chaque Etat membre.

Tel est, peut-être, le principal apport de ce document : l'Europe n'avancera plus si les citoyens de l'Union ne se sentent pas suffisamment européens.

Le séminaire a été l'occasion de remettre officiellement ce texte au président du Parti socialiste européen, l'ancien Premier ministre danois Pouls Nyrup Rasmussen. Nous avons allumé une petite lumière d'espoir. Prochaine étape : discussion au sein du PSE, en vue d'une initiative politique commune.

Samedi 25 février

C'est toujours avec le même bonheur que j'arrive à Rome. Je préfère Sienne, la médiévale, dont l'allure altière vous transporte dans le temps. Mais Rome est la plus émouvante par sa traversée de siècles d'histoire et d'art. Je suis attendu à l'aéroport par le secrétaire international du PDS. Il n'y a pas une minute à perdre : le lancement de la campagne de *L'Ulivo* est prévu à quinze heures, dans un grand stade couvert de la banlieue de Rome.

Surprise. Lorsqu'il m'a invité, Piero Fassino m'a parlé d'un « petit » meeting de lancement. Ils sont 7 000, et l'organisation de l'après-midi me fait pâlir d'envie : une scène centrale qui rapproche les orateurs du public alors que nous repoussons toujours la tribune au fond de la salle, à l'ancienne; des interviews diffusées sur plusieurs écrans géants et qui rythment l'après-midi; vingt jeunes qui, assis par terre pendant une demi-heure, interrogent mon vieux complice Napolitano sur le fascisme et le sens du combat socialiste; des groupes musicaux qui font monter la pression entre les discours – au demeurant peu nombreux, malgré la diversité des composantes de *L'Ulivo*, car Piero sait avoir une main de fer. Il a pris l'ascendant sur tous les autres dirigeants de la gauche, et il démontre une fois de plus ses talents de grand organisateur et de grand orateur. Il n'est pas le chef de la coalition, mais il en est le patron.

Le meeting commence. Avec retard bien sûr, mais sans doute est-ce normal quand des centaines de bénévoles font fonctionner dans la bonne humeur un show à l'américaine transformé par l'enthousiasme romain. Et je suis pris au dépourvu par le présentateur qui annonce ma présence et me demande dans la foulée de monter sur scène. A moi donc de faire le premier discours – ce n'était pas ce que j'avais compris... Mais je leur ai préparé une surprise venant de ces Français supposés ne jamais parler la langue de leurs voisins. De « *Carissimi amici* » à « *Datevi da fa* », expression typiquement romaine qui signifie « bougez-vous », mon discours en italien fait son petit effet. Bon enfant, le public applaudit à tout rompre, surtout quand je rappelle mes rencontres avec Romano Prodi chez lui, à Bologne, et quand je me moque de Berlusconi qui s'est comparé à « Napoleone ». La fougue italienne a du bon pour les meetings politiques.

Ils y croient. Ils vont gagner. J'y crois aussi. Nous discuterons pendant le dîner, Piero Fassino, Massimo d'Alema et moi, des conditions de la relance de la construction européenne. J'insiste pour qu'on se mette d'accord avant même les élections françaises. Il ne faut pas recommencer l'expérience de 1997 avec une majorité de gouvernements de gauche et aucun programme collectif pour l'Europe. Ils en sont d'accord. L'avenir est à nous. L'espoir est de retour.

La France

« *Je dis que la démocratie est en péril; je crois et je ré-pète que si la droite l'emporte, peu d'années se passeront avant que des hommes et des femmes, moins scrupuleux encore, [que l'équipe d'aujourd'hui au pouvoir et], qui ne se réclameront pas de la même démocratie, ne trouvent tant de décombres qu'ils pourront avancer librement* [1]. » Cette phrase de François Mitterrand m'a longtemps hanté. Elle me semblait trop forte, trop dure : son auteur ne s'était-il pas laissé emporter par sa fougue?

Après avoir entendu tout au long de l'année Nicolas Sarkozy prôner la rupture, après avoir vu Dominique de Villepin s'entêter sur le CPE au risque de désespérer un peu plus les Français, je la comprends.

Durant ces douze mois, le gouvernement a cherché à déconstruire la France. Il a joué le communautarisme contre la République. Il a opposé le secteur privé au service public. Il a allégé la fiscalité des plus riches au détriment du pouvoir d'achat de tous les autres. Il a assuré la sécurité des élites et a laissé les jeunes s'enfoncer dans la précarité.

C'est l'équilibre de notre société qui est aujourd'hui menacé. Et comment croire qu'une société en déséquilibre puisse continuer à faire vivre la démocratie?

En relisant mes notes et mes remarques, deux certitudes m'assaillent.

La première, c'est qu'il y a urgence. Urgence à changer

---

1. *Politique 2*, Fayard, 1981.

la vie de ceux qui souffrent le plus, urgence à répondre à l'angoisse créée par la mondialisation de l'économie, urgence à redonner un sens à l'action publique.

La seconde, c'est que seule la gauche peut répondre à cette urgence. Seule la gauche est capable de refonder le compromis social sur lequel nous avons vécu des années 1960 aux années 1980 et qui s'est, depuis lors, délité. Depuis vingt ans, nous n'avons fait que survivre. Il faut aujourd'hui restaurer la confiance entre les salariés et les entreprises, entre les jeunes et les adultes, entre les Français et la République. Et si seule la gauche peut s'atteler à cette tâche, c'est parce que la social-démocratie trouve son essence dans le dépassement des choix individuels, alors qu'il est dans la nature du conservatisme libéral de refuser ce dépassement. Qui ne se souvient de cette assertion lancée le 31 octobre 1987 par Margaret Thatcher dans le magazine Women's Own : « There is no such thing as society* [1] »?*

Cette vision du monde ne correspond ni à notre histoire, ni à notre culture. Je ne peux croire qu'un peuple qui, par passion pour la politique, a jalonné son histoire de révolutions, puisse aujourd'hui se détacher à ce point de la vie publique et chercher son salut dans un individualisme confinant à l'égoïsme. Que les vents contraires du libéralisme qui soufflent d'outre-Atlantique soient puissants, c'est un fait. Qu'ils soient encore renforcés par la mondialisation, c'est une évidence. Il appartient aux femmes et aux hommes de gauche de les affronter et de ranimer l'espoir en l'avenir qui a toujours été la marque de notre peuple. Il ne doit pas y avoir désormais d'autre tâche ; il n'y en a pas de plus exaltante.

---

1. Cette phrase résume la philosophie des ultra-libéraux en ce qu'elle signifie que, pour eux, la société en tant que telle n'existe pas : seuls les individus existent.

Hier

29 février 2005

2005 n'est pas une année bissextile. Il n'y a donc pas, cette année, de 29 février. Mais pour moi, il y a chaque année un 29 février. Car le 29 février, c'est la date du tremblement de terre d'Agadir, le jour où 30 000 vies se sont brisées, l'instant où ma vie a basculé. J'allais avoir onze ans.

Je n'ai jamais vraiment compris pourquoi nous nous étions installés au Maroc au début des années 1950. Ma mère souhaitait retourner en Tunisie. Mon père voulait bien vivre au Maghreb. Ma mère voulait rejoindre sa famille, qui vivait à Tunis depuis plusieurs générations. Mon père préférait garder une certaine distance avec sa belle-famille. Histoire classique, mais transaction originale : ce fut donc le Maroc où mon père, juriste, pouvait d'autant plus facilement exercer que le droit marocain était le droit français.

J'ai vécu à Agadir mes dix premières années. Une vie de rêve, dans l'insouciance de l'enfance et dans l'inconscience du durcissement des tensions sociales. Une vie de rêve, déjeunant la semaine sur la plage, partant le week-end dans les criques, flânant tous les jours au soleil, jouant chaque instant aussi bien, ce qui était rare à l'époque, avec mes amis français qu'avec mes amis marocains. Une vie de rêve, partagée entre Paris – où je passais le premier trimestre de chaque année scolaire – et Agadir.

Et puis tout cela a pris fin. Brutalement. Dans la nuit du 29 février 1960. C'est bizarre un tremblement de terre. Il y a – il y a eu en tout cas cette fois-là – un « avant ».

Comme un gros camion trop lourd qui dévale trop vite une ruelle trop étroite, la terre avait déjà tremblé les jours précédents. Quelques-uns se remémoraient les récits qu'on leur avait fait du tremblement de terre d'Orléansville, en Algérie. Mais j'ai l'impression que l'on ne prenait guère au sérieux ces signes prétendument annonciateurs. Puis, il y a un « pendant ». Le bruit. L'effroi. Le chaos. Et le grand-père invalide qui retrouve ses jambes pour descendre quatre à quatre l'escalier de la maison. Et nous, les enfants, enfournés dans une voiture pour aller chez un ami dont le jardin nous protégerait. Et la ville, au loin, plongée dans ce que nous croyions être un épais brouillard mais qui n'était que la poussière d'un gigantesque tremblement de terre. Il y a, enfin, un « après ». Pendant deux jours, je suis – judicieusement – tenu à l'écart. Puis, caché dans une voiture, je suis retourné à Agadir où j'ai vu les maisons de mes camarades de classe écroulées, affaissées, effondrées – et eux dessous. Nous sommes restés logés sous une tente une quinzaine de jours, à Casablanca une poignée de mois – le temps de régler les affaires marocaines de mon père – et nous sommes rentrés en France. Définitivement.

Le Maroc ne m'a pourtant jamais quitté. J'ai veillé à y retourner dès que j'ai pu. Je crois bien que, depuis mes dix-sept ans, il n'y a pas d'année où j'ai manqué à ma madeleine proustienne. Peu à peu, j'ai transmis cette passion à Anne, au point que c'est naturellement vers le Maroc que nous nous sommes tournés lorsque nous avons cherché une maison. Agadir n'ayant plus rien à voir avec le Maroc de mon enfance, nous avons fini, après plusieurs années de recherches infructueuses, par en trouver une, jamais habitée, en plein cœur de la vieille ville de Marrakech. Pendant de longs mois, Anne s'est transformée en « chef de chantier », m'épatant, une nouvelle fois, par son enthousiasme, sa détermination, son investissement, sa rigueur, sa capacité à dénouer mille et une situations insolubles. Les travaux se sont achevés début 2004. C'est aujourd'hui notre maison de vacances. Mais je n'ai jamais oublié mes amis d'Agadir.

Lundi 14 mars

Sondage sur les grands hommes de la France. Mitterrand, de Gaulle, Giscard... Qu'est-ce qu'un grand homme? Il n'y a pas de grands hommes sans de grandes causes. Le refus de capituler, la décolonisation, la dissuasion nucléaire laissent, pour de Gaulle, une marque indéniable dans l'histoire française. La venue au pouvoir de la gauche et la durée pendant laquelle elle l'a exercé, l'Europe et l'euro, la culture et la décentralisation, l'éducation comme premier budget de la nation portent la trace de Mitterrand. Les temps ont changé. L'heure des grands hommes est sans doute passée. Mais leur legs demeure : il faut du temps pour retenir l'essentiel, il faut de la ténacité pour tenir sur l'essentiel. Qu'est-ce qui sera demain l'essentiel? Cela ne sera plus ni la conquête du pouvoir par la gauche, ni la durée de son exercice, mais la capacité à atteindre les buts qu'elle se sera fixés. Le changement réel plutôt que le discours virtuel, voilà le défi. L'espoir plutôt que le renoncement.

Samedi 19 mars

Le fait qu'ait été inauguré le 5 décembre 2002 le mémorial dédié aux victimes de la guerre d'Algérie ne justifie en rien la décision du gouvernement Raffarin de fixer au 5 décembre la journée annuelle de commémoration de la fin de la guerre d'Algérie.

La date de cette commémoration ne peut qu'être celle de la fin des combats, c'est-à-dire le 19 mars 1962, date du cessez-le-feu. Pourquoi retenir pour la guerre d'Algérie des critères qui seraient différents de ceux qui ont permis de retenir la date de l'armistice du 11 novembre 1918 pour commémorer la fin de la Première Guerre mondiale et celle de la capitulation du 8 mai 1945 pour commémorer celle de la Seconde Guerre mondiale ?

L'acharnement mis par la droite à refuser cette évidence est absurde.

Je mets donc chaque année un point d'honneur à participer, dans la mesure du possible, aux manifestations organisées par la FNACA [1] dans ma circonscription.

Cette guerre trop longtemps niée a fait plus de 30 000 morts parmi les soldats français et des dizaines de milliers parmi les algériens. Elle a provoqué nombre de drames dans chaque camp. Et, comme socialiste, je n'oublie pas notre responsabilité dans cette tragique aventure.

Mardi 5 avril

Le pape Jean-Paul II est mort. Être juif aurait pu m'amener à conserver une certaine distance. Ce n'est pourtant pas le cas. Je suis d'abord frappé, bien sûr, par la simple souffrance d'un homme qui a voulu remplir sa mission jusqu'à son dernier souffle; nous l'avons vu décliner, année après année, mois après mois, lui qui avait été surnommé « l'athlète de Dieu » ! En lui se retrouve la condition de tous les hommes. Mais il y a plus. Un dirigeant religieux n'appelle pas le respect par le fait même qu'il est religieux. Tout dépend du message qu'il porte. J'ai eu des désaccords avec des positions morales de Jean-Paul II – sa condamnation réitérée de la contraception tout particulièrement. J'avais été troublé par son silence lors de l'affaire du carmel d'Auschwitz. Et je ne me reconnaissais pas dans sa vision conservatrice du monde. C'est, dans le fond, l'idée d'Eglise qui ne me convient pas. Je n'aime pas que le besoin de croire – il y a dans tout homme ce quelque chose qui le dépasse pour donner un

---

1. Fédération nationale des anciens combattants en Algérie, Maroc et Tunisie.

sens à sa vie – soit enfermé dans un dogme et dans une institution. Mais en dépit de ces réserves qui, pour moi, sont importantes, Jean-Paul II portait le message toujours étonnamment subversif du christianisme, de l'amour universel, du pardon des offenses, de la vie offerte pour le salut d'autrui. C'est cela qui a réuni et réunit une multitude d'hommes et de femmes dans le monde. Malgré toutes les épreuves de l'histoire et toutes les intolérances que peuvent aussi porter une foi, rien n'a fait que ce message ait été oublié. C'est pour cela que je considère – avec peut-être un peu de naïveté – qu'une éthique croyante, fondée sur une transcendance, peut et doit se concilier avec une éthique humaine, fondamentalement laïque. L'important, dans notre humaine condition, c'est le rapport à l'autre – comme l'a souligné toute la philosophie d'Emmanuel Lévinas. Se reconnaître, se respecter, s'aimer n'est pas donné par des phénomènes de la nature, mais par le fait que les individus soient capables de sortir d'eux-mêmes. C'est le fondement de ce qui doit nous réunir et permettre le dialogue entre nous.

Lundi 11 avril

En ce centenaire de la SFIO, avant-première du film *Jaurès*. J'aime Philippe Torreton qui est, une nouvelle fois, remarquable. J'aime le débat, riche et vivant, que j'ai avec Michel Winock à la fin de la projection. J'aime ce Jaurès de Carmaux que l'on attaque en l'accusant, déjà, « avec ses réformes, d'endormir la classe ouvrière ». En même temps, j'en ressors avec un sentiment d'inachevé. Le film s'arrête en 1892 et est concentré sur Carmaux. *Jaurès* est déjà Jaurès. Mais *Jaurès* n'est pas tout Jaurès.

Dimanche 24 avril

J'ai participé au colloque qu'organisait le Parti socialiste à la Bibliothèque nationale de France pour commémorer l'unité socialiste de 1905. L'histoire est souvent
ironique : au moment où nous étaient rappelées les conditions difficiles de cette unité – qui ne fut pas totale –, le
contexte politique mettait au premier plan les divisions du
Parti socialiste de 2005 sur la question du traité constitutionnel européen. Le référendum interne de décembre
2004, à l'occasion duquel les militants avaient exprimé un
choix, n'a pas suffi. Il faut donc des raisons puissantes
pour l'expliquer.

Le regard doit s'inscrire dans une histoire plus longue et
plus large, faite de crises et de renaissances. L'action nous
conduit inévitablement à penser que les réalités présentes
expliquent tout. Certes, le Parti socialiste est aujourd'hui
le grand parti de la gauche. Et il le doit largement à
l'intelligence politique de François Mitterrand. Mais il
n'en est pas la seule force. La gauche a toujours été
« plurielle », et des rapports de force variables la parcou-
rent. Le Parti socialiste est lui-même « pluriel ». Les
confrontations d'aujourd'hui font écho aux oppositions
entre Jean Jaurès et Jules Guesde, les plus connues, mais
qui ne résument pas la diversité socialiste de l'époque, loin
s'en faut ! La SFIO hier, le Parti socialiste aujourd'hui, a
vécu et vit au rythme de ces débats. C'est toujours un
risque. Et, parfois, les désaccords l'emportent sur ce qui
unit. Mais c'est aussi une chance, celle d'être en prise avec
des réalités changeantes. Les partis monolithiques ont du
mal à survivre aux conditions qui les ont vus naître. Les
débats permettent d'opérer les adaptations nécessaires.

C'est cela qu'il faut avoir à l'esprit lorsqu'on veut agir
dans un parti comme le Parti socialiste. C'est ce qu'avait
compris Jean Jaurès lorsqu'il avait accepté les conditions

mises à l'unité par l'Internationale socialiste – conditions qui satisfaisaient les « guesdistes ». Il avait l'intuition que l'unité faite, les socialistes, parce qu'ils acceptaient la démocratie, en viendraient majoritairement à comprendre que le socialisme sortirait de la République et ne se construirait pas dans une rupture avec ses valeurs. C'est le message que toutes les générations de socialistes qui se sont succédées ont porté et continuent de porter à travers les épreuves. Elles lui doivent les succès qui ont largement façonné les progrès de notre pays. Jaurès pouvait dès lors dire à ces camarades que la politique qu'il proposait était « complexe et malaisée », qu'elle pouvait « créer à tout moment des difficultés graves ». L'optimisme et la confiance dans l'avenir que l'on retient à juste titre de la personnalité de Jean Jaurès n'allaient pas sans une lucidité politique que l'on oublie souvent. Cette leçon ne doit pas être négligée – en tout cas, je la fais mienne.

Pour le reste, j'ai trouvé que le colloque était d'un excellent niveau mais que la célébration n'était pas à la hauteur historique de l'événement. On dira que cela tient au contexte qui, il est vrai, n'est pas facile pour les socialistes. Mais il y a sans doute davantage : à l'image de la société, le Parti socialiste n'entretient plus le même rapport à l'histoire, au passé, à la mémoire. Il est devenu tout entier concentré sur le moment, l'instant, le présent.

J'ai été frappé par l'intervention très politique de Lionel Jospin – non par son existence mais par son contenu, et notamment par deux retours historiques qui ne sont pas dépourvus de résonance dans l'actualité. Le premier concerne la politique économique conduite en 1997 dont Lionel déclare, reprenant le mot qu'il avait utilisé en 1983 lors du tournant de la rigueur, qu'elle a marqué « la fin de la parenthèse ». Le compliment, même s'il ne s'adresse pas qu'à moi, me touche. Après le compliment, l'admonestation. Manifestement, les récentes prises de position de Laurent Fabius, en particulier contre l'indépendance de la Banque centrale européenne, ont choqué Lionel Jospin qui ne déteste rien davantage que la démagogie et l'incohérence. Mais Lionel montre les poings sans cogner.

Il dit qu'il se souvient avec précision de qui défendait quoi lorsque nous avons préparé son projet présidentiel de 2002. Moi aussi! Mais il ne dit ni qui ni quoi. Alors, moi non plus...

Vendredi 29 avril

Soixantième anniversaire du droit de vote des Françaises.

Le 29 avril 1945, les femmes françaises votaient pour la première fois, près de cent ans après leurs pères, leurs frères, leurs époux. C'étaient des élections municipales, mais l'essentiel n'était pas là : en ne faisant plus de la moitié de la population des citoyens de seconde zone, la démocratie prenait enfin pleinement son sens.

Les Françaises ont été parmi les dernières à obtenir le droit de vote, du moins dans les pays occidentaux. La participation des femmes à la vie publique reste aujourd'hui un combat, alors même que notre pays peut s'honorer d'avoir adopté, à l'initiative de Lionel Jospin, une loi sur la parité. Et pourtant, près de six ans après son vote, la France reste l'une des lanternes rouges pour ce qui est de la féminisation du Parlement. La discrimination perdure. Cette « exception française » n'est pas à notre honneur.

Que l'on juge plutôt! 5 % de femmes à l'Assemblée élue en 1945, 6 % à peine en 1993, 13 % aujourd'hui. La palme de la résistance masculine revient aux conseils généraux, qui comptent à peine 10 % de femmes dans leurs assemblées. Les préjugés restent forts, ce qui, rétrospectivement, justifie davantage encore la nécessité d'une loi. Les débats ont été vifs, la droite a renâclé et, ce qui peut surprendre, certaines féministes s'y sont opposées, refusant que les femmes soient ainsi singularisées. Fallait-il attendre d'hypothétiques évolutions pour permettre aux femmes d'exercer concrètement leur droit de se présenter à des élections? Je ne le crois pas, car il en est des droits des femmes comme de tous les autres droits : les droits formels, c'est bien ; les droits réels, c'est mieux. Il en va de l'égalité en politique comme de l'égalité tout court : à l'égalité proclamée, je préfère l'égalité constatée. Or là où elle s'est pleinement appliquée, la loi sur la parité a produit des résultats spectaculaires : près de la moitié des députés européens, des élus municipaux et des élus régionaux sont des femmes.

Comment, alors, expliquer la persistance des résistances ? Comment les dépasser ? Je ne crois pas me tromper en affirmant que les Français n'éprouvent plus ni gêne ni réticence à voter pour une femme dès lors qu'elle a des solutions pour répondre à leurs problèmes. Dès lors, aussi, qu'elle est compétente, engagée, volontaire. Mais ces qualités que l'on exige des femmes, les met-on en doute lorsque ce sont des hommes qui se présentent ? Il m'est arrivé de croiser des hommes, élus, qui n'étaient ni compétents, ni engagés, ni volontaires....

Ce sont les appareils politiques qui restent les plus résistants. Le malheur veut que ce soient les hommes jeunes, les plus acquis à la cause des femmes, à qui l'on demande de céder la place ; les « vieux machos », eux, sont peu inquiétés. Des mesures volontaires restent pourtant encore nécessaires : imposer la parité pour les élections cantonales ; sanctionner l'absence de parité dans les exécutifs locaux ; ne pas réserver aux femmes les circonscriptions perdues d'avance... et renforcer le nombre de suppléantes ! Mais je sais aussi qu'au niveau local surtout, beaucoup de femmes renoncent parce qu'il est lourd d'ajouter à leur vie professionnelle et aux engagements familiaux une troisième journée, qui commence le soir pour se terminer parfois tard dans la nuit.

On a beaucoup dit que la présence de femmes en politique permettrait de faire de la politique autrement. Je n'en sais rien et, à dire vrai, j'en doute : la politique française montre qu'il y a autant de tempéraments féminins qu'il y en a de masculins, et il n'y a rien dans la nature des femmes qui permette de dire que leur manière de faire de la politique soit différente. Mais elle peuvent nous aider à bousculer nos habitudes. Non, il n'est pas nécessaire de toujours se réunir le soir ! Non, il n'est pas utile de multiplier les rencontres sur un même sujet ! Non, il n'est pas souhaitable de toujours remettre sur le métier les décisions déjà prises ! Les hommes aussi ont à y gagner.

Samedi 7 mai

A la Martinique, j'ai tenu à aller déposer une gerbe sur la tombe d'un homme trop méconnu : Joseph Lagrosillière. Cet homme est un symbole. Petit-fils d'esclave. Fils d'esclave. Orphelin à vingt ans. Créateur de la fédération socialiste de la Martinique à son retour de métropole où il était devenu avocat. Jeté en prison pour avoir soutenu une grève ouvrière. Un des fameux « quatre-vingts » députés qui ont refusé de voter les pleins pouvoirs à Pétain en 1940.

L'homme a été battu par un jeune poète – Aimé Césaire ! – dans la conquête de la mairie de Fort-de-France en 1945. Dans mon entretien avec cette légende vivante, je suis revenu sur cet épisode.

L'hommage à celui que l'on appelait « Lagro ». L'entretien avec l'auteur de *Cahier d'un retour au pays natal*. Deux moments forts.

Lundi 9 mai

La guerre d'Algérie a commencé le 8 mai 1945 avec les massacres de Sétif. La Seconde Guerre mondiale avait donné un élan aux mouvements nationalistes dans toutes les colonies. En Algérie, à la revendication d'une autonomie reconnue qui était encore celle de Ferhat Abbas, succédait celle d'indépendance. Les troubles, qui avaient débuté à Alger, s'étendirent à partir de Sétif et causèrent la mort, souvent dans des conditions atroces, d'une centaine d'Européens. Et, paradoxe tragiquement ironique, cela se passait au moment même où, le 8 mai, on fêtait la fin de la guerre ! La répression fut terrible et aveugle. Les Algériens parlèrent de 40 000 morts, les historiens en dénombrent aujourd'hui environ 10 000. La dernière chance fut manquée sciemment avec le sabotage en 1948 du statut de l'Algérie et avec des élections largement truquées à l'Assemblée algérienne. Cette page sanglante ne doit pas être oubliée. Elle ne résume évidemment pas toute la présence française en Algérie. Mais elle met en relief la contradiction insurmontable entre ce que fut la colonisation française, qui a souvent cru sincèrement en sa « mission civilisatrice », et la violence intrinsèque du fait colonial, issu de la conquête et de la guerre, maintenu par la force. La première dette que nous avons à l'égard des peuples colonisés et, si nous réfléchissons bien, à notre propre égard, est d'abord intellectuelle. Il faut ne rien taire de ce qui fut. C'est de la connaissance et de la reconnaissance du passé que l'on tire des leçons pour l'avenir.

Mardi 10 mai

Réunions publiques. Interviews. Débats. La campagne référendaire bat son plein. Aujourd'hui, je suis confronté à Jean-Pierre Chevènement sur France Info. Il n'est pas difficile de nous opposer, lui et moi – et pas seulement sur l'Europe. Il n'est pas impossible, non plus, de nous rapprocher – aussi surprenant que cela puisse paraître. Nous partageons, je crois, une même passion du débat d'idées. Une même compréhension de l'importance des problèmes de sécurité – souvent minoritaire chez les responsables nationaux de gauche. Une histoire, enfin : j'ai été, en effet, « chevènementiste » ! Nous sommes en 1976. Après des années de militantisme étudiant à l'UEC (l'Union des étudiants communistes), j'adhère au Parti socialiste. Ou, pour être plus précis, j'adhère au courant qu'anime Jean-Pierre Chevènement et qui s'appelle le

CERES. Pourquoi? Pour une petite partie, par le hasard des rencontres. J'y suis amené par Daniel Lebègue et Christian Sautter qui me font intégrer la commission économique du CERES – courant alors dans la minorité et, de ce fait, totalement exclu de la commission économique du parti lui-même. Pour une grande partie, j'y adhère par conviction. Le CERES est le courant « de gauche » du parti. Mes travaux de recherche portent sur les inégalités et la redistribution, la fiscalité sur les successions et l'imposition des grandes fortunes : je vois là le meilleur endroit pour faire avancer mes idées. Je me souviens d'ailleurs avec précision de la première note que j'ai rédigée pour Jean-Pierre Chevènement : elle portait sur les effets redistributifs qu'entraînerait pour la sécurité sociale un changement d'assiette des cotisations. Dit autrement : la sécurité sociale était financée par des cotisations qui, d'une part, étaient prélevées sur les seuls salaires et qui, d'autre part, étaient plafonnées. Dit encore autrement : les classes populaires et les classes moyennes participaient plus que proportionnellement au financement de la sécurité sociale. D'où la proposition de cette première note : rendre le système plus juste en instaurant une taxe réellement proportionnelle et assise sur l'ensemble des revenus – y compris donc sur les revenus du patrimoine [1]. Je rentre ainsi au CERES par l'économie. J'en sors, déjà, par l'Europe à l'occasion des premiers débats sur la mise en place du système monétaire européen. Avec raison, Jean-Pierre Chevènement y voit une étape vers une future intégration monétaire. A tort selon moi, il s'y oppose alors que notre souveraineté monétaire est déjà purement fictive. Mon aventure au CERES se termine en 1979. Je rejoins, à l'occasion du congrès de Metz, le courant de François Mitterrand. Je garde depuis lors pour Jean-Pierre Chevènement de l'estime, même si je reste sévère à

---

1. Je développerai cette proposition plus tard, en 1983, dans la revue *Droit social*. Elle sera reprise par le Parti socialiste en 1985 lors de la convention nationale d'Evry dont j'avais rédigé, comme secrétaire national aux études, le rapport introductif. Elle sera enfin mise en œuvre par Michel Rocard en 1990 : c'est la CSG actuelle.

l'égard de son attitude en 2002. Je peux à la rigueur comprendre ce qui l'a poussé à se présenter : dès lors que toutes les composantes de la gauche plurielle le faisaient, pourquoi n'en aurait-il pas eu la tentation ? Mais je lui reproche d'avoir fortement contribué à brouiller le clivage gauche-droite en espérant en tirer un bénéfice personnel. Je ne sais quel sera son choix en 2007. Mais je sais ce que je souhaite.

Samedi 21 mai

J'apprends avec tristesse le décès, hier, de Paul Ricœur. J'avais été honoré qu'il accepte de faire partie du conseil scientifique de mon club *A gauche, en Europe*. J'ai toujours beaucoup admiré l'étendue de ses connaissances et les multiples facettes de son œuvre.

Par ses engagements, par ses livres, il aura fait la démonstration qu'on peut rester libre et exprimer cette liberté en vivant, par ailleurs, une foi religieuse. Son exemple mérite d'être médité, particulièrement à notre époque !

Il a su éviter toutes les modes du monde intellectuel du XXe siècle en restant cependant un acteur de la réflexion sur celui-ci. Les livres que j'ai lus de lui refondent toujours un humanisme : évidemment parce qu'il embrasse toutes sortes de disciplines, mais aussi parce qu'il ne perd jamais confiance dans la possibilité pour la personne humaine d'infléchir l'histoire. Il fait partie de ces hommes dont on se dit, lorsqu'un événement surgit : qu'en aurait-il pensé ?

Jeudi 7 juillet

Le PCF ouvre ses archives antérieures à 1974. Les historiens vont pouvoir travailler sur le phénomène stalinien français. J'ai toujours pensé que le courant égalitaire issu de la Révolution française, puissamment incarné en 1848, porté par les socialistes dès les années 1900, fut confisqué par les léninistes en 1920 puis perverti par les dirigeants de Moscou par la suite. Le livre de Dominique Andolfatto, *PCF : de la mutation à la liquidation,* indique bien la grande difficulté qu'a le Parti communiste à faire le mouvement inverse. Y a-t-il une spécificité contemporaine du communisme? Je ne le crois pas : la « mutation » tentée par mon ami Robert Hue a échoué, la restauration à laquelle s'essaie Marie-George Buffet ne réussira pas davantage. Il demeure dans notre pays, comme l'a écrit Marc Lazar, une « passion française » du communisme, mais elle ne s'incarne plus seulement dans le Parti communiste. Si celui-ci est riche de ses élus et de ses militants, il ne peut plus inventer l'avenir.

Je pense vraiment que le combat que je mène pour l'égalité réelle, en attaquant les inégalités à la racine plutôt qu'en tentant de les corriger après coup, est plus efficace que le néo-communisme que l'on tente, de l'extrême gauche à certaines franges du Parti socialiste, de mettre sur pied après le « non » au traité constitutionnel. C'est ce sillon du « réformisme radical » que je veux continuer de creuser avec toute la gauche, parce que je le crois juste.

Samedi 6 octobre

Michel Rocard m'avait parlé de son livre d'entretiens avec Georges-Marc Benamou. La presse a mis d'emblée l'accent sur les critiques, les petites et les grandes, que Michel a pu formuler sur l'action de personnalités, au premier rang desquelles figure évidemment François Mitterrand. Ces hommes et ces femmes ont fait avec lui, et parfois contre lui, l'histoire de la gauche dans les cinquante dernières années. Mais là n'est pas, pour moi, l'essentiel. La vie politique est ainsi faite que l'on est le plus souvent blessé, voire meurtri, par ceux qui devraient être les plus proches! Non, le plus intéressant est ce qu'apporte Michel Rocard à la compréhension de son propre itinéraire. Ce mélange de convictions profondes, d'exigences intellectuelles, de courage personnel, de maladresses tactiques qui fait son originalité attachante et parfois dérangeante se trouve expliqué par petites touches. Comme toujours, les premières expériences sont décisives. Un rapport difficile dans une famille dominée par la figure intransigeante du père. Surtout, l'épreuve de la décolonisation pour un jeune homme qui avait choisi la SFIO dès 1949. De là, une exigence morale et des préventions, qui l'ont guidé dans sa vie politique. J'ai toujours, un peu naïvement, regretté que Michel Rocard et François Mitterrand n'aient pu trouver durablement un terrain commun. Ce livre en montre toute la difficulté! La synthèse réussie entre une force d'analyse politique que portait François Mitterrand au plus haut point et une sensibilité économique et sociale qu'a incarnée la « deuxième gauche » dans les années 1970 et 1980 aurait sans doute changé le cours de notre histoire. Ce ne fut pas le cas. Lionel Jospin a tenté plus tard de la mettre en œuvre. C'est toujours aujourd'hui une nécessité. Et je m'y attache.

Jeudi 8 décembre

« A vous de juger ». Je me suis senti mal à l'aise dans cette émission « fourre-tout » où j'étais invité avec Dominique Voynet, Olivier Besancenot, Bernard Kouchner, Thierry Breton et − à la dernière minute − Bernard Tapie.

Trop d'interlocuteurs trop disparates. Et une joute avec mon successeur au ministère des Finances, qui parle, parle, parle et parle tant qu'il y aurait de quoi dégoûter du débat politique les téléspectateurs les mieux disposés.

Je suis rarement d'accord avec Olivier Besancenot. Je trouve ses idées néfastes pour la gauche et la France. Mais je lui reconnais une apparente franchise, une fraîcheur. Il a l'air de croire à ce qu'il dit. Son discours n'est plus de la révolte à la révolution, c'est la révolte sans la révolution. Sa référence à Trotsky est réduite au minimum. Il incarne une sorte de Gavroche médiatique.

Je n'accepte pas la mise sur le même plan de l'extrême droite et de l'extrême gauche. Evoquer l'expropriation des capitalistes n'est pas comparable à la négation des chambres à gaz. Cela n'a pas de sens. Je suis un réformiste. Je combats avec la dernière énergie l'idéologie radicale-révolutionnaire que défend l'extrême gauche. Je suis persuadé que le régime social qu'elle préconise est incompatible avec la démocratie. Mais de là à mettre un signe égal entre les buts de Besancenot et ceux de Le Pen, il y a comme une erreur historique.

Voilà pourquoi cela ne m'a pas gêné de proposer lors de cette émission une démarche commune à Dominique Voynet et Olivier Besancenot en faveur de l'abrogation de l'article 4 de la loi du 23 février 2005 qui souligne le caractère positif de la colonisation. Je vois dans cette proposition, forcément limitée, un progrès significatif. S'il ne saurait être question de signer un programme de gouvernement avec l'extrême gauche – ni nous ni elle ne le voulons –, nous devons, pour l'emporter en 2007, cesser de nous regarder en chiens de faïence et reconnaître notre appartenance commune à la gauche comme notre refus partagé de la politique de la droite. Je crois que cette proposition aura fait œuvre utile.

Vendredi 9 décembre

Je reviens sur l'article 4. La majorité UMP était contente de son coup. Il devait lui paraître électoralement payant.

Lors de la première lecture à l'Assemblée nationale, le vendredi 11 juin 2004, Christian Vanneste (député UMP du Nord qui s'est depuis tristement illustré par des propos homophobes) a défendu un sous-amendement au projet de loi en faveur des Français rapatriés destiné, selon lui, à

« faire connaître à tous les jeunes Français le rôle positif que la France a joué outre-mer ». Le gouvernement a laissé faire. L'Assemblée a voté. La gauche a manqué de vigilance.

L'article 4 de la loi du 23 février 2005 affirme donc, sans hésiter ni s'embarrasser de nuances, que : « Les programmes de recherche universitaire accordent à l'histoire de la présence française outre-mer, notamment en Afrique du Nord, la place qu'elle mérite. Les programmes scolaires reconnaissent en particulier le rôle positif de la présence française outre-mer, notamment en Afrique du Nord, et accordent à l'histoire et aux sacrifices des combattants de l'armée française issus de ces territoires la place éminente à laquelle ils ont droit. »

Nicolas Sarkozy, président de l'UMP, avait naturellement pleinement adhéré à ce petit calcul politique. Mais il avait dans le même temps prévu un déplacement dans deux départements antillais. Malheureusement pour lui, les Antillais ont fait un lien entre les deux événements. Ils ont manifesté en masse contre « la loi de la honte », obligeant Nicolas Sarkozy à reculer et à reporter son voyage.

Comment n'a-t-il pas compris que les habitants de la Martinique et de la Guadeloupe, tous les habitants, même ceux qui ne se reconnaissent pas dans le combat indépendantiste, se sont sentis meurtris, blessés, méprisés par cette référence au caractère positif de la colonisation ?

Et que dire des enseignants, sommés d'enseigner une vérité historique décidée par l'Etat ? Que dire de la colère des chercheurs, à qui le gouvernement veut imposer sa vision de l'histoire ? A force de petits calculs électoralistes, l'UMP aura réussi à se décrédibiliser sur tous les fronts.

Ce texte de loi est inacceptable à tous égards.

Il y a des arguments solides pour soutenir que la présence française a eu certains aspects positifs. Il serait même injuste de prétendre que la France n'a pas apporté un peu de sa modernité occidentale. Mais il est tout aussi incontestable que ses aspects négatifs sont nombreux et que les pays concernés se sentent bafoués par cette réécriture de leur histoire. Si le gouvernement a fait preuve de maladresse, c'est une faute. Je crains qu'il ne s'agisse pas seulement de maladresse.

L'injonction faite aux enseignants est, quant à elle, proprement stupéfiante. Je ne sais comment la comprendre. S'agit-il de ne présenter aux élèves que les aspects positifs de la colonisation ? Ce serait ridicule, mensonger et, au demeurant, ce n'est pas la meilleure manière de les former à l'esprit critique. S'agit-il d'équilibrer, par la loi, la présentation qui est faite de la présence française par les manuels et les enseignants, jugée (par qui ?) irresponsable ? On en arrive alors rapidement à la censure !

Au-delà de la médiocrité intellectuelle de ce texte de loi et de son inspiration démagogique, je m'interroge sur la possibilité pour le législateur de dire la vérité historique. Quelle qu'elle soit. Comme un grand nombre de chercheurs et d'enseignants l'ont relevé, ce n'est pas son rôle. Il ne doit pas y avoir d'histoire officielle. C'est aux historiens de chercher à établir le bilan, toujours provisoire, d'un moment historique.

Cela dit, les discours s'enflamment, y compris parmi les historiens. Certains nient au législateur tout droit de s'immiscer dans le débat historique. D'autres, au contraire, acceptent qu'il fixe des objets de mémoire. Je ne crois pas, pour ma part, que l'on puisse interdire au législateur d'intervenir puisqu'il doit définir ce qui peut relever de poursuites pénales. La loi punit ainsi les propos négationnistes, et c'est bien. Depuis la loi Gayssot, on ne peut plus nier la Shoah. De même, la loi adoptée à l'initiative de Christiane Taubira a eu raison de reconnaître l'esclavage et la traite des esclaves comme des crimes contre l'humanité.

Je relève aussi que l'accord de Nouméa, qui a été signé en mai 1998 et a aujourd'hui valeur constitutionnelle, commence par un préambule, accepté tant par les représentants des Kanaks indépendantistes que par ceux des autres composantes de la population de Nouvelle-Calédonie, dans lequel sont décrites, en quelques pages, les ombres et les lumières de la colonisation. Seule une lecture partagée du passé colonial peut fonder la confiance en l'avenir.

Le législateur a un rôle, qui n'est pas celui de l'historien. Il est le garant de la mémoire collective. Pas le détenteur de la vérité historique. On a trop tendance à confondre la mémoire et l'histoire. La commémoration, nécessaire, n'absout rien.

Samedi 10 décembre

Alain Krivine, Jean-Michel Baylet, Dominique Voynet, François Hollande ont répondu positivement à ma demande de bataille commune. Arlette Laguiller vient de me téléphoner pour me dire qu'elle se joignait à ce combat. Nous allons donner ensemble une conférence de presse et si Jacques Chirac ne revient pas sur ce texte d'ici le 31 décembre, une manifestation est prévue.

*

Quel piètre anniversaire pour le texte fondateur qu'est la loi de 1905 sur la séparation des Eglises et de l'Etat. Le gouvernement a choisi de le minimiser – laissant à l'Académie des sciences morales et politiques le soin d'organiser... un colloque. Heureusement, la Ligue de l'enseignement a sauvé l'honneur, en contribuant notamment à la réalisation de l'intéressant film de François Nanss sur *La Séparation*. Sans doute a-t-on considéré, à l'Elysée et à Matignon, que la loi de 2003 sur les « signes religieux ostensibles » avait épuisé le sujet. Elle ne résume pourtant pas le débat que doit susciter une réflexion sur la laïcité : les travaux de la commission Stasi étaient beaucoup plus riches...

Il faut, bien sûr, replacer la loi de 1905 dans son moment historique. Elle a été élaborée pour mettre un terme au long mouvement de différenciation et d'affranchissement de l'Etat et des institutions à l'égard des religions. En

France, il a été particulièrement conflictuel. L'intelligence d'Aristide Briand et de Jean Jaurès, ses principaux concepteurs, a été d'établir une loi de tolérance reposant sur des principes qui sont d'une grande actualité – et, je crois, d'un grand avenir : le respect de la liberté de conscience, l'autonomie du politique et de la société à l'égard des normes religieuses et philosophiques particulières, le refus des discriminations entre les hommes dans l'exercice de leurs droits.

Comme le rappelle souvent Jean Glavany avec passion et pédagogie, l'Etat ne doit pas favoriser telle ou telle confession, mais offrir une égalité de traitement. Le citoyen lui-même peut être catholique, juif, musulman, protestant, athée, agnostique, etc. La finalité de la laïcité est l'intégration et non l'exclusion. Elle est de dégager ce qu'ont en commun les hommes et non d'ériger les différences en autant d'absolus exclusifs les uns des autres. La laïcité ne signifie pas l'abolition de la religion – ce qui n'est parfois pas compris dans des sociétés différentes de la nôtre –, elle permet la liberté de choix. Qui dit liberté de choix dit liberté de croire ou de ne pas croire. Qui dit liberté de choix dit également libre possibilité d'une authenticité religieuse – cette liberté devant être celle de tous. La laïcité du XXIe siècle doit nous permettre d'articuler les diversités culturelles et religieuses avec l'unité du lien politique et social. Il nous faut donc faire preuve d'intelligence politique et de créativité sociale pour inventer de nouveaux rapports entre la laïcité, la justice sociale, la manière de marier les libertés individuelles et les libertés collectives.

C'est de tout cela que j'aurais aimé que l'on débatte publiquement, car la laïcité n'est pas qu'un ensemble de règles de droit. Elle est avant tout une valeur qui doit être comprise pour pouvoir nourrir une culture de paix civile si précieuse dans le monde d'aujourd'hui.

Dixième anniversaire de la mort de François Mitterrand. Ils sont tous sur sa tombe, à Jarnac – comme s'ils pouvaient lui dérober un peu de son prestige. Ils n'ont fait que réchauffer une nostalgie. Honnêtement, la gauche n'a pas besoin de cela. C'est bien mal honorer François Mitterrand que de le transformer en une icône inoffensive. Il me revient un souvenir. Jeune responsable chargé du projet du Parti socialiste alors dirigé par Lionel Jospin, je demandai à François Mitterrand, lors de l'élaboration du programme présidentiel de 1988, quelle était la principale qualité d'un homme politique. Le président socialiste et candidat à sa réélection me répondit dans un demi-sourire : « l'indifférence ! » Interloqué, je lui opposai la conviction, la cohérence, la capacité d'indignation. Il me répondit dans un chuchotement : « Cela est nécessaire évidemment, sinon à quoi bon être de gauche ? Mais la principale qualité, m'avez-vous dit ! Ecoutez, une fois la voie tracée, il ne faut plus s'arrêter aux états d'âme subalternes, être indifférent aux jugements éphémères, aux coteries, aux manipulations, aux jalousies. Il faut avoir la nuque raide pour ce que l'on estime juste. » Au-delà des phrases convenues, de l'encensoir habituel, François Mitterrand a appris à l'universitaire que j'étais « la détermination de l'intelligence », et Lionel Jospin a complété cet enseignement par ce conseil maintes fois répété : « La politique est aussi un art d'exécution. » J'essaie de n'oublier ni l'un ni l'autre.

Vendredi 21 janvier

Clermont-Ferrand. J'assiste aux obsèques de Pierre-Joël Bonté, le président de la région Auvergne. Terrassé par une crise cardiaque à cinquante-neuf ans.

Il y a parfois, dans la vie, des hommes que l'on ne connaît pas intimement, que l'on apprécie pourtant beaucoup, que l'on aimerait voir plus souvent, et que le destin arrache brutalement. Pierre-Joël faisait partie de ceux-là. Il avait ce mélange particulier d'humilité et d'efficacité que l'on rencontre chez ceux qui n'ont jamais cherché à faire carrière et que les hasards de la vie ont poussé à prendre des responsabilités. C'est ainsi qu'il avait fini, sous la pression de ses amis, par abandonner, peut-être à regret, la présidence du conseil général du Puy-de-Dôme pour assumer la lourde responsabilité de sa région. Il avait aussi, et, évidemment, cela me plaisait, de nombreuses cordes à son arc au-delà de la politique – en particulier une passion pour l'Asie, et notamment pour la Thaïlande pour laquelle il partait régulièrement.

La foule est immense, ce matin, diverse, chaleureuse, émue – moi aussi.

Aujourd'hui

6 000 personnes ont défilé, hier après-midi, dans les rues de Guéret pour dénoncer la remise en cause des services publics. De cette manifestation, on retiendra évidemment une cause – qui est juste – mais aussi une image – qui blesse.

La cause, c'est la défense des services publics. Elle est juste parce qu'il s'agit d'une composante majeure de notre modèle social. Ils soustraient certains biens essentiels aux lois du marché et aux critères de rentabilité. Ils permettent l'accès de chacun d'entre nous à des services fondamentaux tels que l'éducation, la santé, la culture, l'énergie, les transports. Bien sûr, il y a des choses à revoir dans le fonctionnement de ces services publics. L'économie, la société, la démographie évoluent : les modes d'organisation, la répartition territoriale, les périmètres d'action du service public doivent donc pouvoir être discutés et ajustés à ces nouvelles réalités. Dans un contexte où les marges de manœuvre budgétaire ne sont pas grandes, certains regroupements sont possibles et intelligents (je pense par exemple à ce qui peut se faire autour des Maisons des services publics). Ils peuvent être d'autant plus nécessaires que nous avons aussi besoin de créer de nouveaux services publics, dans le domaine de la petite enfance par exemple. Mais évoluer ne signifie pas liquider. Le gouvernement est avant tout guidé par une idéologie qui le conduit à baisser l'impôt des catégories supérieures et à réduire le périmètre de l'Etat. Dans ce domaine comme dans d'autres, nous ne sommes pas condamnés à choisir entre l'immobilisme et le libéralisme.

Malheureusement, l'image de Guéret qui restera, à n'en pas douter, est celle de ces militants socialistes faisant bouclier autour d'un François Hollande victime de jets de boules de neige. Les commentateurs politiques soulignent depuis hier soir que, pour certains, la défense des services publics ne serait pas compatible avec le « oui » au référendum européen. Je crains que la question ne soit moins conjoncturelle : à travers ce symbole d'un dirigeant socialiste conspué, certains veulent en réalité signifier que le premier parti de gauche n'a pas sa place dans une manifestation unitaire pour la défense des services publics. Une fraction de l'extrême gauche politique a décidé d'entretenir une hostilité permanente vis-à-vis du Parti socialiste. Cette stratégie n'est pas nouvelle. Elle n'a pas empêché les socialistes et leurs alliés, communistes, verts et radicaux, d'emporter largement les élections régionales l'an passé. Mais elle est tout de même dangereuse. La guerre des « deux gauches » ne peut bénéficier, à terme, qu'à la droite. L'expérience que nous vivons depuis 2002 devrait pourtant vacciner les tenants de la politique du pire. Les appareils se font plaisir, ils croient se construire ou se reconstruire contre le PS mais, en pratique, ce sont les Français les plus modestes qui paient l'addition de la droite au pouvoir !

Qu'on me comprenne : je respecte les sensibilités qui composent la gauche, j'admets parfaitement les désaccords sur tel ou tel sujet – le traité constitutionnel par exemple. Je trouve normal et sain qu'on critique le Parti socialiste lorsqu'il s'éloigne de ses valeurs – ça lui est arrivé – ou lorsqu'il fait de mauvais choix – ça lui arrive aussi. Mais j'ai parfois le sentiment que ce qu'on nous reproche à l'extrême gauche, c'est, plus profondément, d'assumer la fin de la mythologie révolutionnaire, d'être des réformistes qui acceptent d'exercer les responsabilités.

Jeudi 10 mars

600 000 personnes dans les rues : la manifestation organisée par les syndicats a été un succès. La diversion tentée par François Fillon sur le préjudice porté à la candidature de Paris le jour de la visite du Comité international olympique n'a pas entravé la mobilisation. Comme souvent, la division syndicale était de mise et les mots d'ordre divers. Mais il me semble que la revendication qui émerge le plus nettement concerne le pouvoir d'achat.

La stagnation salariale pose d'abord un problème de justice sociale : les salariés de ce pays ont consenti d'immenses efforts pour améliorer la compétitivité des entreprises et n'en voient guère les retombées, alors que les revenus du capital s'envolent. Mais elle pose aussi un problème économique. Là où les libéraux prétendent que les bas salaires favorisent les embauches, je crois au contraire que la faiblesse du pouvoir d'achat contribue à maintenir un chômage élevé. La consommation des ménages est en effet un des moteurs essentiels de la croissance. Il est peu raisonnable de la faire reposer uniquement sur l'augmentation de leur endettement. Le fond de l'affaire, c'est que le travail n'est pas assez rémunérateur dans notre pays.

C'est pourquoi l'augmentation du pouvoir d'achat me paraît constituer une priorité politique. On a parfois dit que nous n'avions pas traité correctement ce problème entre 1997 et 2002. Ce reproche est très excessif : à travers l'allocation de rentrée scolaire, nos réformes fiscales, ou encore le basculement d'une partie des cotisations sociales vers la CSG, nous avons amélioré le pouvoir d'achat des salariés les plus modestes. Ceux qui pensent un peu vite qu'il n'y a pas de différence entre la gauche et la droite peuvent comparer cette politique avec la « redistribution à l'envers » sciemment opérée en direction des couches aisées par le gouvernement actuel. Et si les 35 heures se sont effectivement accompagnées d'un moindre recours aux heures supplémentaires, elles ont participé d'une politique économique qui, en créant deux millions d'emplois, a redonné du pouvoir d'achat aux chômeurs. Mais je reconnais que nous n'avons sans doute pas fait assez dans ce domaine. Nous avons trop donné le sentiment de nous consacrer aux luttes contre le chômage et l'exclusion, alors qu'une gauche moderne doit tenir compte de la diversité des situations, répondre à l'ensemble des attentes des classes populaires et moyennes, de ceux qui travaillent comme de ceux qui ne travaillent pas.

Quelle politique après 2007 ? Le SMIC reste un outil important d'une politique de relèvement des salaires, à condition de veiller à ce qu'il ne vienne pas écraser leur hiérarchie. Mais il me semble aussi que l'Etat devra agir directement. Je sais que la prime pour l'emploi créée par Lionel Jospin suscite des réserves. Certains de mes amis soulignent qu'il est plus valorisant pour les salariés de voir leur paie augmenter que de recevoir un chèque de l'Etat. Je comprends l'argument, mais on ne peut pas non plus se croiser les bras en attendant l'issue incertaine d'une négociation sociale. Si le pouvoir d'achat est une priorité de l'agenda politique, alors l'Etat doit prendre ses responsabilités ! Avec ses limites, la prime pour l'emploi est une sorte d'impôt négatif qui permet de redistribuer du pouvoir d'achat aux salariés les plus modestes.

Mercredi 16 mars

Les salaires encore. Entretien d'Ernest-Antoine Seillière dans *Le Monde*. Détonnant, mais pas étonnant. Le patron du MEDEF se prononce contre la négociation salariale entre partenaires sociaux : les entreprises devraient décider seules du niveau des salaires. Et il remet en cause, une fois de plus, l'existence d'un salaire minimum en France. Tout cela est bien extrême, et je veux y revenir.

Le SMIC, tout d'abord. Une société juste, c'est d'abord une société qui assure une rémunération suffisante aux salariés les plus modestes. C'est tout le rôle du SMIC dans le monde du travail. L'existence d'un salaire minimum fait partie de notre modèle social depuis plus de cinquante ans. La quasi-totalité des Etats membres de l'Union européenne ont aujourd'hui un salaire minimum légal. Depuis que le Royaume-Uni et l'Irlande l'ont mis en place à la fin des années 1990, seuls six Etats en demeurent dépourvus. En Belgique, aux Pays-Bas ou encore au Luxembourg, ce salaire minimum est plus élevé qu'en France.

La négociation salariale, ensuite. La valeur ajoutée produite par l'entreprise fait l'objet d'un partage entre le capital — les actionnaires — et le travail — les salariés. Ce partage ne saurait être le fruit d'une décision unilatérale, même éclairée, du patron : c'est là une vision archaïque, paternaliste et dépassée. Puisque le partage du revenu résulte d'un rapport de force au sein de l'entreprise, autant l'organiser à travers des négociations salariales structurées.

La plupart des salaires minima dans les grilles des branches professionnelles sont inférieurs au SMIC. C'est le cas dans des secteurs aussi importants que les hôtels-cafés-restaurants, l'habillement ou la chimie. Il n'est pas non plus admissible que des entreprises bénéficiant d'importants allégements de charges sociales ne fassent pas de véritables efforts pour revaloriser les rémunérations de leurs salariés. C'est pour cela que je suis favorable à la conférence des revenus. Je propose que, chaque année, les partenaires sociaux se réunissent pour débattre ensemble de l'évolution des revenus, et en particulier de la revalorisation des salaires dans le secteur privé. Ils doivent pouvoir fixer les règles du jeu et les objectifs chiffrés des négociations salariales qui ont lieu chaque année dans les branches professionnelles et les entreprises. Surtout, les allégements de charges sociales doivent être liés à la réussite de ces négociations et à la réalisation des objectifs fixés par les partenaires sociaux.

Jeudi 17 mars

Je participe à une nouvelle manifestation pour la recherche. Un an après le mouvement « Sauver la recherche », qui avait réuni la quasi-totalité de la profession contre la politique destructrice du gouvernement, la recherche française est toujours déstabilisée.

La colère des chercheurs débouche sur un cri salutaire : la dégradation dramatique du financement de la recherche française est lourde de menaces pour notre avenir collectif. Les chiffres se passent de commentaires. La France consacre aujourd'hui moins de 2 % de sa richesse nationale à la recherche, ce qui marque une forte régression depuis 2002. Nous nous éloignons ainsi de l'objectif fixé dans le programme de Lisbonne : des dépenses de recherche atteignant 3 % du PIB pour permettre à l'Europe de devenir « le continent de la connaissance ». Et surtout, nous accumulons un retard croissant avec une partie du monde. Les Etats-Unis sont à 3 %, avec une tendance à la hausse. Ils conservent grâce à cet investissement massif leur suprématie technologique. Le Japon, malgré une période de récession, a maintenu le niveau de son investissement dans la recherche autour de 3 %. La Corée est à 4 %, la Suède à presque 5 %. Ils en recueillent les bénéfices en termes de croissance.

La paupérisation de la recherche française a des traductions bien concrètes : la « fuite des cerveaux », la crise des vocations, la chute du nombre de brevets déposés par la France, la disparition des entreprises françaises des secteurs à forte valeur ajoutée.

En perdant nos chercheurs, nous perdons aussi nos entreprises. Car les délocalisations concernent aussi la recherche : les laboratoires s'installent aujourd'hui là où il y a des chercheurs et des universités, près des sources de savoir. Ainsi la recherche pharmaceutique quitte-t-elle la France pour bénéficier des retombées du fort investissement américain dans les sciences de la vie. Ce phénomène ne concerne pas que les Etats-Unis : les pays émergents misent eux aussi beaucoup sur leur enseignement supérieur et se dotent de capacités de recherche avancée.

Investir dans la recherche et l'enseignement supérieur ne constitue donc pas pour nous un choix parmi d'autres : c'est une condition de notre survie. Nous y jouons notre capacité de progrès, notre prospérité, la maîtrise de notre avenir.

Dire que, depuis plus de vingt ans, les gouvernements de droite n'ont pas favorisé la recherche, ce n'est pas exprimer une opinion, c'est faire un constat. De 1981 à 2005, sans exception, l'effort de recherche (en budget comme en postes) a augmenté toutes les années où la gauche était au pouvoir, parfois de plus de 15 %, et diminué à chaque fois que le budget était préparé par un gouvernement de droite, parfois de plus de 10 % lorsque Jacques Chirac était Premier ministre. L'actuelle majorité renoue avec les pires heures de la droite. Les budgets ont subi des coupes si claires que la survie même de certains centres de réputation mondiale, comme le centre de recherche nucléaire de Saclay, est en question.

Pour moi, les choses sont simples : la recherche doit être une priorité absolue. Cela passe par la reconstitution du financement de la recherche publique, par le soutien à la recherche privée grâce à des incitations fiscales directement liées à l'effort de R&D et par la circulation des idées et des personnes entre la recherche publique et la recherche privée. Claude Allègre avait ouvert la voie dans ce domaine : il faut poursuivre cette entreprise. Comme il faut reprendre la politique que le gouvernement de Lionel Jospin avait initiée en créant une quinzaine de centres nationaux de recherches technologiques, comme le pôle de nanotechnologies de Grenoble ou le Génopole d'Evry. Grenoble est un exemple remarquable : c'est parce que la France y a développé avec persévérance la technologie des semi-conducteurs que Motorola a décidé d'y investir près de deux milliards d'euros – le plus grand investissement en France de ces vingt dernières années – et d'y transférer plusieurs centaines de chercheurs de son centre de recherche du Texas.

Tout ceci ne se fera pas sans s'attaquer aux rigidités de structure. Les grands organismes de recherche comme les universités ont les pires difficultés à mettre en œuvre une stratégie scientifique. Les premiers sont théoriquement autonomes mais n'ont pas suffisamment de moyens. Les universités n'ont pas même la maîtrise de leurs ressources financières et humaines. Les plus petites décisions sont centralisées, avec une concertation faible entre les ministères de tutelle – Recherche et Enseignement supérieur. Si bien que les chercheurs ne consacrent pas assez de temps à la recherche tant il sont accaparés par les tâches administratives. Quant à la faiblesse du partenariat avec le secteur privé, on sait qu'il s'agit d'un handicap bien français.

Une remise à plat est nécessaire. Cela ne se décrète pas dans un bureau : la profession doit y être associée. Les réformes indispensables au système de recherche français ont toujours émergé de grands débats. Le plus fameux fut le colloque de Caen de 1956, initié par Pierre Mendès France, et dont sont sorties les structures de la recherche contemporaines. 2007 doit être l'année d'un nouveau colloque de Caen. Car « PMF » avait raison : plus que jamais, la République a besoin de savants.

Vendredi 18 mars

Réunion avec des associations de locataires à la mairie du IVe arrondissement de Paris pour parler de ce que l'on appelle les « ventes à la découpe ». Il s'agit de ce phénomène qui se développe rapidement, et pas seulement à Paris, par lequel des fonds de pension ou des investisseurs immobiliers achètent un immeuble en gros pour le revendre au détail – chassant ainsi les locataires, parfois installés depuis des décennies, et réalisant un maximum de profit en un minimum de temps.

J'en ressors avec un goût acre dans la gorge. Pourtant, la réunion s'est bien passée – sérieuse, chaleureuse, constructive. Mais voilà. Je me suis trouvé dans une situation dont je n'arrive décidément pas à m'accommoder. Quand vous êtes au pouvoir et que vous vous trouvez face à une revendication, vous avez deux attitudes possibles. Ou bien vous y êtes défavorable et vous argumentez. Ou bien vous y êtes favorable et vous agissez. Mais là, dans l'opposition, je suis impuissant – en accord avec la revendication mais incapable de la faire déboucher. Or, c'est maintenant que les associations auraient besoin que l'on agisse. En 2007, pour beaucoup de ces locataires, il sera trop tard. Je prends quand même deux engagements : à court terme, faire en sorte que ce scandale soit dénoncé ; à moyen terme, travailler à une réforme législative. Car l'analyse détaillée de la question conduit à identifier un paradoxe. Dans notre imaginaire collectif, les Etats-Unis restent les champions du libéralisme à tout crin quand la France fait figure, elle, de spécialiste de la réglementation tatillonne. Or, en ce domaine comme en beaucoup d'autres, la réalité est différente : la législation américaine est bien plus protectrice pour les locataires que ne l'est notre propre réglementation ! Ainsi, pour ne prendre qu'un seul exemple, la vente à la découpe n'est possible à New York qu'à la condition d'être autorisée par l'association de locataires de l'immeuble. Arrêtons de nous satisfaire de mythes paresseux : cessons d'être naïfs. Une proposition de loi doit être rédigée ; Patrick Bloche et Jean-Yves Mano y travaillent. Je m'y associe. Je crains toutefois que nous n'ayons que peu de chances de la faire aboutir.

Lundi 21 mars

Journée internationale contre le racisme. La Commission consultative des droits de l'homme remet son rapport annuel au Premier ministre et tire la sonnette d'alarme : l'antisémitisme « s'enracine » si l'on en juge par le nombre de violences antisémites, passé, selon les chiffres de la Commission, de 833 en 2003 à 1 565 en 2004, ce qui représente une augmentation de 88 %.

On tente d'abord de se rassurer en se disant que l'augmentation est trop forte pour traduire une tendance durable et que, sur de tels nombres, les aléas annuels peuvent conduire à des évolutions importantes d'une année à l'autre. Dans un sens comme dans l'autre, sans que cela ait obligatoirement une signification.

Puis l'on se dit qu'il n'y a en fait aucune raison d'être rassuré. Cette année, en France, plus de 1 500 délinquants ont commis des actes de violence contre des juifs, simplement parce qu'ils étaient juifs. Comme hier. Comme avant-hier.

On sait bien que l'antisémitisme en France n'est pas mort même si après la Shoah, et jusqu'à une période récente, il n'était plus avouable. Il aura pris depuis un siècle des formes variées. Antidreyfusard d'abord, vichyste et collabo ensuite, antisioniste enfin, l'antisémitisme a toujours su se revêtir d'un voile idéologique. Mais au fond, c'est bien toujours le même antisémitisme qui sévit et qui s'étale maintenant au grand jour. Le révisionnisme est devenu une « opinion ». L'antisémitisme s'est banalisé : c'est ce qui fait sa force et sa dangerosité nouvelles.

Ce qui est pour moi le plus douloureux aujourd'hui, c'est l'apparition d'un antisémitisme de gauche et d'extrême gauche. Dans notre imaginaire collectif, la figure de l'antisémite est celle d'un néo-nazi ou d'un militant d'extrême droite au crâne rasé. Celui-là, il existe toujours. Mais ce n'est pas celui qui fait le plus de dégâts aujourd'hui. Il est connu, répertorié. Ce qui est nouveau, c'est l'antisémitisme banal, devenu courant, de ceux qui souffrent d'être écrasés par la société et qui, suivant en cela une logique immuable, cherchent un bouc émissaire. On trouve alors des sympathisants sincères de toute l'action de la gauche, politique et syndicale, qui se laissent aller à un antisémitisme non refoulé.

Le conflit du Proche-Orient leur sert de gage de respectabilité. Pourtant, les violences faites aux Palestiniens, la négation de leurs droits et de leurs aspirations ne peuvent justifier quelque attaque que ce soit contre des juifs français. Le combat contre l'antisémitisme, comme le combat contre tous les racismes, est un combat qui concerne tous les républicains. Quand un juif, un Noir, un Beur est attaqué parce qu'il est juif, noir ou beur, ce ne peut être son affaire exclusive. C'est l'affaire de toute la République, et c'est à elle de le défendre. Sans relâche et sans faiblesse.

Vendredi 1ᵉʳ avril

Je reviens, dans un article que je donne à *Libération*, sur la crise du logement, et en particulier sur le problème des « ventes à la découpe ». Je l'avais promis aux associations de locataires rencontrées le 18 mars à Paris. Je veux dénoncer ce scandale humain, urbain, économique. Je veux souligner que le phénomène prend de l'ampleur dans toute la France : un tiers des opérations de découpe ont lieu en province.

Je profite de l'interview pour présenter des instruments permettant de s'opposer à ces opérations qui assèchent la diversité sociale et renforcent la ségrégation urbaine. Quatre propositions simples, d'application immédiate. Un : donner des droits aux locataires d'un immeuble réunis en association. Deux : conditionner l'opération de découpe à une autorisation de la municipalité. Trois : protéger les locataires qui ne peuvent pas acheter en leur laissant plus de temps. Quatre : limiter les ventes d'immeubles par les institutions financières.

Mercredi 13 avril

Aujourd'hui, je suis intervenu à l'Assemblée nationale dans le cadre de ce que l'on appelle les « Questions au gouvernement ». Je le fais rarement. Je trouve que nous faisons la part trop belle aux ministres en ne concentrant pas toutes nos questions du jour sur un seul thème. Le député intervenant en second pourrait alors exercer un « droit de suite » sur la réponse du ministre, sans lequel ce dernier peut dire ce qu'il veut sans courir le risque d'être contré.

J'ai interpellé Thierry Breton au sujet d'une entreprise qui me tient à cœur : Sediver, à Saint-Yorre, qui fabrique des isolateurs de verre et qui est menacée de délocalisation. J'avais commencé à être alerté par des articles de presse. Puis, à l'occasion de l'émission « 100 minutes pour convaincre » à laquelle j'étais invité en janvier dernier, la rédaction avait prévu un reportage sur ce cas très typique. Un des salariés étant présent sur le plateau, j'avais pris l'engagement de me rendre sur place. J'y suis allé quelques semaines plus tard. Les syndicats et moi sommes alors convenus que j'interpellerais le gouvernement à l'Assemblée. Je le fais aujourd'hui. Je tenais d'autant plus à être fidèle à cette parole que je suis scandalisé par la légèreté dont a fait preuve Nicolas Sarkozy, le ministre de l'Economie d'alors qui a, sur ce dossier comme sur d'autres, brassé du vent, agité les médias, suscité des espoirs... avant de disparaître.

Or cette entreprise est, pour moi, symbolique. Est concernée une région qui a déjà payé plus que son tribut aux restructurations. Des centaines d'emplois et autant de savoir-faire sont menacés. Et il y a, de plus, un enjeu stratégique : les isolateurs de verre que fabrique Sediver servent à soutenir les caténaires à très haute tension d'EDF. Si l'entreprise disparaissait, il se pourrait qu'un

128

jour de grande panne, un maillon essentiel de la chaîne des fournitures électriques vienne à manquer. Après avoir étudié le dossier de près, je suis certain qu'il est possible de sauver Sediver. Mieux, je suis convaincu qu'il s'agit là d'une excellente illustration de la proposition que j'ai formulée il y a un an déjà [1] et que l'on a appelée les « nationalisations temporaires ».

Quel est le problème de cette PME ? Pour passer un cap, elle a besoin d'argent. Les enjeux – sociaux, géographiques, industriels – justifient que l'Etat intervienne. La manière la plus efficace de le faire, pour le contribuable et pour l'entreprise elle-même, serait qu'il prenne une participation en capital. Le capital de l'entreprise étant faible, la part de l'Etat pourrait dépasser 50 % ; il s'agirait bien alors d'une « nationalisation ». Mais le mot est trompeur. Contrairement aux nationalisations de 1981, il s'agirait d'entreprises de taille modeste et, surtout, d'une nationalisation « temporaire » : l'objectif serait de remettre l'entreprise sur le marché une fois passé le cap difficile.

Est-il utile de le préciser : Thierry Breton a choisi de faire la même chose que Nicolas Sarkozy – c'est-à-dire rien...

Vendredi 15 avril

Cent jours déjà! Cent jours que la journaliste Florence Aubenas et son interprète irakien, Hussein Hannoun, sont détenus. Des images dures me viennent à l'esprit : celles de Florence, visiblement fatiguée, obligée d'en appeler au député Didier Julia. Triste spectacle. Insupportable mise en scène. Je reste perplexe sur le rôle de cet homme, dont je ne sais s'il est un dangereux affabulateur ou le pion d'un gouvernement aux abois.

---

1. *Pour l'égalité réelle*, Notes de la Fondation Jean-Jaurès, numéro 48, juin 2004. Voir aussi *La Flamme et la Cendre*, Grasset, janvier 2002, p. 304-307.

Cent jours déjà, et tous les Français se mobilisent! Quel formidable mouvement de générosité, de solidarité et d'espoir! Tous les Français ont su exprimer leur solidarité, avec des mots, de la musique, des initiatives festives. Tous aussi ont voulu s'engager pour la liberté d'informer. Fierté d'appartenir à une nation qui sait se rassembler avec autant de ferveur autour de la liberté, la dignité et la justice. Emotion pour une femme dont ses amis disent qu'elle est exceptionnelle. Volonté de se retrouver unis alors qu'on dit la France incapable de se rassembler. Engagement pour des valeurs qui ne se négocient pas.

Les incessantes manifestations de soutien en faveur de Christian Chesnot et Georges Malbrunot, libérés en décembre 2004, puis celles en faveur de Florence Aubenas, ont montré que la liberté d'informer faisait partie de ces combats où nous nous retrouvons, au-delà de nos clivages politiques ou religieux. J'ai participé avec émotion aux manifestations réclamant la libération de nos compatriotes. J'approuve ces portraits géants des otages qui nous rappelaient quotidiennement que nous devions faire cesser ces outrages à la démocratie. Trop souvent encore, les journalistes sont victimes de groupes ou de régimes qui croient pouvoir museler l'opinion en tentant de contrôler l'accès à l'information. Je pense aussi aujourd'hui aux dizaines de journalistes morts au nom de la liberté d'expression en 2004 et à la centaine d'autres qui sont détenus pour des délits d'opinion. Tristes chiffres.

L'engagement fort des représentants de la communauté musulmane pour la libération des journalistes est un signe d'espoir. La République est grande lorsqu'elle sait être unie.

Vendredi 29 avril

La presse vient de révéler que le patron de Carrefour, Daniel Bernard, limogé en février, a bénéficié d'avantages astronomiques lors de son départ : prime et retraite exceptionnelles, d'une valeur globale de près de 40 millions d'euros provisionnés dans les comptes de l'entreprise.

Je le dis sans détour : c'est un pur scandale, et c'est un vrai problème de société. Daniel Bernard en a bénéficié. Mais c'est le cas désormais de la plupart des grands patrons. Le capitalisme français s'est aligné sur les excès du capitalisme financier anglo-saxon : salaires toujours plus élevés, stock-options, « welcome package », « golden parachute », retraite « chapeau » – toute une palette d'avantages exceptionnels est désormais disponible pour permettre l'hyper-rémunération des PDG.

Pourquoi est-ce un problème ? Après tout, pourquoi ne pas rémunérer, même très grassement, ceux qui prennent des risques, réussissent et font tourner l'économie française ? L'important ne serait-il pas, pour un homme de gauche, de garantir un salaire minimum élevé et des indemnités de remplacement décentes pour ceux qui ne travaillent pas, sans se soucier des émoluments de ceux qui réussissent ?

Ce n'est pourtant pas ma conception d'une société juste. Une société juste assure certes le revenu maximum au citoyen le plus modeste : c'est le critère du « maximin » du philosophe John Rawls. Mais cela ne suffit pas. Une société juste, pour moi, garantit aussi un écart raisonnable entre les plus aisés et les plus modestes. Les indemnités de départ de Daniel Bernard représentent 2 514 années de SMIC. Personne ne vaut 2 514 fois plus qu'un ouvrier ou une caissière d'hypermarché. Il ne s'agit pas par ailleurs d'une rémunération du risque : tous les patrons en bénéficient, même ceux qui échouent et sont remerciés. On assiste en réalité à un transfert du risque économique vers les salariés : le PDG est rémunéré indépendamment des résultats et devient un rentier. Il n'y a plus là aucune rationalité économique.

Il faut agir si nous voulons conserver une société juste. J'envisage trois pistes pour trouver des solutions.

Un : la transparence. Elle assure une forme d'autorégulation. La gauche avait été la première à casser le tabou du salaire des patrons dans la loi sur les nouvelles régulations économiques adoptée en 2001. On doit aujourd'hui aller plus loin et briser d'autres tabous, car la transparence ne suffit pas, on l'a vu, à empêcher les excès.

Deux : l'encadrement des « golden parachutes ». Avec des critères simples : les primes de départ doivent dépendre de l'ancienneté dans l'entreprise, être plafonnées à un niveau raisonnable, et être fonction des résultats économiques obtenus. Et un patron qui quitte une entreprise en difficulté ou confrontée à des pertes ne devrait en aucun cas pouvoir bénéficier de telles primes.

Trois : l'interdiction des retraites « chapeaux ». Les retraites complémentaires à « prestations définies » sont une étrangeté dont seuls les dirigeants bénéficient, au détriment de l'entreprise. Si ce dispositif ne figurait pas dans le code général des impôts, il s'agirait d'un abus de bien social. Supprimons-les purement et simplement.

Mardi 10 mai

Discours de Nicole Ameline sur l'égalité salariale entre hommes et femmes. Pour le socialiste que je suis, le 10 mai reste d'abord l'anniversaire de l'arrivée de la gauche au pouvoir. Promesse de changement toujours renouvelée. Aujourd'hui, je doute que la ministre de la Parité et de l'Egalité professionnelle ait eu cet anniversaire en tête. Pourtant, sans la gauche, les droits des femmes auraient progressé moins vite, en tout cas dans le monde du travail : dans un autre domaine, je n'oublie ni ne méconnais l'engagement exceptionnel d'une femme comme Simone Veil pour le droit à l'avortement.

La participation active des femmes à la vie sociale est l'un des phénomènes majeurs de la deuxième moitié du XXe siècle. Il y a néanmoins un paradoxe. L'égalité entre hommes et femmes est aujourd'hui largement revendiquée et assumée, et l'idée de la domination masculine amplement combattue ; mais ce discours « politiquement correct » sert de paravent à un antiféminisme d'un nouveau genre, assez pervers, selon lequel les inégalités affectant les femmes seraient consenties puisque rien ne viendrait plus s'opposer à ce qu'elles travaillent, s'affirment, fassent de la politique... On voit resurgir ainsi un discours « naturaliste » fondamentalement rétrograde : puisque les femmes ont désormais toutes les libertés, si elles sont encore dans des situations d'infériorité, c'est que leur nature serait d'être principalement tournées vers la sphère privée, notamment familiale. La vérité est que les obstacles que rencontrent quotidiennement les femmes restent puissants. Les discriminations dont elles sont l'objet, aussi. La médiatisation de quelques femmes ne peut faire oublier les difficultés de beaucoup d'autres.

C'est Yvette Roudy qui, en 1983, a relancé le mouvement de l'égalité professionnelle entre les femmes et les hommes. Son objectif : une égalité professionnelle totale et réelle. Le succès a suivi en partie, puisque les Françaises sont en Europe celles qui parviennent le mieux à concilier vie professionnelle et vie familiale (80 % des femmes de vingt-cinq à quarante-neuf ans travaillent). En 2001, avec la loi Génisson, la gauche a voté le principe de mesures coercitives, et non plus seulement incitatives. Mais cela ne suffit pas. Les faits sont têtus, les chiffres peu reluisants : en moyenne et toutes catégories confondues, les femmes gagnent 20 % de moins que leurs collègues masculins. Cette inégalité s'accroît pour les retraites, les femmes percevant en moyenne une retraite de 42 % inférieure à celle des hommes ! Surtout, les brimades n'ont pas disparu, les discriminations à l'embauche demeurent, les témoignages ne manquent pas de femmes vivement encouragées à ne pas avoir d'enfants ou systématiquement oubliées lors des promotions. Phénomènes marginaux ? Je l'espère, mais je n'en suis pas certain. Bien réels aussi, les chiffres de la précarité et du temps partiel subi, qui touchent massivement les femmes.

Combien de femmes en revanche à des postes de responsabilité ? Combien de femmes chefs d'entreprise, directrices d'administration centrale, présidentes de cour d'appel ou membres des conseils d'administration ? Des

400 premiers groupes français, 3 % à peine sont présidés par une femme ; il y a 12 % de femmes ambassadeurs ; moins de 10 % des présidents de tribunaux ou de cours d'appel sont des présidentes. Si peu, trop peu... Même dans les métiers qui se sont fortement féminisés au cours des dernières années, les postes de responsabilité échoient d'abord à des hommes. Et ailleurs, le fameux « plafond de verre » a beau être invisible, il reste infranchissable : plus on grimpe dans la hiérarchie, plus les femmes se raréfient. Comme si elles devaient, et elles seules, faire la preuve constante de leur disponibilité. Comme si elles devaient, et elles seules, prouver que l'on peut être une bonne mère et une bonne professionnelle.

Le combat des femmes pour l'égalité est porteur de plus de justice pour l'ensemble de la société. Accepter que les femmes soient victimes de discriminations parce qu'elles sont femmes, c'est accepter une société d'inégalités et d'injustices. Car ce sont d'abord les plus fragiles qui subissent de plein fouet les violences. Dans quel pays une femme âgée de quinze à quarante-quatre ans a-t-elle plus de risques de mourir ou d'être blessée à la suite de violences domestiques que d'un cancer ou d'un accident de la circulation ? En France. Aujourd'hui.

Alors, encore une loi ? Peut-être, car la loi marque l'engagement de la nation tout entière. Mais il est plus facile de voter une loi que d'imposer aux employeurs de nouveaux comportements. En outre, la loi à elle seule ne peut tout. Il faut la loi pour ouvrir le chemin ; mais pour avancer, il faut l'engagement des partenaires sociaux, syndicats et organisations patronales. Pour ce qui est de la loi, un exemple frappant nous vient de Norvège : l'égalité y est acquise et la discrimination y est traquée sans relâche. Nous faisons souvent des pays scandinaves un modèle à suivre. A y regarder de près, on voit que cette égalité a été imposée : c'est la loi qui, dès 1988, a imposé la parité professionnelle (au moins 40 %) aux postes de responsabilité publics avant de l'étendre au secteur privé. Concrètement, aucune instance de la fonction publique norvégienne, aucun conseil d'administration ne peut compter moins de 40 % de femmes... ou d'hommes. Venue d'en haut, l'égalité s'impose plus facilement. Alors pourquoi ne pas faire de même ? Pour autant, l'égalité ne se conquiert pas seulement dans les usines ou dans les bureaux. Elle est aussi affaire de vie privée. De partage des tâches. De garde d'enfants. Le gouvernement a fait le choix d'aider les familles à embaucher une nounou à domicile en augmentant la réduction d'impôt correspondante. Concrètement, ce sont 10 % des familles, celles qui ont les plus hauts revenus, qui profitent de la mesure. Ce n'est pas acceptable. Je crois, moi, à la nécessité d'inventer un nouveau service public d'accueil de la petite enfance. Les crèches valent mieux que les textes. Rechercher une meilleure conciliation entre vie professionnelle et vie familiale, ce n'est pas un slogan. Malgré les efforts remarquables de certaines villes, c'est un parcours d'obstacles quotidien pour des millions de femmes : ce sont les inscriptions dans les crèches qu'il faut prévoir presque au moment de la conception des enfants, les enfants malades qui ne sont pas accueillis, les horaires décalés par rapport à des horaires de travail de plus en plus flexibles, les nourrices en nombre insuffisant !

Le combat pour l'égalité des femmes est au cœur de ma conception de la modernité en ce qu'il s'affirme comme le refus des inégalités, mais aussi des discriminations. C'est un combat quotidien, de chacun. C'est donc un combat politique, pour la gauche.

Mardi 31 mai

Et Chirac nomma Villepin ! La garde meurt mais ne se rend pas ! Les Français désavouent le pouvoir, disent « non » à l'Europe, mais Chirac reste ! A défaut de Juppé, c'est son ancien directeur de cabinet qui est désigné. Jacques Chirac pense-t-il vraiment que l'homme peut lui succéder ? Pour le président de la République, Villepin est un commando à lui tout seul. Soit! Mais est-il présidentiable? Il est obligé de le faire croire pour contenir Nicolas Sarkozy.

Nicolas Sarkozy veut incarner la rupture libérale avec le modèle social français. Ce n'est pas un projet, c'est une aventure. Elle ne créera pas le sursaut mais déchaînera la France. Comment ne pas comprendre que, dans le « non » au traité constitutionnel, il y a aussi un libéralisme qui ne passe pas? Le ministre de l'Intérieur veut combiner libéralisme économique et conservatisme sociétal. Il va à droite, il assume la droite, il adoube le néo-conservatisme, il préempte le vote villiériste et frontiste. Il est contraint de le faire, car il ne veut pas être emporté par la fin du cycle Chirac. Comme Jospin en 1994, auquel son droit d'inventaire avait évité de se faire prendre dans les filets de la fin du mitterrandisme. Il souhaite être l'alternative venant de la droite. Cette orientation correspond peut-être au centre de gravité de la droite, mais pas à celui du pays. Si Sarkozy l'emportait et appliquait ce programme, nous risquerions d'aller droit à des convulsions politiques ou sociales brutales. En attendant, Villepin va empêcher le retour de Sarkozy vers le centre. Il tentera sa « troisième voie », mais il risque de ne pas avoir de grain à moudre vu les déficits, l'exigence libérale des droites et les engagements de Jacques Chirac. Il n'y a pas de base au « villepinisme », sinon un « pourquoi pas » du pays en attendant mieux. Son choix est limité : soit il affronte Sarkozy sans en avoir les moyens ; soit il va sur son terrain, qui ne lui est pas favorable. La droite n'a que le masque de l'autorité et la réalité anglo-saxonne à proposer à la France. Lors de mes déplacements, je suis à chaque fois frappé par la volonté des Françaises et des Français de ne pas entrer dans ce schéma. Je rencontre de plus en plus une France combative. J'ai l'impression que l'on ne donne pas leur chance aux Français pour créer, imaginer, entreprendre. On cherche à leur imposer le carcan étouffant d'un modèle dont ils ne veulent pas. La dérégulation libérale ne libère pas les énergies, elle les dissout dans le marché.

Mercredi 1ᵉʳ juin

Dominique de Villepin se donne cent jours pour convaincre sur l'emploi. Mieux : il décrète la mobilisation générale. Qui peut croire cela ? Des mots, toujours des mots pour camoufler l'absence de politique. Le mot d'ordre de la droite tourne aujourd'hui autour d'un double conservatisme, celui de la société et celui du marché. Elle n'a plus de spécificités en politique extérieure depuis la fin du gaullisme. Elle a fait, bon an mal an, sa mue pro-européenne depuis la fin de l'aventure Pasqua. Elle n'a plus de parti bonapartiste depuis la fusion du RPR avec Démocratie libérale et une fraction non négligeable de la démocratie chrétienne. Ce qui la fonde, c'est le libre marché et le refus d'une société solidaire. Une synthèse assez étonnante entre dérégulation et ordre moral. La droite, sous Chirac, s'est à la fois balladurisée dans ses références et radicalisée dans son dessein.

La rupture libérale est donc devenue son vœu le plus cher. Elle est à proprement parler réactionnaire. Elle veut revenir sur tous les acquis de notre système, au prétexte qu'ils seraient une servitude dans la compétition internationale. La vie publique française s'enferme dans un triangle infernal : la rupture, la rénovation, l'immobilisme. La menace de la rupture exacerbe l'immobilisme qui se radicalise dans la nécessité de défendre tous les acquis sans distinction. Le « laisser-faire » nourrit ainsi le « ne rien faire » qui, à son tour, offre au libéralisme l'argument pour « tout défaire ». La rénovation se trouve bloquée au cœur de ce processus. Je crois à un autre chemin, celui qui allie la création de richesses à la protection. Anticiper pour promouvoir et protéger : cela doit être mené de front, faute de quoi la France alterne crise et immobilisme. Je ne crois pas que Villepin puisse réellement mener une politique pour l'emploi. Comme toujours, la statistique du chômage sera trompeuse. Elle est trop facilement manipulable (par les radiations par exemple) ou difficile à interpréter (en raison des effets démographiques). Ce qui compte, c'est que le nombre d'emplois augmente. Attendons.

Samedi 4 juin

Très mauvais conseil national du PS qui a vu sortir Laurent Fabius de la direction. Le Parti socialiste voulait la tête de Jean-Luc Mélenchon ; François Hollande lui a offert la relégation de Laurent Fabius. Lorsque l'on reprend la séquence, il n'y a pas de quoi pavoiser. La majorité de Dijon a explosé lors du référendum interne. Il fallait donc en tirer les conséquences. J'ai proposé un congrès d'urgence. On l'a refusé. On a replâtré. J'ai proposé de presser le pas sur le projet. On l'a refusé. Puis on a tardé à faire campagne et, une fois la partie perdue, on nous a demandé symboliquement la tête de Laurent Fabius. J'ai été volontairement mesuré lors de ce conseil national. Tout pouvait exploser. Par ailleurs, je ne vois pas comment, là où nous en étions arrivés, nous aurions pu ne rien faire. Fabius a commis une grande faute vis-à-vis de l'Europe, de son parti et de la gauche. Ne rien dire, c'était avaliser ; sanctionner, c'était diviser. Personne n'a voulu dire pourquoi nous en étions là. Evidemment, François Hollande n'a pas eu la partie facile. Il fallait maintenir l'unité du parti, éviter une scission et réaffirmer une majorité. Je l'ai aidé, car rien ne sera possible sans le PS. Il faut surmonter les ressentiments et les rancœurs pour aller à l'essentiel : une opposition de projet à la droite.

138

Lundi 6 juin

Sarkozy annonce qu'il quittera le gouvernement fin 2006 pour se consacrer à la présidentielle. Comme s'il ne s'y consacrait pas tous les jours. Lionel Jospin aurait-il dû faire cela? Aurait-il dû démissionner au soir du 14 juillet 2001 lorsque Jacques Chirac l'attaqua sur l'insécurité? C'était ce que beaucoup préconisaient. Mais les arguments de Lionel Jospin étaient forts. Il arguait du sens de l'Etat et de ses responsabilités vis-à-vis de la gauche plurielle. Précipiter le conflit, et justement sur la question de l'insécurité, n'était peut-être pas une stratégie gagnante. Son bilan était positif et il voulait poursuivre sa tâche jusqu'au bout. Jospin a refusé de se comporter en politicien et de prendre la France en otage. C'est tout à son honneur. En août, à La Rochelle, il plaidait pour sa méthode faite de cohérence entre les objectifs et les moyens. La présidentielle était un objectif naturel pour la gauche. Elle méritait peut-être d'y mettre les moyens. Sarkozy ne s'embarrasse pas de tout cela. Je suis persuadé qu'instruit par la triple expérience d'Edouard Balladur, de Lionel Jospin et de Jacques Chirac, le ministre de l'Intérieur veut les avantages du pouvoir sans ses inconvénients. Mais l'annonce aujourd'hui d'une telle décision en dit long sur les craintes que Villepin inspire à Sarkozy. Jacques Chirac pensait utiliser Villepin pour contenir Sarkozy; ils sont maintenant trois en campagne.

Mercredi 8 juin

Comme tous les Français, Anne et moi devons choisir avant la fin du mois notre médecin traitant. Le choix ne sera pas difficile tant notre confiance va depuis des années au même praticien. Pourtant, cette nouvelle obligation née de la loi Douste-Blazy adoptée l'an dernier n'est pas satisfaisante. Elle fige la relation si complexe et si particulière qui lie le médecin au malade. C'est une réponse technocratique à un problème humain.

Beaucoup en conviennent désormais : Philippe Douste-Blazy n'a pas vraiment essayé de réformer notre système de santé, ni même d'assurer la sauvegarde financière de notre système de protection sociale. Il a certes manié abondamment l'illusion : évocation nostalgique du médecin de famille, apparition magique de la « fée technologie » sous la forme du dossier médical personnalisé qui devait tout à la fois diriger nos pas sur le parcours de santé, débarrasser les médecins de toute activité superflue et réguler financièrement notre système.

Pourtant, quelques mois plus tard, même les mieux disposés ne pouvaient que déchanter. A l'automne 2004, avec la nouvelle convention médicale, les dernières brumes de l'illusion se dissipèrent. A l'évidence, le gouvernement n'avait d'autre projet que de servir une certaine vision corporatiste et clientéliste, étriquée, sacrifiant, au profit des spécialistes, le médecin généraliste qui devait pourtant être au cœur du système du médecin traitant. Pour l'assuré, ce qui devait être un parcours de soins se transformait en un labyrinthe incompréhensible et coûteux.

Les socialistes ont eu raison de dénoncer à l'Assemblée cette fausse réforme. Si la loi Fillon sur les retraites était injuste et insuffisante, la réforme Douste-Blazy n'aura été pour l'essentiel qu'un énorme tour de passe-passe consistant à reporter sur les générations futures la masse des déficits accumulés entre 2002 et 2007. Au total, plus de 60 milliards d'euros! Avec les intérêts, c'est bientôt presque une année pleine de fonctionnement de l'assurance-maladie qui pèsera à partir de 2007 sur nos comptes sociaux. Que n'aurait-on dit si un gouvernement de gauche avait procédé ainsi ?

Je suis attaché à l'équilibre de nos comptes sociaux, non par orthodoxie financière, mais parce que leur équilibre est le gage de leur pérennité. Mais je sais aussi qu'une réforme purement financière est vouée à l'échec. On a souvent vanté la qualité du système de santé français. Je m'en réjouis. Il faut pourtant constater que ce modèle se dégrade dans ses fondements mêmes.

Tout d'abord, les inégalités devant la santé comme devant la mort sont en France parmi les plus fortes des pays développés. Notre politique de santé publique est insuffisante. La santé au travail, la nutrition, la santé environnementale et la prévention de la dépendance des personnes âgées restent des domaines sinistrés de l'action gouvernementale. A cela s'ajoute la dégradation de l'accès aux soins. Partout en France, à l'exception peut-être des principales métropoles, les élus m'interpellent sur les déserts médicaux qu'ils constatent ou qu'ils voient poindre. Ce sont bien sûr les zones rurales les plus fragiles qui sont les premières touchées. Mais l'élu de banlieue que je suis constate que les zones urbaines les plus défavorisées sont désormais victimes du même phénomène. Les inégalités territoriales viennent s'ajouter aux inégalités financières.

Comme élu, il est de plus en plus fréquent qu'on me demande d'intervenir pour hâter l'obtention d'un rendez-vous, d'une consultation ou d'un examen qui n'est proposé qu'à plusieurs semaines, voire plusieurs mois, ou même qu'on vienne me demander conseil sur le choix d'un médecin, d'un hôpital ou d'un traitement. Est-il admissible qu'un patient qui ne bénéficie pas d'un solide réseau de relations ait toutes les peines du monde à s'orienter dans le dédale médical ?

Je suis persuadé que l'avenir de notre système de santé est au cœur des préoccupations des Français. Je crois qu'il faut aujourd'hui une approche radicalement différente. Nous retrouvons ici le socialisme de l'émancipation. Réparer ne suffit plus. La logique de prévention doit s'ajouter à la logique de réparation pour permettre une réelle égalité des chances dans le domaine de la santé – c'est aussi un moyen pour mieux maîtriser les dépenses.

Il nous faut sortir du tout curatif et agir en amont pour empêcher l'apparition de la maladie, en généralisant par exemple les politiques de dépistage à l'échelle nationale. Nous devons également concentrer les moyens publics sur ceux dont le « capital santé » est le plus faible. L'idée que l'on ne puisse pas se soigner pour des raisons financières est inacceptable. Certains grands chantiers doivent enfin être mis en œuvre. Je pense à la lutte contre le tabagisme, l'alcoolisme, la toxicomanie ou encore l'obésité, notamment chez les plus jeunes. Je pense aussi à une refonte globale du dispositif d'accès aux professions de santé et à l'indispensable amélioration des conditions de travail de l'ensemble du corps médical.

La santé est le plus intime de nos droits, le bien le plus précieux que la collectivité a en charge. Une société juste n'oublie pas ses malades.

Samedi 11 juin

Enfin libres ! Après cent cinquante-sept jours d'absence, de silence et de détention, après tant d'inquiétudes et de faux espoirs, Florence Aubenas et Hussein Hannoun sont libres.

*

Le gouvernement revient sur l'idée de sélectionner les meilleurs élèves des lycées de banlieue pour les envoyer dans les classes préparatoires des bons lycées parisiens. Je m'interroge sur le bien-fondé de cette politique.

En 1997, alors que j'étais maire de Sarcelles, les enseignants du lycée Jean-Jacques Rousseau sont venus demander mon aide : la classe préparatoire aux grandes écoles était menacée de fermeture. Après quelques semaines de discussion, nous avons obtenu que l'une des seules « prépas » des départements du Val-d'Oise et de Seine-Saint-Denis puisse être sauvée. J'ai, à cette occasion, acquis la conviction que le problème n'était pas d'extraire quelques élèves de leurs quartiers pour sauver des individus méritants, mais de permettre au plus grand nombre d'avoir une chance d'entrer dans ces grandes écoles. Pour cela, c'est dans les banlieues qu'il faut développer des « prépas ». L'expérience montre qu'en leur absence, les élèves des lycées des quartiers populaires choisissent spontanément des formations supérieures courtes (BTS ou IUT), même lorsqu'ils auraient les capacités de faire des études plus poussées. Pourquoi ? Parce qu'en général, ils n'ont pas assez confiance en eux pour s'imaginer à la hauteur, parce qu'il y a peu d'exemples de parcours de ce type dans leur environnement. Quand on retire les bons élèves pour les envoyer dans un lycée prestigieux, le message est clair pour ceux qui restent. Ils comprennent sans le dire que leur lycée n'est pas un lieu où l'on a des chances d'apprendre et de réussir, puisque les meilleurs le quittent. Ils entendent que la réussite et l'ascension sociale ne sont réservées qu'à une élite extrêmement restreinte.

Lutter efficacement pour l'ascension sociale par l'éducation, c'est montrer à ceux qui ne l'imaginent pas qu'ils peuvent eux aussi accéder à une formation de qualité. C'est redonner à l'éducation les moyens de renouer avec la lutte contre les inégalités. En installant des pôles d'excellence dans les lycées des quartiers populaires, on facilite non seulement le repérage des meilleurs éléments, mais on permet surtout à chacun de prendre conscience des études auxquelles il peut prétendre.

Les élèves des lycées des quartiers populaires ne sont ni plus ni moins travailleurs, ni plus ni moins intelligents que ceux des lycées plus favorisés. Ce sont les handicaps sociaux auxquels ils sont confrontés qui restreignent leurs moyens, obscurcissent leur horizon et les empêchent parfois de croire en leurs capacités. La promotion sociale par l'éducation en milieu populaire est un enjeu fondamental si l'on veut que la France soit en mesure de former l'ensemble d'une génération à la hauteur de ses aptitudes.

Mardi 14 juin

Conférence de presse de Florence Aubenas, rayonnante, lumineuse malgré l'épreuve. On en sait un peu plus sur les conditions de sa libération. Sur celles, surtout, de sa détention. L'image fait passer un message fort : ne jamais oublier les otages, car à travers les murs de leurs prisons leur parvient l'écho de nos soutiens. Je veux espérer que notre persévérance permettra la libération d'Ingrid Betancourt, otage depuis quatre ans des FARC en Colombie.

Mercredi 22 juin

La communauté d'agglomération « Val de France », que je préside et qui regroupe quatre communes de l'est du Val-d'Oise (Sarcelles, Villiers-le-Bel, Garges-lès-Gonesse et Arnouville-lès-Gonesse) a lancé, avec la participation de deux communes voisines, Gonesse et Goussainville, un programme local de l'habitat intercommunal.

Il s'agit de réfléchir aux diverses questions que pose l'habitat dans ces communes populaires, tant pour ce qui concerne le logement social que le logement privé (copropriétés, centres anciens, secteurs pavillonnaires...).

Un séminaire a été consacré à ce sujet ce 22 juin, à l'initiative du maire de Sarcelles, François Pupponi. Elus, bailleurs sociaux, professionnels du logement, fonctionnaires, associations : toutes les parties concernées sont présentes. Trois ateliers abordent la plupart des problèmes posés : manque cruel de logements sociaux (près de 5 000 demandes de logement en attente à Sarcelles !), copropriétés dégradées, besoins spécifiques des personnes âgées, handicapés, jeunes, gens du voyage...

La gravité des problèmes est saisissante et les contradictions nombreuses, voire brutales. Sans logement, il n'y a pas d'insertion sociale possible. Mais qui veut encore construire des logements sociaux là où ils sont déjà nombreux? Comment lutter contre les discriminations, changer l'image des villes populaires, sans pouvoir au préalable stabiliser les populations existantes? Comment faire lorsqu'il y a des milliers de familles en attente d'un logement décent qui viennent frapper à la porte?

On ne s'en sortira pas avec quelques vœux pieux et deux ou trois banalités sur la mixité sociale. Contraindre les communes qui ne remplissent pas leurs obligations à construire des logements sociaux pour atteindre ce fameux seuil de 20 % prévu par la loi SRU [1], c'est utile. Alourdir les sanctions pour cela, c'est nécessaire. Mais ne rêvons pas. Les centaines de milliers de logements qu'il faut pour répondre à la demande supposent une action d'une tout autre ampleur. Il faut une détermination au moins égale à celle des années 1950, quand le plan Courant a été lancé à la suite notamment de l'appel de l'abbé Pierre. Alors, osons! Même si cela doit faire grincer quelques dents, il faut construire de nouvelles villes. Si possible à la proximité immédiate des villes existantes. Sinon à partir d'un village. Mais il ne faut pas hésiter. Ce sont de villes entières dont nous avons besoin, en tenant compte bien sûr de l'expérience et, parfois, des erreurs de conception de l'épopée des années 1950 et 1960.

Jeudi 23 juin

Nouvelles publications alarmantes des prix de l'immobilier en France. Mois après mois, la bulle immobilière enfle. Partie de la capitale, elle s'est étendue aux grandes villes de province, puis à la campagne. Elle s'est

---

1. Solidarité et renouvellement urbains.

transformée en crise sociale majeure : les Français ont de plus en plus de difficultés à se loger.

Le budget consacré au logement a explosé : il représente plus de 30 % du budget total des ménages – au détriment du reste. Pour ceux qui ne sont pas propriétaires, l'accession à la propriété est un rêve qui s'éloigne. Les familles qui s'agrandissent doivent abandonner les centres-villes, trop chers, pour vivre en banlieue, de plus en plus loin de leur lieu de travail. Les classes moyennes s'entassent dans des appartements trop petits. Les jeunes n'arrivent plus à se loger : les loyers sont trop élevés, les garanties et cautions deviennent déraisonnables – jusqu'à deux ans de loyers! Du coup, un nombre croissant de Français se tournent vers les HLM, engorgent ces dispositifs et en évincent les familles les plus pauvres : il y a 1,3 million de demandeurs de logements HLM en Île-de-France!

Que s'est-il donc passé? L'exception française du logement abondant et peu cher a vécu. Les prix français rejoignent les prix internationaux de l'immobilier. L'explication est simple : l'offre de logement augmente beaucoup moins vite que la demande. La demande est très dynamique, pour des raisons variées. Vitalité démographique. Explosion des divorces. Volonté d'autonomie immobilière des étudiants pendant leurs études. Développement des « résidences secondaires » pour les familles aisées. Mondialisation de l'immobilier : les étrangers achètent désormais massivement à Paris et dans les zones touristiques. Face à ce dynamisme de la demande, l'offre ne suit pas.

Un groupe de travail réuni par *A gauche, en Europe,* et comprenant des urbanistes, des architectes, des sociologues de l'habitat, m'a remis son rapport. J'en tire plusieurs pistes pour dynamiser l'offre de logement, en distinguant trois secteurs : le secteur public, le secteur conventionné (privé aidé) et le secteur libre.

La France dispose encore d'un noyau dur de secteur public de l'habitat : les HLM, les offices publics, les SEM [1]... Il nous faut mobiliser cette exception française au

---

1. Sociétés d'économie mixte.

profit d'une politique volontariste de construction locative sociale. Avec un objectif ambitieux : la construction de 100 000 logements sociaux par an, contre à peine plus de 50 000 aujourd'hui. Cet effort généraliste devra être accompagné de politiques de logements spécialisés – pour les mal logés, les étudiants, les personnes âgées.

Dans le secteur conventionné, les avantages fiscaux consentis par la collectivité viennent compenser l'engagement pris par le propriétaire d'accepter un loyer social. La loi Robien a dévoyé le système puisqu'aujourd'hui chacun peut bénéficier de ces avantages en logeant ses enfants ou ses ascendants. Il faut revenir à la logique du secteur conventionné qui était celle de la législation précédente (loi Besson) : une aide fiscale à l'achat ou à la construction d'un logement ; en échange, un engagement de location sociale.

L'essentiel de l'effort doit toutefois porter sur le secteur libre. Pour relancer la construction, il faut des terrains à bâtir. Il faut donc augmenter fortement les taxes sur le foncier non bâti : le foncier inutilisé doit avoir un coût ! Il faut aussi réfléchir à une augmentation de la densité de population en ville. Bertrand Delanoë a raison : étudier la possibilité de construire des tours autour de la zone d'aménagement proche de la Bibliothèque nationale de France est une bonne idée.

Mais je crois que l'idée la plus innovante est celle des nouvelles villes. Je l'ai déjà évoquée. J'y reviens plus en détail. Aujourd'hui, l'offre foncière en milieu urbain est rare et contrainte. Elle vient souvent de terrains enclavés, pollués (friches industrielles), soumis à des nuisances sonores, souffrant de contraintes géologiques, occupés par des constructions qu'il faut démolir avant de rebâtir. C'est cher et difficile. Il est plus facile d'implanter de nouvelles villes sur des terrains agricoles, donc peu chers et échappant aux contraintes des schémas directeurs – des « aires de polarité urbaines », comme les appelle l'architecte Jean-Patrick Fortin. Certes, les villes nouvelles des années 1960 sont aujourd'hui l'objet de beaucoup de critiques. Mais nous ne sommes pas obligés de reproduire les mêmes erreurs : loin des villes-dortoirs que l'urbanisme fonctionnel a produites, ces aires pourraient être fondées sur une intense mixité des fonctions. C'est d'autant plus facile que l'activité est aujourd'hui tertiaire et non plus industrielle, et donc plus aisée à intégrer dans l'habitat. Ces implantations ne devraient pas être enclavées mais, au contraire, connectées au réseau régional – aux gares ou aux échangeurs autoroutiers.

Vendredi 24 juin

Un juge de Colmar est accusé par Nicolas Sarkozy d'avoir remis en liberté « l'assassin présumé » de Nelly Cremel. Nicolas Sarkozy veut faire « payer » le juge pour « sa faute ».

Une jeune femme a été tuée alors qu'elle faisait son jogging, le 2 juin dernier. C'est un meurtre tragique, une mort pour rien. Une famille voit son destin fracassé. Deux hommes ont été arrêtés. L'un d'eux, précédemment condamné à perpétuité, avait peu auparavant bénéficié d'une libération conditionnelle. Le débat est relancé.

Toujours à l'affût des émotions populaires, Nicolas Sarkozy s'est exprimé. Il entend veiller au bon fonctionnement de l'institution judiciaire. Il n'en a pourtant pas la responsabilité. Mais au nom du « bon sens », le ministre de l'Intérieur s'indigne : comment peut-on mettre en liberté un assassin déjà condamné, qui plus est à perpétuité ? Le juge qui a décidé cette libération conditionnelle a donc commis une erreur. Il doit être sanctionné. Il doit « payer ». Comme toujours, le choc des mots.

Rendre la justice est sans doute l'une des missions les plus difficiles dans une démocratie : au-delà de la règle de droit, les juges doivent pouvoir tenir compte des facteurs humains.

Le juge qui a remis en liberté le meurtrier de Nelly Cremel a-t-il commis une faute juridique ? Non. Dans le cas inverse, il pourrait être sanctionné par les autorités compétentes. S'est-il trompé dans l'appréciation de la situation ? Probablement. Mais il n'est pas le seul, puisque la libération conditionnelle a été prononcée par un collège de trois magistrats sur la base des expertises et des avis requis. Que dira-t-on demain si des innocents sont maintenus en prison au nom du principe de précaution ?

Je me refuse à opposer les statistiques à l'émotion ; mais je me refuse tout autant à récuser les statistiques au nom de l'émotion. Supprimer toute libération conditionnelle serait une grave régression : sur un plan moral, ce serait la négation de toute possibilité de rachat ; pour le fonctionnement des prisons, ce serait se résigner à ce qu'elles soient de simples lieux d'enfermement, sans mission de réinsertion – au surplus, les études montrent qu'il y a moins de 1 % de récidive en matière criminelle.

Ne peut-on rien faire ? Bien sûr que si. Nicolas Sarkozy annonce des mesures de durcissement des conditions de détention. Je crois au contraire qu'il faut accorder plus d'attention et de moyens à la réinsertion des détenus en prison, à la préparation de leur sortie, au suivi de leur libération conditionnelle.

Cette affaire pose aussi la question fondamentale de la responsabilité du politique. Il lui appartient d'expliquer la complexité des choses. Le populisme de Sarkozy le lui interdit.

Jeudi 30 juin

L'alliance que j'ai conclue avec François Hollande en vue du congrès du Parti socialiste est rendue publique. Nous nous sommes enfin parlé. François a eu des mots aimables pour la première fois depuis 2002 : « Sans toi, le congrès est perdu. Je veux gagner la présidentielle. Je choisirai le meilleur. Tu as progressé dans le parti, j'en conviens. Tu seras consulté. Tu avais raison, il faut que l'on se voie à quelques-uns plus régulièrement. » Dans ces

149

moments, François Hollande est toujours sincère et agréable, astucieux, caustique envers les autres. Malheureusement, je sais d'expérience qu'ils ne durent guère. J'évoque l'idée qu'il doit, pleinement et sans arrière-pensée, se consacrer à son poste de premier secrétaire. Il me répond avec empressement « tout à fait ». Il souhaite se remettre sur pied. Je souhaite une majorité claire. Je le sais en difficulté ; certains de mes amis me pressent de me distinguer et de me compter, enfin, sur mes idées dans le Parti. Ce n'est pas le choix que je retiens, bien que je sois tenté : je décide au contraire de soutenir d'emblée François Hollande. Le PS a été bousculé, divisé, humilié. Il faut lui redonner stabilité, cohérence et capacité à proposer : il est trop fragile pour qu'on lui impose une nouvelle crise. La victoire de la majorité que je souhaite est loin d'être assurée. Je ne veux pas faire prendre le moindre risque au PS. On ne peut pas prétendre incarner l'intérêt général d'un pays en commençant par diviser les socialistes. Ma seule exigence sera un réformisme assumé, une vraie ligne social-démocrate. François Hollande m'assure ne pas avoir d'autre ambition. J'en souris, mais cela ne m'empêche pas de faire ce que je crois être juste.

Vendredi 8 juillet

Rencontre importante avec Patrick Weil et Jean-Marie Delarue hier. Au menu : l'immigration et, plus précisément, l'idée de mettre en place des quotas pour réguler l'entrée sur le territoire. Malek Boutih, secrétaire national et ancien président de SOS Racisme, a rédigé une note plaidant pour cette solution – en rupture avec la position traditionnelle du Parti socialiste. Interrogé il y a quelques jours à la radio, j'ai été prudent mais je n'ai pas caché mon intérêt. Pourquoi ? Parce que, d'une part, je pense qu'il faut trouver un mode de régulation plus réaliste que le slogan creux et dangereux de « l'immigration zéro » et que, d'autre part, j'ai en mémoire la circulaire sur les informaticiens que Martine Aubry avait signée et qui instituait une forme de quotas.

La discussion avec ces deux experts a fait évoluer ma réflexion : autant sur les principes et sur les valeurs, il faut savoir se montrer ferme, autant sur les moyens et les instruments, il faut avoir l'intelligence de se montrer souple. Leurs arguments ? Les quotas sont inefficaces : on ne sait pas davantage faire respecter un quota « x » qu'un quota « zéro ». Les quotas sont inéquitables : ils « aspirent » la main-d'œuvre qualifiée de pays qui en ont besoin pour leur développement. Les quotas sont inopérants : ils concernent essentiellement les travailleurs qualifiés pour lesquels tous les instruments dérogatoires existent déjà. Bon. Il va falloir reprendre la réflexion sur d'autres bases.

Lundi 11 juillet

Ça y est ! Le gouvernement a trouvé l'urgence du moment : réformer, pour l'alléger, l'impôt sur la fortune. C'est fascinant : chacun concentre son énergie créatrice sur ses propres priorités. Ainsi, avec une régularité de métronome, la droite invente mois après mois de nouveaux dispositifs pour augmenter le pouvoir d'achat de la petite poignée de Français qui vit le plus aisément. Elle choisit d'affecter en leur faveur les marges de manœuvre disponibles – et même celles qui ne le sont pas.

Est-il nécessaire d'alléger l'ISF ? Je ne le crois pas – et je ne dis pas cela parce que, à Bercy, j'avais pris la décision inverse en créant la tranche supérieure de cet impôt. En effet, le niveau global d'imposition du patrimoine se situe, en France, souvent en dessous de celui de pays considérés comme plus « libéraux » que nous, à commencer par les Etats-Unis. Quant au principe même de l'imposition du patrimoine, il ne devrait pas être remis en question – y compris par les plus « libéraux ». Je n'évoque même pas la solidarité qu'il symbolise ni les rentrées fiscales qu'il génère – environ 2,5 milliards d'euros, ce qui n'est pas négligeable. Je pense simplement à la logique économique qu'il porte : il est de l'intérêt collectif de pousser le capital à être productif et tel est l'objet de la fiscalité sur le patrimoine ; c'est d'ailleurs la raison pour laquelle Maurice Allais, qui n'est pas connu pour être un affreux gauchiste, y est favorable, à un taux faible il est vrai.

Le débat n'est pas pour autant définitivement clos.

Est-il en effet possible d'améliorer cet impôt ? Je le crois. La principale faiblesse actuelle de l'ISF, c'est qu'il ne s'adapte pas aux changements de situation. Situation conjoncturelle d'abord : son taux est fixe alors que, selon les périodes, le capital rapporte plus ou moins. L'impôt est dû dès lors que le patrimoine dépasse un certain seuil, même si le détenteur de ce patrimoine n'y est pour rien. C'est ce qui s'est passé pour certains des propriétaires de l'île de Ré qui, en raison de la spéculation foncière, voyaient leurs terres agricoles réévaluées alors même que le rendement qu'ils pouvaient en attendre était identique. Pour le premier cas, on pourrait par exemple indexer le taux d'imposition de l'ISF sur le taux de rendement des obligations. Pour le second cas, on pourrait reporter le paiement de l'ISF au moment de la vente du bien ou de l'ouverture de la succession. Il est facile de trouver des solutions techniques : il suffit de faire preuve d'un peu d'imagination.

Reste un problème particulier qui a souvent été évoqué ces derniers temps, à propos notamment de la vente d'un grand groupe familial industriel et hôtelier. Que s'est-il passé ? Après la vente du groupe, certains membres de la famille sont devenus redevables de l'ISF car leur patrimoine n'était plus leur outil de travail. Certains d'entre eux ont considéré que cela était insupportable et ont menacé de quitter la France, qui pour la Suisse, qui pour la Belgique. Au-delà de ce que chacun peut en penser sur le plan moral, quelles conclusions peut-on en tirer sur le plan économique ? En achetant l'entreprise, un fonds de pension américain a fait entrer de l'argent en France ; en s'expatriant, le groupe en a fait sortir : au total, c'est au pire un jeu à somme nulle. Quant aux actifs – notamment immobiliers –, ils restent en France. La seule question, en définitive, concerne la perte de recettes fiscales entraînée par ces départs. Mais je ne crois pas que l'allégement de l'ISF soit de nature à changer ce type de comportements. L'attitude qui voudrait qu'on baisse son taux pour éviter de perdre des recettes ressemble fort à celle de Gribouille qui se jetait dans la rivière pour ne pas être mouillé par la pluie. En revanche, je suis convaincu qu'il est nécessaire de réformer l'ISF pour le rendre plus adapté aux évolutions de notre société.

Jeudi 14 juillet

Nicolas Sarkozy donne sa propre « garden-party », concurrente de celle de Jacques Chirac qu'il compare à Louis XVI! Vaudeville du pouvoir.

Quelle aurait été la réaction du général de Gaulle ou de François Mitterrand? Mais avec ces deux-là, Nicolas Sarkozy aurait-il osé le faire? Etonnante, quand même, l'image d'un ministre de l'Intérieur censé faire respecter l'ordre et constamment fauteur de troubles républicains! La crise est ainsi installée au cœur de l'Etat. Cet homme résiste peu à la pression médiatique. Il est trop « média dépendant » pour être réfléchi. Je crois que c'en est dangereux.

Mardi 19 juillet

Rendez-vous à la mairie de Paris avec Bertrand Delanoë, quelques jours après l'échec de la candidature de Paris à l'organisation des Jeux olympiques qui, comme beaucoup de Français, m'a désolé. Discussion comme je les aime : décontractée et directe. Sur la décision du Comité olympique, je le trouve amer mais pas abattu. Sur la situation politique – le congrès et l'élection présidentielle –, je le retrouve égal à lui-même – il m'explique à nouveau les raisons pour lesquelles il espère le retour de Lionel Jospin – et acéré – il me livre une analyse sur les uns et les autres qui ne manque ni de sel ni de piment... Nous convergeons pour considérer qu'à plus d'un an de la désignation, la situation reste très ouverte. Bertrand a une personnalité attachante, sensible et intelligente. Je ne suis pas surpris qu'il réussisse si bien à Paris.

Mercredi 20 juillet

Une nouvelle polémique enfle dans la presse parisienne : quotidiens et hebdomadaires se déchirent à propos d'un prétendu « scandale » au Festival d'Avignon. Au cœur de la polémique, les spectacles donnés dans la cour d'honneur et le rôle de l'artiste invité, le chorégraphe Jan Fabre. *Le Figaro* a donné le ton : les choix esthétiques de ceux qui sont désignés comme les « jeunes » directeurs du Festival les conduiraient vers un théâtre sans théâtre, un théâtre sans texte. Dans une salle, une spectatrice citée par *Le Monde* aurait même crié : « Qu'avons-nous fait pour que vous nous fassiez souffrir comme cela ? » Il y a désormais les « pro »-Avignon qui dénoncent une nouvelle forme de censure, soulignent le succès public de la manifestation et insistent sur le caractère hybride du nouveau théâtre : danse, performances, vidéo s'y mêleraient pour produire des spectacles d'un genre inédit, correspondant à l'époque. Les « anti »- se plaignent qu'aucun grand texte n'ait été joué dans la Cour d'honneur. La presse rapporte que même le ministre de la Culture a dû s'immiscer dans la polémique : tout en se défendant d'intervenir dans le choix des programmateurs, il dit souhaiter être fortement associé à la programmation du soixantième anniversaire ! Ne m'étant pas déplacé à Avignon cette année, je ne peux juger les spectacles proposés. Des amis m'ont rapporté que les œuvres de Jan Fabre présentées dans la

Cour d'honneur n'étaient pas dépourvues de qualité chorégraphique; d'autres, à l'inverse, ont trouvé insupportable la scatologie mise en scène. Dans la bataille idéologique qui se livre à longueur de colonnes, il faut aussi faire la part, je suppose, de l'excès et de la passion qui font toujours le sel des querelles artistiques. Depuis Jean Vilar lui-même, en passant par mai 68, jusqu'aux dernières programmations du précédent directeur Bernard Faivre d'Arcier, les querelles sur « la fin d'Avignon » sont récurrentes.

Je sens bien pourtant que quelque chose ne va plus tout à fait dans le spectacle vivant. Au-delà du débat sur les intermittents, la question du rapport avec le public est centrale. Je lis ici ou là des théorisations intéressantes sur le sujet. J'ai beaucoup d'estime pour le travail de Bernard Sobel, qui refuse tout compromis sur le terrain de la conquête du public. Mais, pour moi, Jean Vilar reste d'abord l'homme du Théâtre national populaire, celui pour lequel le théâtre était un service public à l'instar du gaz et de l'électricité, celui qui allait chercher les spectateurs dans les usines grâce aux comités d'entreprise et dont la plus grande fierté était de faire jouer *Le Cid* devant des ouvriers. Cet idéal-là a-t-il perdu son sens? Je ne le crois pas. Lorsqu'on va au Festival, on est frappé d'une chose : un public nombreux s'y presse, assez divers et varié dans sa composition. Mais lorsque l'on quitte le palais des Papes pour aller vers la gare, on croise de nombreux jeunes de toutes origines qui se baladent sans que le Festival ne leur dise quoi que ce soit. Cette situation n'est pas acceptable. Je pense pour ma part qu'on ne doit pas, qu'on ne peut pas, renoncer à la quête qui fut celle de Jean Vilar : comment faire pour que cette culture soit accessible à tous ? Si la gauche ne fait rien en ce sens, elle manquera à sa mission. Et si l'on croit, comme je le pense, que l'activité culturelle est un formidable outil d'intégration, alors il nous faudra réfléchir attentivement aux moyens de toucher aussi ce public.

Le ministre délégué à la Promotion de l'Egalité des Chances, Azouz Begag, annonce aujourd'hui la mise en œuvre, à titre expérimental, d'un dispositif d'intervention immédiate de la police en cas de discrimination à l'entrée d'une discothèque. Il va d'abord être mis en place à Paris et sera ensuite généralisé. Je ne m'en plains pas. La lutte contre les discriminations est aussi affaire d'organisation. En l'espèce, il s'agit de faire appliquer la loi. Comme les comportements discriminatoires sont insidieux, hypocrites et clandestins, il faut prendre leurs auteurs sur le fait pour les faire condamner.

La symbolique des discothèques ne doit pas être sous-estimée. C'est une discrimination visible, brutale, qui touche les jeunes et les exclut. De plus, il est assez facile de la prouver si un policier est à l'entrée. Le refus de laisser entrer, s'il ne peut se fonder sur un reproche précis, pourra aisément être qualifié de raciste. Je veux prendre le gouvernement au mot : à lui de mettre en œuvre les moyens nécessaires pour que sa politique ne se résume pas à quelques effets d'annonce.

Pour autant, cela ne suffit pas. L'égalité devant la loi, principe fondateur de la République comme le proclame notre Constitution, n'est plus assurée. Les discriminations insidieuses touchent une part croissante de nos compatriotes. Ceux d'origine étrangère qui sont souvent de confession musulmane, bien sûr. Mais aussi les Français d'outre-mer. La couleur de la peau, en France, à l'aube du XXIe siècle, reste un facteur de discrimination d'autant plus insupportable que la plupart de ceux qui en sont victimes sont nés sur le sol français, sont français et veulent que la France les reconnaisse comme ses enfants. Il est temps, grand temps, de combattre avec force les délits de faciès, les délits d'adresse, les délits de patronyme. Dans le domaine de l'emploi, la situation est la même. Les jeunes issus de l'immigration sortent plus souvent que les autres de l'école sans qualification ; et lorsqu'ils ont un diplôme, la consonance de leur nom, leur adresse, la couleur de leur peau constituent des obstacles réels... mais il est difficile de le prouver. Il est donc urgent de lutter contre cette discrimination négative. Depuis quelque temps, une proposition semble tenir lieu de recette miracle : le CV anonyme. La gauche l'avait proposé, et le Sénat s'y était opposé ! Je n'y suis pas totalement hostile, mais il ne faudrait pas y voir plus qu'un adjuvant. C'est aussi pour les entreprises un moyen facile de se donner bonne conscience : puisque le CV était anonyme, c'est bien qu'il n'y a pas eu de discrimination. C'est oublier un peu vite que peu de recrutements se font sans entretien préalable. Il faudra que les actes – c'est-à-dire les embauches – suivent.

Pour cela, j'ai une proposition à faire. Elle s'inspire des zones franches mises en place par la droite dans les années 1990. Ces zones franches n'ont pas bonne presse. Il paraît qu'elles n'ont pas vraiment réussi à créer des emplois : c'est du moins ce que disent les rapports officiels. Il y en a une à cheval sur Sarcelles et Garges et je dois dire que, même s'il s'agit peut-être d'une exception, elle a été à l'origine de la création de milliers d'emplois. Qu'il s'agisse pour beaucoup d'emplois « délocalisés », c'est-à-dire d'entreprises qui existaient ailleurs et qui sont venues profiter des avantages de la zone franche, ne change rien à l'affaire. L'objectif était bien d'avoir des emplois dans ces zones, même au détriment d'autres territoires mieux lotis. Le problème, c'est que seule une partie des emplois créés sont occupés par des salariés de Sarcelles ou de Garges. C'est que nombre d'entre eux sont peu « employables » et même les entreprises venues ici, attirées par la zone franche, recrutent ailleurs en détournant les dispositifs légaux qui devraient les contraindre au contraire. C'est pourquoi je réfléchis à une autre idée que, faute de mieux, j'appelle aujourd'hui les « salariés francs ». Il s'agirait d'attacher les avantages donnés sous forme de subvention ou d'exonération fiscale ou sociale à l'individu qui réside dans la zone que l'on veut favoriser plutôt qu'à la zone elle-même. Ainsi, où que soit localisée l'entreprise susceptible de l'embaucher, le Sarcellois se verra doter d'un « bagage » qui le rendra plus attractif qu'un autre : voilà, je crois, un moyen de lutter contre les discriminations négatives dont il pâtit.

Vendredi 19 août

Je viens de terminer la lecture du rapport du groupe de travail sur l'urbanisme d'*A gauche, en Europe*. On trouvait notamment dans ce groupe le sociologue de la ville Jacques Donzelot et Olivier Mongin, directeur de la revue *Esprit*.

Je suis enthousiaste. Le rapport produit par le groupe illustre parfaitement une véritable clé de lecture de la société contemporaine : aujourd'hui, les inégalités sociales sont avant tout des inégalités territoriales. Dit autrement, le facteur explicatif des inégalités contemporaines, ce n'est plus, principalement, la classe sociale, mais aussi le lieu de naissance.

L'analyse repose sur une division en trois du territoire. D'un côté, les centres-villes « gentrifiés » des familles aisées. Ces familles ont fait sécession du reste de la société et habitent dans des territoires qui concentrent tous les avantages : réseau social, écoles de haut niveau, qualité de l'environnement urbain, sécurité, proximité des équipements culturels...

A l'opposé, les cités, où sont reléguées les classes populaires. Elles présentent tous les handicaps : pauvreté, chômage de masse, échec scolaire, concentration de primo-arrivants, dégradation des logements, faiblesse des équipements publics, absence de transports publics, insécurité...

Au milieu, les vastes zones péri-urbaines des classes moyennes. Leurs habitants rêvent de pouvoir rejoindre les territoires aisés, mais ils en sont empêchés par la barrière invisible du prix de l'immobilier. Ils craignent à l'inverse d'être rattrapés par les plus pauvres, d'ici et surtout d'ailleurs, qu'ils perçoivent comme une menace pour leur sécurité et la qualité de scolarisation de leurs enfants. Cette menace est d'autant plus fortement ressentie que ses symboles urbains, les barres des HLM, sont visibles depuis leur lieu de résidence. Prisonnières de cet entre-deux, placées dans une situation instable, aspirant à la promotion sociale mais craignant la relégation, les classes moyennes se sentent oubliées des pouvoirs publics.

Territoire des « nantis », territoire des « oubliés », territoire des « exclus ». Ces fractures territoriales verrouillent l'avenir des individus et leur assignent des destins sociaux écrits d'avance. La République se fragmente. La France ne fait plus société.

Il nous faudra une politique urbaine radicale visant à casser la ségrégation territoriale.

D'abord en investissant massivement dans les quartiers populaires pour qu'ils deviennent des quartiers de réussite. Aujourd'hui, la collectivité aide moins ceux qui ont moins. Les communes qui concentrent les populations pauvres sont des communes pauvres. Les bases fiscales y sont très faibles. La politique de la ville pallie de manière très insuffisante le manque de ressources qu'elle est censée corriger.

Que faut-il faire ? L'inverse ! C'est-à-dire, comme je l'écrivais dans la note que j'ai présentée en mars au séminaire de Policy Network : donner plus de capital public à ceux qui ont moins de capital individuel. On doit dépenser plus d'argent par habitant à Vaux-en-Velin qu'à Neuilly, et non le contraire ! Ce qu'il faut, c'est lutter contre les discriminations territoriales. Cela passe par une refonte de la fiscalité locale et des finances de la politique de la ville, destinée à concentrer les financements publics sur les quartiers populaires. Et sans vouloir entrer abondamment dans la technique fiscale, je dirai que c'est la péréquation des ressources fiscales locales qui constitue l'instrument le plus adapté.

Il faut ensuite faciliter la mobilité territoriale vers les

territoires de la réussite. La loi « solidarité et renouvellement urbains » (SRU) a constitué un premier pas décisif
dans cette direction. Son article 55 prescrit un minimum
de 20 % de logements sociaux dans chaque commune.
Mais son bilan est modeste. Les sanctions sont trop
faibles : Neuilly préférera toujours payer l'amende plutôt
que de construire des logements sociaux. Les moyens sont
limités : ils reposent uniquement sur la construction
publique. Il faut une politique plus radicale.

Comment ? Une piste connue est le renforcement des
sanctions pour les communes qui refusent de construire
des logements sociaux. Je souhaite aller plus loin en
étendant les quotas de logements sociaux à la promotion
immobilière privée. Il est en effet impossible pour une
commune de financer seule la construction ou l'achat
massifs de logements sociaux dans ses quartiers aisés, où
le prix de l'immobilier est très élevé. L'idée est de faire
supporter une part de la charge par le secteur privé. C'est
ce que fait Bertrand Delanoë à Paris : le nouveau plan
local d'urbanisme de la ville obligera les promoteurs
privés à intégrer 25 % de logements sociaux dans leur
promotion neuve ou leur rénovation. Il faut étendre cette
obligation à toutes les communes.

Une autre idée, plus radicale encore, reposerait sur
l'extension des quotas de logements sociaux aux copropriétés existantes. Singapour a mis en place une politique
de ce genre. Avec succès.

Le logement est un domaine où la puissance publique
conserve d'importantes marges de manœuvre. Ici, pas de
contraintes imposées par la mondialisation. Même les
contraintes financières sont relatives : l'action passe
essentiellement par la réglementation. Lutter contre la
ségrégation territoriale est une question de volonté
politique.

Vendredi 26 août

J'ai participé ce matin à la mobilisation organisée par les présidents de région en gare de La Rochelle pour protester contre la menace de la SNCF et du gouvernement de supprimer un certain nombre de trains interrégionaux.

Cette nouvelle « bataille du rail » n'est pas anecdotique. Elle soulève un problème de fond. La SNCF semble en effet raisonner dans cette affaire comme le ferait n'importe quelle entreprise commerciale : elle part du constat que les grandes lignes « Corail », qui nous permettent aujourd'hui de traverser plusieurs régions françaises sans devoir passer par Paris, ne sont pas rentables ; elle envisage donc d'en supprimer un bon nombre. Mais si la SNCF est une entreprise, sa première mission reste d'assurer un service public. Le droit à la mobilité constitue un droit fondamental dans une société comme la nôtre. Les gens ont besoin de se déplacer pour se former, travailler, s'ouvrir aux autres. Personne ne peut être assigné à domicile pour des raisons financières. Il est ainsi vain de parler d'égalité des chances si les étudiants issus de milieux modestes ne peuvent pas prendre le train pour poursuivre leurs études à une certaine distance de chez eux. Nous sommes là au cœur de la mission des grandes lignes nationales. C'est pourquoi non seulement la rentabilité ne peut être le seul critère, mais il faut même sans doute diversifier les politiques tarifaires pour tenir compte des situations particulières – à l'instar de ce que certaines villes proposent aux chômeurs pour leurs transports urbains.

On peut bien sûr discuter de la politique de dessertes et de l'adaptation du service aux réalités démographiques, mais supprimer des trains est un contresens au plan social – sans même évoquer les considérations écologiques qui

161

devraient au contraire inciter les pouvoirs publics à encourager les transports collectifs. Loin d'être un fardeau pour la société, la socialisation du financement, et donc des pertes, est un choix fondamental.

Ce que le gouvernement a en tête, ce n'est pas tant la liquidation pure et simple de ces lignes que leur « désétatisation ». Après les TER (trains express régionaux) – qui ont été un franc succès –, on voudrait voir les régions se partager l'investissement et les déficits d'exploitation des TIR (trains interrégionaux). Nous touchons là à un autre problème : celui des transferts croissants de charges vers les régions. Sur le fond, je suis, comme la plupart des socialistes, un partisan de la décentralisation. Faire en sorte que les décisions en matière d'infrastructures et d'équipements collectifs soient prises au plus près des besoins est, sur le plan des principes, une bonne chose. En matière scolaire, il est clair que cela a amélioré la qualité de la prestation. Mais toute politique a un coût. La décentralisation n'est pas seulement une redéfinition des compétences entre l'Etat et les collectivités locales ; elle emporte aussi une redéfinition des efforts financiers entre les différentes catégories de contribuables. Actuellement, on peut ainsi considérer que le déficit des lignes nationales non rentables est assumé par les clients des lignes rentables, par exemple ceux du TGV, ou par l'ensemble des contribuables français à travers les interventions de l'Etat. Dans tous les cas, il y a là une certaine solidarité et une forme de redistribution. Il est clair en revanche que le transfert de cette charge aux régions, s'il n'est pas accompagné des dotations correspondantes, remettrait sérieusement en cause cette redistribution.

De façon plus générale, le gouvernement transfère des charges vers les collectivités locales sans transférer la totalité des moyens financiers correspondants. Il baisse l'impôt sur le revenu des couches aisées, oblige les départements et les régions à augmenter les impôts locaux sur l'ensemble des contribuables, sans mettre en place par ailleurs les péréquations nécessaires. Ces débats ne concernent pas seulement les élus. Cette politique, qui mêle des arrière-pensées politiciennes et une redistribution sociale « à l'envers », est la pire qui soit. Elle dévoie la belle idée de décentralisation. Elle mérite d'être dénoncée devant l'opinion. Après en avoir discuté avec Claudy Lebreton, le président des élus socialistes, et un certain nombre de présidents de conseils généraux (Augustin Bonrepaux, Yves Krattinger, Bernard Cazeaux, Jean-Jacques Lozach), je suis convaincu qu'il est nécessaire de lancer une campagne des élus socialistes contre les conséquences de la décentralisation version Raffarin puis Villepin.

Dimanche 28 août

L'université d'été s'est tenue une fois de plus dans la ville de Maxime Bono, le maire innovant de La Rochelle. Elle s'est bien passée – chacun respectant la volonté d'être unis dans le combat contre la droite. J'en retiens quatre moments.

Vendredi. Il y avait beaucoup, beaucoup de monde lors du traditionnel rendez-vous que je donne à mes amis dans le parti chaque vendredi soir de l'université d'été. Un signe ? Nous verrons. En tout cas, un encouragement à poursuivre la route avec sérénité et détermination. Je suis touché de voir dans les premiers rangs des élus qui me sont chers. Certains ont toujours cheminé avec Michel Rocard, comme Claude Evin ou Jean-Jacques Urvoas. D'autres sont d'authentiques mitterrandistes, comme François Patriat ou Catherine Tasca. D'autres encore ont un parcours singulier, comme Bernard Kouchner. Je les encourage tous à s'engager totalement pour que la motion que je signe avec François Hollande l'emporte lors du congrès – car rien n'est acquis.

Samedi. J'anime la table ronde consacrée à l'économie. J'ai préparé avec minutie mon intervention centrée sur les délocalisations. J'insiste sur la crainte légitime qu'elles inspirent. Au niveau macroéconomique, l'enjeu ne concerne pas principalement les entreprises qui se délocalisent au sens strict mais surtout les choix d'investissement des entreprises, françaises et étrangères. Au niveau microéconomique, ce sont à la fois des individus et des territoires qui sont durement touchés. Je défends l'idée qu'il existe un nouveau risque contre lequel il faut apporter de nouvelles protections : c'est ce que j'avais appelé dans *La Flamme et la Cendre* la « mutualisation des risques industriels », c'est que la CFDT appelle la « sécurisation des parcours professionnels », et la CGT la « sécurité sociale professionnelle ». Ceci vaut pour les individus. Pour les territoires : l'agence de réindustrialisation, la poursuite du versement de la taxe professionnelle plusieurs années après le départ de l'entreprise, et aussi les « nationalisations temporaires » qui ont eu un succès médiatique que je n'attendais pas. C'est une proposition qui concerne des PME – comme Sediver, dont j'ai déjà parlé. Et puis, au-delà du traitement curatif, je finis par le traitement préventif : l'économie de la connaissance – enjeu majeur mais lointain et abstrait – et la réorientation de notre fiscalité, au travers notamment de la TVA. Mon discours est applaudi debout – c'est, pour moi, une première à La Rochelle !

Dimanche. Surprise : Fabius n'a pas assisté à la séance finale. Il fera toujours mon étonnement.

Comme chaque année, j'ai rendu visite à Lionel Jospin sur l'île de Ré. Notre déjeuner fut amical et détendu. Lionel a passé l'été à travailler sur son livre – auquel il tient beaucoup. Nous avons, à nouveau, échangé sur le mariage des homosexuels : nous ne sommes toujours pas d'accord là-dessus. Pour le reste, nos analyses convergent.

Mardi 30 août

Les Français d'origine immigrée votent à gauche mais aiment Chirac ! *Le Monde* publie les résultats d'une enquête, cofinancée par la Fondation Jean-Jaurès, sur le rapport des Français issus de l'immigration à la politique.

De l'immigration maghrébine, africaine, turque, plus précisément. Deux chercheurs (Sylvain Brouard et Vincent Tiberj) se sont demandé si l'on pouvait parler d'un vote ethnique. D'un sentiment religieux qui dominerait les comportements. C'est passionnant : c'est la première fois qu'une telle enquête est menée. Cela laisse songeur...

Bonne nouvelle : ces Français sont tout simplement des Français. Ils se sentent français, sans gêne pour autant vis-à-vis de leur pays d'origine. Ils sont souvent musulmans, comme d'autres Français sont catholiques, et entretiennent dans leur grande majorité un rapport simple à leur religion.

Ce sont donc, avant tout, des Français comme les autres. Ni en marge, ni en rupture avec les principales valeurs de la société française. Ils refusent d'opposer leur foi à la République. Ils se reconnaissent massivement dans la laïcité (concept « très » ou « assez » positif pour 81 % des musulmans interrogés).

Ce sont des Français très attachés à la démocratie dont, plus que d'autres peut-être, ils connaissent le prix. Ils croient à la solidarité mais aussi à la réussite personnelle : belle synthèse, au fond, des aspirations de nos concitoyens! Ces Français d'origine immigrée votent par ailleurs plutôt à gauche. Quel que soit leur milieu social. Contrairement à ce que l'on veut nous faire croire, le populisme de la droite ne fait pas oublier que les valeurs de l'intégration, de la tolérance, de la non-discrimination restent portées d'abord par la gauche. Ceux qui font de l'insécurité et du choc des civilisations leur fonds de commerce électoral en sont pour leurs frais.

Mais je ne me réjouis pas pour autant. Ces résultats sont fragiles. Comme d'autres Français, ceux-ci sont moins attirés par la gauche que révoltés par la droite. D'ailleurs, Jacques Chirac est à leurs yeux l'homme politique le plus sympathique, et le dernier rempart contre l'extrême droite. C'est moins paradoxal qu'il n'y paraît. Jacques Chirac a su, à de nombreuses reprises, prendre des décisions courageuses sur le racisme.

Pour autant, je ne peux me satisfaire de ce bilan en

165

demi-teinte. J'y vois le signe d'un échec de la gauche. Ses valeurs sont fortes, mais elle peine à leur donner consistance. Dans les quartiers, dans les banlieues, dans les catégories populaires. Les socialistes doivent y prêter attention : on ne gagne pas durablement sur le seul rejet de l'adversaire.

Jeudi 1ᵉʳ septembre

Une tribune dans *Libération* me donne l'occasion de préciser ce qui se cache derrière la formule que j'ai utilisée à La Rochelle : le « développement solidaire ». Je tiens à chacun de ces deux mots. Développement, parce que la société des hommes ne se limite pas à la seule économie, à la seule vision quantitative de la croissance. Solidaire, parce que j'ai la conviction que nous ne saurons répondre à la crise de notre modèle en le bradant au profit du néolibéralisme américain.

Vendredi 2 septembre

J'ai envoyé un mot à Jacques Chirac qui vient d'être hospitalisé. Je pense à François Mitterrand. A son hospitalisation qui fut la césure de fin de son règne, laquelle le vit à la fois canonisé de son vivant et attaqué avec plus de force. La maladie nous renvoie à nous-mêmes, à notre famille, à nos proches. Une « pause contrainte » dans la course infernale de la vie. La maladie, à cet âge, c'est le regard furtif de la mort. La façon dont Villepin surjoue la continuité de l'Etat et la capte à son profit est une faute de goût. Les Français l'auront remarqué. Mitterrand avait su trouver le ton juste lors de la maladie de Georges Pompidou. Il s'agissait de sa part d'humanité, mais aussi de l'expression d'une vraie connaissance de la France profonde : on ne joue pas avec ces choses-là.

Nouvel incendie de logements à Paris il y a quelques jours. Après l'hôtel Paris Opéra dans le IXe arrondissement, après un immeuble du boulevard Vincent-Auriol dans le XIIIe, nouveau drame dans un squat rue du Roi-Doré, dans le IIIe. Et nouvelles victimes. Un enfant défenestré. Une famille asphyxiée. Sinistre loi des séries.

C'est un sentiment d'injustice et de révolte qui me gagne. Comment une telle catastrophe est-elle possible? Une telle misère, au début du XXIe siècle? Un tel délabrement, en plein cœur du Marais? Et toujours des victimes immigrées.

Là encore, il ne suffit pas de s'émouvoir. Que faire? Nicolas Sarkozy a une solution simple : supprimer l'immigration clandestine. « Voilà ce qui se passe lorsqu'on accepte sur notre sol des populations que l'on n'a pas la possibilité d'accueillir. » Pas de clandestins, pas de squats, pas d'incendies. CQFD. Réponse simpliste à des drames qui ont emporté des vies humaines.

Il y a deux choses à faire.

La première, en matière de logement : résorber l'habitat insalubre. La mairie de Paris consacre 150 millions d'euros par an à cette politique. Seule, sans aucune aide de l'Etat. Mais c'est long. Héritage de l'indifférence chiraquienne, il y a plus de 1 000 immeubles insalubres ou en péril dans Paris! Et l'action publique est ralentie. Ces immeubles sont privés, et souvent dans des situations juridiques compliquées : problèmes d'indivision, d'héritage, loi de 1948...

La seconde, c'est un traitement humain de l'immigration. Le cas de la rue du Roi-Doré est emblématique. Le squat est occupé par des sans-papiers qui ne sont pas expulsables : les familles sont en France depuis de nombreuses années, certains chefs de famille travaillent officiellement dans des entreprises. Et on tombe là dans le plus terrible des cercles vicieux. Comme ces familles sont sans-papiers, elles ne peuvent pas signer de contrats de bail : elles ne peuvent pas sortir du squat. Comme le squat est habité, on ne peut pas le restaurer. Ainsi pourrit une situation, jusqu'au drame final. La solution : que la préfecture, dans ces cas précis, accorde des documents de séjour et permette le relogement des familles dans des HLM. Elle avait commencé à le faire sous la pression politique du maire du IIIe arrondissement, Pierre Aidenbaum. Une moitié des familles avait été relogée avant le drame. Pas assez vite. L'autre moitié était encore là.

Jeudi 8 septembre

Je termine le cycle de rencontres que je tiens à organiser régulièrement avec tous les leaders syndicaux. J'ai vu avant l'été Bernard Thibault, pendant l'été François Chérèque, à la fin de l'été Jean-Claude Mailly et à la rentrée Alain Olive.

J'en retire une conviction renforcée : au-delà des divergences qui peuvent exister — et qui existent — entre les centrales, au-delà des souvenirs parfois amers qui peuvent subsister de la législature précédente, il existe aujourd'hui une disponibilité nouvelle. Il faudra la saisir pendant la campagne électorale — pour discuter avec eux du programme du candidat — et évidemment après la victoire à l'élection présidentielle — pour mettre en place un cadre continu de négociations.

J'ajoute que mes rencontres avec le syndicalisme patronal, et notamment l'UIMM (l'Union des industries métallurgiques et minières), ont achevé de me convaincre d'une prise de conscience croissante du patronat — ou en tout cas de sa partie la plus éclairée — sur la nécessité d'avoir des interlocuteurs syndicaux forts.

Mercredi 14 septembre

C'était évidemment prévisible : mes propos sur la TVA ont été déformés puis utilisés comme une arme en cette période de préparation du congrès. Je choisis donc d'assumer mes convictions et de revenir sur mon analyse dans une interview au *Monde*. Ma thèse, brutalement résumée : le prix de certains produits importés baisse en raison de la mondialisation, et le citoyen y gagne comme consommateur. Dans le même temps, ces importations déstructurent notre tissu industriel et le citoyen y perd comme salarié. Pour mieux maîtriser les effets de la mondialisation, nous devons être capables d'utiliser tous les instruments fiscaux sans tabou, y compris les impôts sur la consommation comme la TVA – j'en avais discuté notamment avec le président de la région Nord-Pas-de-Calais, Daniel Percheron. Au moment où le pouvoir d'achat redevient la principale préoccupation des Français, il ne s'agit pas obligatoirement d'augmenter le prélèvement global (même si cela peut se révéler nécessaire dans certaines circonstances), mais de s'en servir comme d'un outil pour faire évoluer les structures de consommation. A l'instar de ce qui peut être fait par exemple pour lutter contre la « junk food » et l'obésité.

*

Meeting à Clamart pour soutenir Benoît Marquaille dans une cantonale partielle difficile. Banal ? Non. Henri Emmanuelli a accepté de venir faire ce meeting avec moi. Retrouvailles après la campagne fratricide du référendum sur l'Europe. Les journalistes, venus en meute, nous attendent avec la question fatidique : « Comment pouvez-vous être ensemble après vos divergences européennes ? ». Henri et moi répondons de la même manière : « Quelles

169

que soient nos différences, le combat contre la droite nous rassemblera toujours ! » Pour certains, cela sonnera comme de la langue de bois. Il n'en est rien. C'est l'expression, vraie, de ce qui unit les socialistes. Une capacité à débattre, à se battre et à se retrouver. Oui, je le dis, j'aime bien Henri même si nous divergeons profondément sur nombre de sujets, et j'ai pris un vrai plaisir à ce moment partagé.

Lundi 19 septembre

Au hasard de mes vagabondages sur le web, je tombe sur le site du *Nouvel Obs* qui n'en finit pas de répondre à ceux qui ont été surpris qu'il publie – lui, le *Nouvel Obs* ! – les bonnes feuilles du *Livre noir de la psychanalyse* qui défraie la chronique. Un livre qui m'a gêné dans ses intentions et ne m'a pas convaincu par ses arguments.

« *Livre noir* », comme celui qui fut consacré au colonialisme et dénonçait les crimes de l'esclavage ? « *Livre noir* », comme celui qui réclamait un tribunal de Nuremberg pour juger les responsables des massacres de Staline ? Je sais bien que rien n'arrête le marketing éditorial, mais de quels terribles méfaits sont donc coupables Freud, Jung ou Lacan pour être ainsi voués à la potence ?

Fascinante, cette haine que suscite la psychanalyse depuis l'origine et que relaie aujourd'hui ce collectif d'auteurs vindicatifs qui cherchent à démolir avec tant de fureur l'œuvre du plus célèbre médecin juif viennois du siècle dernier.

Récurrente, cette croisade qui, depuis deux ans, n'en finit plus de renaître : l'amendement Accoyer qui, à l'Assemblée, voulut réglementer la profession de psychothérapeute ; le rapport de l'Inserm, contesté jusqu'au ministère, sur l'évaluation des psychothérapies ; ce livre enfin, de près de mille pages de vieilles haines, habillées de l'illusion de la modernité.

Pourquoi tant de violence ? On pourrait se contenter de

dire que l'importance de la psychanalyse se mesure à l'intensité des attaques qu'elle fait naître. Pirouette facile. Plutôt dire et redire que la psychanalyse est d'abord une quête, une recherche, une plongée en soi-même. Non pas pour l'esthétique de l'exercice, pour l'expérience intellectuelle, mais pour soulager, aider à vivre, sauver souvent des patients qui ne pouvaient se satisfaire de pilules prétendument magiques ou de thérapies comportementales attachées aux seuls symptômes.

Dire et redire qu'il suffit d'écouter la cohorte de ceux dont elle a vaincu ou apprivoisé la détresse pour savoir qu'elle n'est pas une science, pas une médecine, mais souvent une aide pour affronter, les yeux ouverts, le malaise de la société comme celui de l'individu.

Dire et redire qu'elle est souvent un long combat, un chemin douloureux, un effort coûteux, c'est vrai. Comme quoi, déjà ? Ah oui, comme la liberté.

Mercredi 21 septembre

Hewlett-Packard menace de délocaliser son site de Grenoble. HP y est présente depuis 1972. Séduits par l'originalité d'une ville qui plaçait l'innovation tant technologique que sociale au cœur de son projet de développement, les dirigeants de HP avaient décidé de faire de la capitale des Alpes leur première implantation européenne. Très vite, le « HP way of life », combinaison réussie d'un management social moderne et d'une primauté accordée à l'imagination, donc à l'innovation, colle à l'identité de Grenoble. Dans les années 1970, l'utopie entrepreneuriale de Hewlett-Packard rejoint l'utopie urbaine grenobloise.

Bien sûr, au cours des années 1980 et 1990, l'entreprise se développe en même temps qu'elle évolue, se normalise, « s'adapte » aux lois du marché mondial. La logique financière prend peu à peu le pas sur la logique industrielle. Lors de la fusion avec Compaq, les responsables historiques de HP passent la main à des dirigeants internationaux rompus aux analyses financières mais ignorants des réalités des territoires.

A la fin de l'été, de premières rumeurs font état de possibles licenciements massifs, alors que HP vient de réaliser des bénéfices de 3,5 milliards de dollars, en hausse de 38 %. La direction française refuse de confirmer, mais on dit que près de 25 % des effectifs seraient concernés.

La colère monte. Les syndicats se mobilisent. Les premiers débrayages sont très suivis. Les salariés vivent dans la certitude de la catastrophe et dans l'incertitude de leur sort. Intenable. Les médias se précipitent : un plan social massif de plus, une délocalisation à venir. Une fois encore, la logique étroitement financière est pointée du doigt. L'entreprise Hewlett-Packard a-t-elle un avenir en France ?

A Grenoble, au-delà de l'émotion, le maire Michel Destot porte un message clair : il faut dès à présent « re-lier » HP aux territoires et porter une démarche de ré-industrialisation du site avec la seule carte que Grenoble peut jouer : l'innovation. Dans une tribune au *Monde*, il explique sa volonté d'aller rencontrer la direction mondiale de HP, en Californie. Il me dit qu'il entend défendre les salariés de Hewlett-Packard en valorisant le « modèle grenoblois » d'innovation pour convaincre les responsables de l'entreprise que non seulement leur décision est une erreur en termes de potentiel humain, mais qu'elle est aussi un contresens en termes de stratégie industrielle : se désengager des territoires à forte valeur ajoutée et forte productivité est une aberration. Il revient de son voyage avec un double succès : social d'une part, puisque la pression médiatique a convaincu HP d'accepter de négocier le « périmètre » du plan social, donc le nombre de salariés concernés ; industriel d'autre part, puisqu'il a obtenu d'HP qu'un groupe de travail étudie les possibilités de développement du site grenoblois.

Pourtant, l'heure est encore à l'incompréhension, à l'émotion. Tous les élus s'en mêlent, au point parfois d'inventer des polémiques sur des aides publiques qui n'ont jamais existé, au grand dam des syndicats. Le Premier ministre lui-même, soucieux de participer au débat désormais moral dont relève le « cas » HP, est contraint de se contredire dans la même journée. Le brouillage succède ainsi à l'émotion et le train médiatique poursuit sa route, sans plus se soucier de Hewlett-Packard et de ses salariés. Il n'empêche : avec sa volonté de ne pas limiter son propos à la posture d'indignation traditionnelle chez beaucoup d'élus, le maire de Grenoble a créé de l'espoir. S'il réussit son pari de sortir de cette crise par le haut en évitant une délocalisation présentée par nombre d'analystes comme inévitable, il aura fait la démonstration concrète que l'innovation reste, dans les territoires, la meilleure arme contre la logique financière.

Dimanche 25 septembre

On ne peut pas ne pas être bouleversé par le suicide de Valentine et Juliette qui se sont défenestrées du haut de leur immeuble à quatorze ans. Au début de l'année dernière, j'avais aussi été frappé par le même geste de deux jeunes filles de quinze ans qui s'étaient jetées du haut d'une falaise du Pas-de-Calais.

Bien sûr, les suicides d'adolescents ont toujours été le risque majeur d'un âge où le passage d'une vie d'enfant à une vie d'adulte est jalonné d'interrogations, de révoltes et de violences. Mais je sais qu'il y a une aggravation de ces comportements dans notre société. Le suicide est la deuxième cause de mortalité chez les jeunes et, surtout, le nombre de tentatives de suicide augmente depuis le milieu des années 1990. On ne peut évidemment « classer » sociologiquement ces conduites à risque, car elles comportent une part d'intimité qui n'est pas mesurable. Je pense toutefois qu'il faut être très vigilant sur cette question, car les jeunes se sentent toujours isolés dans des sociétés vieillissantes et sont de plus en plus écrasés par l'angoisse de leur avenir. Enfin, il faudra bien un jour s'interroger sur les conséquences psychologiques de tous les mondes virtuels qu'on leur offre depuis la plus petite enfance et au regard desquels la réalité est forcément décevante.

Des jeunes qui se suicident refusent le monde qu'on leur a construit. Quel questionnement plus douloureux pour un homme politique ?

Jeudi 13 octobre

La population juive représente environ 20 % des habitants de Sarcelles, ce qui est certainement la plus forte communauté de France après celle de Paris. La grande fête de Kippour y revêt une forme très particulière. Et la ferveur est palpable dans la ville, à tout le moins dans la partie qu'habite la communauté juive, où des centaines de parents et d'enfants – les enfants ont une place centrale dans le judaïsme – se rendent à pied à la synagogue pour y prier toute la journée. Il y a tout au long de l'année une dizaine de lieux de culte à Sarcelles, mais à l'occasion de Kippour, c'est une vingtaine de salles qui accueillent les fidèles.

Chaque année, je fais le tour de ces lieux de culte pour saluer les rabbins qui officient et les fidèles qui se recueillent. La journée est longue et difficile, mais à la fin de l'office de Kippour, quand retentit la sonnerie du « Shofar », quand, pour les bénir, les pères réunissent leurs enfants sous le « Talith » – le châle de prière –, je me mêle à l'émotion de l'assistance. En pensant certes à ma famille, trop laïque pour m'avoir donné une grande éducation religieuse. Mais surtout à ce peuple, dispersé depuis deux mille ans, persécuté comme jamais au XXe siècle, toujours menacé par un antisémitisme rampant, et que réunissent – et c'est mon cas – une culture et une histoire partagées.

Mercredi 19 octobre

Je déjeune aujourd'hui, en compagnie de Pierre Moscovici, avec le nouveau grand maître et les principaux
responsables du Grand Orient de France, la principale
obédience maçonnique. Cette rencontre avec les maçons
est toujours pour moi un moment important et un peu
particulier. Mon père appartenait au Grand Orient. Ma
mère est membre du Droit Humain. Et cette double
appartenance explique sans doute la place qu'occupait
non seulement la politique à la table familiale, mais aussi
cette sorte de maïeutique que mon père pratiquait et qui
nous incitait à participer, à intervenir, à interroger et,
même, à chercher des arguments pour défendre la thèse
que nous venions de combattre. La franc-maçonnerie,
comme lieu d'élaboration philosophique, a toujours
occupé une très grande part dans la vie personnelle de
mon père. Je crois qu'il aurait voulu que, à mon tour, à
dix-huit ans, je devienne maçon. Mais voilà ! Pour moi,
« tuer le père » a précisément consisté à ne pas le faire,
parce que je considérais qu'il s'agissait là d'une réminis-
cence d'assemblée « bourgeoise » alors que j'étais aux
côtés des « travailleurs ».
Aujourd'hui, j'ai du respect pour la franc-maçonnerie
en ce qu'elle permet à des hommes et des femmes, dégagés
de toute appartenance sociale et de toute référence religieuse, d'organiser un débat où chacun s'écoute. Car c'est
cela – la qualité de l'écoute, la volonté de l'échange – qui
m'a le plus frappé chaque fois que j'ai eu l'occasion d'aller
rencontrer une assemblée de maçons à l'occasion d'une
réunion ouverte qu'ils appellent une « tenue blanche ».
Aussi m'arrive-t-il de regretter ce rendez-vous manqué
avec la franc-maçonnerie ; mais c'est ailleurs, à
l'université et en politique, que j'ai pu satisfaire mon goût
du débat.

*

Inauguration de la maison d'accueil spécialisée de Sarcelles. Implantée au cœur du village, elle peut recevoir cinquante adultes handicapés mentaux dépendants, et elle est à bien des égards exemplaire. Son architecture est de qualité – elle fait beaucoup de place au bois et au verre. Son intégration dans la ville se fait sans heurt.

Cet établissement a été construit par une association que je connais bien, l'APAJH (Association pour adultes et jeunes handicapés). Les responsables de l'association soulignent volontiers qu'il ne suffit pas d'accueillir des handicapés : il faut lutter « pour la reconnaissance du statut de citoyen en situation de handicap et contre toute forme d'exclusion sociale ».

Il y a beaucoup de monde. En compagnie de Jean-Paul Huchon, je visite l'établissement. Sur les terrasses, on cultive des légumes et des fruits. Il y a aussi un patio avec un petit jardin zen. Les chambres sont accueillantes et la décoration est soignée.

Le jour même, une autre maison d'accueil est inaugurée dans le Val-d'Oise, à Beaumont-sur-Oise. Il manque pourtant beaucoup de lits pour recevoir tous ceux qui ont besoin d'être aidés. Même si l'accueil des handicapés s'améliore, un problème demeure, celui des jeunes en âge d'être scolarisés mais contraints de rester chez eux faute de place dans les établissements spécialisés.

Mercredi 26 octobre

Lionel Jospin m'a fait parvenir la semaine dernière son livre, accompagné d'un mot. J'ai un peu tardé à le lire pour pouvoir l'avaler d'une traite sans être interrompu par les contraintes d'un agenda chargé. Sans être révolutionnaire, c'est un très bon livre. La « nouvelle aristocratie » est une formule bien trouvée. Voilà une contribution de gauche à la lecture de notre société. Il est vrai que cette nouvelle aristocratie impose sa loi sans en supporter les conséquences. Je suis souvent interloqué par ces décideurs qui jugent en surplomb un peuple qui souffre. Ils dressent une barrière invisible que les Français jugent insupportable. Et leur suffisance réduit à néant toute tentative de réforme. Il y a là du grain à moudre pour une présidentielle. J'aime beaucoup aussi la partie consacrée aux Etats-Unis : c'est une vision équilibrée qui tranche avec le manichéisme traditionnel de la gauche.

En revanche, je trouve Lionel trop classique dans son analyse de la mondialisation. Le vrai phénomène nouveau, c'est que la Chine, l'Inde et d'autres ont mis sur le marché des quantités considérables de travail. Du coup, le prix du travail baisse et la rémunération du capital augmente. Sa thèse emprunte trop, je trouve, à Hilferding sur le conflit entre le capital industriel et financier. Aujourd'hui, le nouvel âge du capitalisme, c'est le marché mondial sur lequel fusionnent capital industriel et capital financier.

Voilà pourquoi, aujourd'hui encore moins qu'hier, on ne peut pas faire la gauche dans un seul pays. Voilà pourquoi il faut faire l'Europe pour atteindre face aux marchés une masse critique. Voilà pourquoi enfin la gauche ne doit ni nier le marché ni se contenter de s'y adapter.

Son livre est aussi une incitation à présenter à la France sa part de vérité. Ceux qui attendaient une autoflagellation, voire une autocritique, sur les années Jospin, en seront pour leurs frais – c'est ne pas connaître le bonhomme! Au-delà, je crois que Lionel Jospin a fait, par l'écrit, le point sur lui-même, le point sur ce qu'il croit.

Il l'a fait avec cette rigueur et ce recul qui sont les traits dominants de sa pensée. C'est pourquoi il parvient à être à la fois un intellectuel et un politique. C'est pourquoi aussi certains le trouvent parfois distant, voire cassant. Cela lui a joué de bien mauvais tours, car s'il serait absurde de résumer l'échec de 2002 à un problème d'empathie, je suis cependant convaincu que cela a joué. Pourtant, Lionel sait être drôle, affecteux et touchant. Je ne connais pas d'homme dont l'image en public soit plus différente de son comportement au sein d'un cercle d'amis.

Les années pendant lesquelles il a dirigé le gouvernement sont selon moi parmi les plus belles de la gauche du XXᵉ siècle. Y songer ranime toujours en moi un sentiment mêlé de fierté et d'amitié.

Mardi 1ᵉʳ novembre

Cela fait cinq jours que Clichy-sous-Bois est en proie à des violences urbaines. Cinq jours et, surtout, cinq nuits terribles, provoquées par la mort de deux jeunes gens, électrocutés dans un transformateur EDF dans des circonstances qui n'ont toujours pas été élucidées. Deux morts absurdes, tragiques. Des familles en deuil. Des vies brisées pour rien.

Les CRS sont sur place. Dimanche en fin de soirée, une grenade lacrymogène a atteint la mosquée de Clichy. La tension monte.

Le ministre de l'Intérieur, Nicolas Sarkozy, a affirmé hier que la grenade provenait bien des rangs des CRS mais qu'elle ne visait pas la mosquée. La rumeur selon laquelle les CRS l'auraient volontairement lancée vers la mosquée a beaucoup contribué à aggraver la situation ces tout derniers jours. Bavure ? Malentendu ? Maladresse ? Qui sait ? Le résultat est là, tragique.

Il est difficile d'établir les intentions du policier qui a lancé une grenade en direction de la mosquée. Il ne la visait sans doute pas. Soit ! Dans ce cas, pourquoi Nicolas Sarkozy n'a-t-il pas trouvé les mots de l'apaisement ? Dans un climat aussi tendu que celui de Clichy, il n'est pas difficile de prévoir que le jet d'une grenade dans une mosquée, même fortuit, peut mettre le feu aux poudres. Ce ministre a un problème avec les mots. Il ne sait en user que pour provoquer. Jamais pour apaiser. L'idée qu'il puisse être responsable ne l'effleure pas. « Racaille », « Kärcher », toute cette violence verbale attise le feu. Ces mots ne lui échappent jamais : ils sont soigneusement choisis, mûris, aiguisés pour plaire à l'extrême droite comme à la droite et avoir un impact médiatique maximal. C'est parce que ces situations conviennent bien à Nicolas Sarkozy qu'il n'hésite pas à les rechercher. Sa responsabilité est grande.

Quelles sont les causes profondes des troubles qui durent maintenant depuis près d'une semaine? On ne sait jamais pourquoi la violence se répand. Mais on peut analyser les situations qui ont conduit à son déclenchement. En l'occurrence, le gouvernement a défait ce qui avait été fait, patiemment, par la gauche. Sans politique de remplacement. Et, quoi qu'il en dise, sur le terrain de la sécurité, Nicolas Sarkozy a échoué.

Je ne dirais pas que la politique de la ville était parfaite sous la gauche ni que la gauche aurait à coup sûr évité de se retrouver dans la situation que nous connaissons aujourd'hui. Ce serait une facilité de faire porter toute la responsabilité de ces événements sur le seul gouvernement Villepin-Sarkozy. Depuis trente ans au moins, la question de l'intégration n'a pas été traitée avec l'ambition nécessaire, ni pour l'urbanisme, ni pour la sécurité, ni pour l'école, ni pour l'emploi. Mais des avancées du gouvernement Jospin, toutes ont été combattues et beaucoup ont été supprimées.

La police de proximité a été remise en cause. Il paraît qu'elle n'était pas assez efficace dans la répression. Etait-ce son rôle? En réalité, les motivations du gouvernement sont purement idéologiques – il faut afficher du sécuritaire – et politiques – c'est la gauche qui l'avait mise en place. On se souvient encore de la sortie médiatisée de Nicolas Sarkozy contre le commissaire de police de Toulouse, circonscription exemplaire de police de proximité, qu'il avait accusé de transformer les policiers en assistantes sociales et en animateurs sportifs. Manière de condamner cette fameuse police de proximité, présentée comme typique du laxisme de la gauche. Qu'a-t-on fait à la place?

Nicolas Sarkozy se targue d'avoir réduit l'insécurité. Les élus locaux et les professionnels savent que pour l'essentiel, c'est faux : d'une part, les chiffres de la délinquance ont été artificiellement minorés par l'absence de prise en compte de certaines infractions; d'autre part, les actes les plus graves, comme les agressions contre les personnes, sont ceux qui augmentent le plus. C'est dans les zones les plus difficiles que la politique de Nicolas Sarkozy a été particulièrement néfaste.

Les opérations coups de poing, menées de préférence sous l'œil des caméras, sont plus spectaculaires que le patient travail réalisé par des policiers connaissant les quartiers et connus de ceux-ci. Le résultat va au-delà de mes craintes. Une nuit comme les autres, des jeunes se retrouvent face à des compagnies de CRS qui ne connaissent pas toujours le terrain. Précieuses pour intervenir en cas d'actes graves, leur simple présence crée souvent une situation immédiate de confrontation. Tous les maires le savent. Mais ce n'est pas le problème du ministre de l'Intérieur. Il a organisé sa communication de telle manière que les actes spectaculaires d'insécurité, au lieu d'être portés à son débit comme cela avait été le cas pour ses prédécesseurs, sont pour lui l'occasion de paroles fortes assorties d'annonces rarement suivies d'effets.

Pour le reste, on n'a pas progressé sur l'école, dont on réduit les moyens. L'école est devenue un lieu de violence. Parce que la violence sociale y entre. Parce que son inadaptation à certains élèves engendre elle-même de la violence.

Le logement social régresse : combien de maires contournent ou refusent d'appliquer les quotas de logements sociaux ? Le gouvernement se prépare à assouplir la loi SRU au lieu de faire ce qu'il faut pour qu'elle soit appliquée.

L'emploi des personnes issues des banlieues se heurte à des obstacles de plus en plus insurmontables et l'on n'a pas avancé, au-delà des mots, dans la lutte contre les discriminations.

Quant aux associations qui créaient du lien social, elles ont vu leurs moyens régulièrement restreints.

Face à ce détricotage méthodique, les mesures nouvelles de soutien aux quartiers difficiles ne font pas le poids.

Les banlieues flambent. Nicolas Sarkozy en profite

pour renforcer sa stature sécuritaire en vue du premier tour de l'élection présidentielle. Le président de la République se terre et se tait. Le gouvernement découvre le problème des quartiers difficiles et annonce une politique à l'opposé de celle qu'il mène depuis 2002. Il y aura d'autres rodomontades du ministre de l'Intérieur, d'autres voitures brûlées, d'autres annonces, mi-martiales, mi-sociales, si peu suivies d'effets. Si cela continue, une partie de la France sera en état de sécession sociale.

Mercredi 2 novembre

Nicolas Sarkozy a eu ce qu'il voulait : un affrontement brutal avec la délinquance identifiée à la banlieue, elle-même réduite à une prédétermination ethnique.

Quelle erreur ! Les jeunes qui rouillent au bas des tours ne rêvent pas à l'islamisme radical mais aux banlieues américaines. Il n'y a pas de haine du Blanc, mais de la rage face à leur impossibilité à trouver une place dans la société et à consommer. Leur univers c'est une cage d'escalier, leur avenir c'est la précarité. Quant à leur référence, ce n'est pas Farrakhan, le leader islamo-radical américain, mais le chanteur de rap américain « 50 cent ». Ils ne croient pas que la société leur doive quelque chose. Ils ne croient tout simplement pas en la société.

Il faut avoir la hantise du métissage chevillée au corps pour ne voir que des keffieh et des burkas dans les banlieues, là où le survêt' Nike, la capuche et la casquette règnent en maîtres. Par quel miracle, dans une société à ce point dépolitisée, les jeunes Français issus de l'immigration hésiteraient-ils entre les différentes organisations palestiniennes : le FPLP, le FDPLP, le Fatah ou le Hamas ? Encore une manière de ne pas voir la misère des banlieues, la relégation, les inégalités... Evidemment, l'ostracisme que l'on applique aux banlieues sera utilisé par les minorités agissantes. Cette politique est dange-

181

reuse. Sarkozy vante sa méthode. La démagogie médiatique me laissera toujours pantois. Je ne sais pas s'il croit à ce qu'il dit ou s'il croit que les médias sont naïfs et les Français crédules. Voilà des événements qui auraient dû ruiner le crédit du ministre de l'Intérieur de n'importe quelle République.

Jeudi 3 novembre

L'affaire d'Outreau, à nouveau. La cour d'assises du Pas-de-Calais a-t-elle condamné des innocents ? Il appartiendra à celle de Paris de le dire. Elle examine, à partir d'aujourd'hui, l'appel de six personnes condamnées le 2 juillet 2004.

Le premier procès a montré que l'enquête et l'instruction ont été menées dans des conditions qui pouvaient faire douter des accusations portées contre la plupart des accusés. Les six personnes qui comparaissent en appel clament toutes leur innocence. Les grandes affaires criminelles sont toujours chargées d'émotion; lorsque des enfants sont en cause, celle-ci est décuplée. Les agressions sexuelles contre des enfants sont particulièrement abjectes. L'écho sinistre de l'affaire Dutroux résonne encore.

Pour autant, la justice réclame de la sérénité. Le droit de faire appel est un droit fondamental, et c'est la première réflexion qui m'habite à l'ouverture de ce procès : il y a cinq ans, les accusés d'aujourd'hui seraient restés les condamnés de Saint-Omer. Ce n'est en effet que depuis la loi du 15 juin 2000 sur la présomption d'innocence, votée par la gauche à l'initiative d'Elisabeth Guigou − et très critiquée à l'époque par certains, qui criaient au laxisme −, qu'il est possible de faire appel des décisions des cours d'assises. Auparavant, et depuis la Révolution française, au nom du principe de la souveraineté et de l'infaillibilité du peuple représenté par le jury d'assises, leurs décisions restaient définitives. Elles ne pouvaient être remises en cause que par la cassation du procès, en cas d'erreur de droit, ou sa révision après de longues années, voire des décennies. Bref, les erreurs judiciaires étaient à peu près irrattrapables – alors même que, par définition, les condamnations criminelles sont les plus lourdes. C'est l'honneur de la gauche que d'avoir mis fin à cette situation, qui était devenue une exception en Europe. Sans cette loi, le procès d'aujourd'hui n'aurait pas lieu. Sans cette loi, les faits reprochés aux accusés ne seraient pas réexaminés. Quelle qu'en soit l'issue, il faudra aussi tirer les conséquences de cette affaire sur l'organisation de la justice. Car les accusés sont restés longtemps détenus avant d'être jugés. Ceci me conforte dans mon opinion que la détention provisoire doit rester l'exception. D'autant plus que la longueur de l'instruction est accrue par la surcharge de travail des juges et le manque de moyens des juridictions. Concrètement, des hommes et des femmes qui, peut-être, seront innocentés risquent de passer des mois, des années en prison. Aucune indemnité ne compense la liberté perdue, les liens affectifs distendus ou rompus, la réputation entachée.

Bien sûr, la détention provisoire est nécessaire pour prévenir la récidive des actes et permettre le bon déroulement de l'instruction. D'ailleurs la presse et l'opinion, promptes à se scandaliser de la détention provisoire d'innocents, s'emballent aussi vite dans le cas où une personne libérée commet un nouveau délit ou apparaît simplement comme un coupable possible. Mais elle doit rester l'exception. La présomption d'innocence est un principe qui ne se négocie pas.

Dimanche 6 novembre

Comme les autres, les villes populaires du Val-d'Oise sont le théâtre de violences urbaines. Il me paraît important de donner l'occasion à tous les élus socialistes du département de se rassembler afin d'échanger leurs analyses et de réfléchir à l'attitude qui doit être la nôtre. Nous nous retrouvons donc à Sarcelles ce dimanche. Les premières réactions sont unanimes. Tous les élus présents condamnent les violences. En même temps, tous font le constat que cette explosion n'est pas le fruit du hasard et qu'elle ne peut pas être déconnectée de la politique injuste mise en œuvre par la droite depuis 2002. Après avoir menti aux Français sur la sécurité pour gagner les élections, la droite a beaucoup promis, beaucoup parlé, multipliant à outrance les coups médiatiques. J'ai déjà évoqué l'abandon de la police de proximité, mais il y a aussi la diminution des effectifs de police et de gendarmerie, l'abandon des emplois-jeunes et le démantèlement des services sociaux, le retrait des éducateurs, la suppression des subventions aux associations...

Pour ceux qui sont dans la salle du conseil municipal de Sarcelles, la conclusion est sans appel : l'échec est total ! Je suis frappé de la sérénité des interventions : autant que l'échec en matière de sécurité et la destruction du lien social, c'est toute la politique du gouvernement qui est critiquée. Créatrice de chômage et d'exclusion, cette politique a pour conséquence d'appauvrir plus encore des populations fragiles. Dans le même temps, l'indifférence de l'Etat les isole. Elle favorise un enfermement et une discrimination qui entravent toute intégration là où il faudrait au contraire renforcer le pacte républicain et en appeler à la solidarité nationale pour concentrer les moyens sur l'école, l'emploi, le logement et les transports.

Lundi 7 novembre

Le Premier ministre annonce l'état d'urgence ! Lourd symbole – c'est d'ailleurs fait pour cela. Créé en pleine guerre d'Algérie, utilisé en Nouvelle-Calédonie, l'état d'urgence réapparaît vingt ans plus tard pour être opposé aux troubles dans les banlieues, face parfois aux petits-fils de ceux pour lesquels il avait été inventé soixante ans plus tôt. Tristesse! Au XIXᵉ siècle, les classes laborieuses étaient considérées comme des classes dangereuses. Aujourd'hui, est-ce que ce sont les jeunes sans emploi des banlieues qu'il faut traiter ainsi en leur appliquant des législations d'exception?

A gauche, le doute est profond. Bien sûr que la violence est inacceptable! Mais comment la République peut-elle traiter ses jeunes comme des insurgés? C'est l'état d'urgence politique qu'il fallait proclamer depuis longtemps.

Si, pour le rétablissement de l'ordre public, on peut accepter temporairement des mesures de restriction à la libre circulation des personnes, notamment la nuit, l'état d'urgence ne peut pas être un prétexte pour réduire les libertés publiques et transférer les pouvoirs des autorités judiciaires aux autorités policières.

Aujourd'hui, le gouvernement veut faire croire que l'état d'urgence réglera la crise. Mais la crise est là, qui couve depuis des années. Des mots et des gestes malheureux l'ont fait exploser. L'urgence, c'est d'entendre la détresse de millions de Français.

Mardi 8 novembre

Jacques Chirac a attendu dix jours pour réagir. Difficilement compréhensible, absolument inadmissible. La France est présentée par la presse internationale comme à feu et à sang. Et le président de la République lambine avec des faux airs de retour de Baden-Baden.

Vendredi 11 novembre

A la sortie des émeutes urbaines, le PS cafouille dans les résultats des votes intervenus pour le congrès. Lamentable! Fabius conteste le vote. Il veut à tout prix être au-delà de la barre symbolique des 20 %. Il menace. Hollande ne souhaite pas que le congrès soit un congrès de crise, il craint un nouveau congrès de Rennes et lui cède. L'image que nous donnons va provoquer des dégâts. Ou comment réussir à gâcher d'emblée une victoire !

Dimanche 13 novembre

Opposition du maire de Nice à la construction d'une mosquée. Cette décision n'est pas étonnante de sa part tant sa rupture avec le Front national n'a pas été une rupture avec son idéologie. Le point positif, si j'ose dire, est qu'aujourd'hui cette attitude se fait rare. Il y a encore dix ou quinze ans, le cas était fréquent. Nombre d'élus, craignant les réactions d'une part de leur électorat, trouvaient − comme à Nice − des arguments pour refuser la construction de mosquées. On parlait alors à juste titre de « l'islam des caves ». C'est moins le cas aujourd'hui : le nombre de lieux de culte musulman a été multiplié par 16 depuis les années 1970. Et cela malgré les préventions, malgré les craintes suscitées par l'islamisme, malgré les malentendus. Il faut y voir sans doute un effet du réalisme : l'islam est la deuxième religion de France. C'est surtout le fait d'une intégration qui se réalise peu à peu. Contrairement à ce qu'a prétendu Nicolas Sarkozy, il n'est nul besoin de remettre en cause la loi de 1905. Si l'on convient que la vie en société suppose des « accommodements raisonnables », comme le disent nos amis canadiens, il est tout à fait possible de trouver les moyens, par des baux emphytéotiques, par des mises à disposition de locaux, par des subventions publiques même, d'assurer aux musulmans des lieux de culte décents et proches. C'est une question d'égalité entre les cultes. Et, dans le fond, Edouard Herriot, dont les convictions laïques ne pouvaient être mises en doute, n'a pas fait autre chose en 1924, quand la République aida à la construction de la grande mosquée de Paris, que de permettre aux musulmans ce qui avait été permis aux catholiques, aux protestants et aux juifs. Pratiquer sa religion est un droit protégé par la loi de 1905. Le reconnaître est justement le moyen d'éviter à la plupart des musulmans un repli communautaire. Bien sûr, la question de l'islam en France n'est pas seulement culturelle. Elle est aussi sociale et politique. Mais il faut commencer par défendre la dignité des hommes.

Mercredi 16 novembre

Les négociations ont, paraît-il, commencé entre Julien Dray, François Rebsamen, Henri Emmanuelli, Vincent Peillon et Claude Bartolone pour la réunion en un seul texte de toutes les motions déposées en vue du congrès : c'est ce que les socialistes appellent la synthèse.

Sur quelle base ? La paix le temps du congrès, contre la réintégration de Laurent Fabius ?

Tout cela n'est qu'improvisation, coup tactique. Il ne peut y avoir synthèse sans affirmation claire de la stratégie d'une majorité. Il faut respecter le vote des militants. Ou il ne fallait pas faire de congrès. Le pays ne nous reproche pas nos divisions en soi, mais il ne voit pas sur quoi nous nous divisons – à part sur nos ambitions.

Il ne faut pas être ennemi de la synthèse mais adversaire de la confusion. J'appelle François, qui m'assure que rien ne se prépare.

Je ne suis pas hostile à cette synthèse. Dans une certaine mesure, j'y suis même assez favorable pour des raisons stratégiques et tactiques. Je crois tout d'abord que l'opinion de gauche est lassée de nos querelles et aspire au rassemblement des socialistes. Et puis si la synthèse ne se fait pas, l'opposition à la direction représentera 45 % du parti et Laurent Fabius s'imposera naturellement à sa tête. Solide marchepied pour prétendre être investi un an plus tard... A l'inverse, dans la synthèse, les cartes sont rebattues en sa défaveur. Mais Laurent Fabius semble néanmoins y être favorable. Il doit y avoir quelque chose qui m'échappe ! Pour ma part, j'aurai dans cette affaire une ligne de conduite et une seule : l'unité, oui, mais dans la clarté. Je tiendrai mon cap et ne participerai pas aux petits jeux qui commencent.

Vendredi 18 novembre

Pour obtenir la fameuse synthèse, François Hollande lâche tout en réunion de courant. La mise en place d'une majorité, la désignation du candidat à la présidentielle et la répartition des postes-clés au sein de cette majorité, et même la promesse d'un bond pour tous dans les sondages...!

Les rangs autour de moi cachent difficilement un sourire dépité. C'est pourtant sérieux. Ma demande de proclamer les résultats, de réaffirmer la majorité puis, seulement alors, d'ouvrir la discussion sur la synthèse est chaudement soutenue par Martine Aubry, avec laquelle je suis heureux de retrouver une complicité que nos fonctions dans le gouvernement de Lionel Jospin avaient entamée. Il faut se rassembler, mais il ne faut pas se subordonner.

Les deux François, Hollande et Rebsamen, insistent : « S'il n'y a pas synthèse, le désordre sera tel qu'on ne pourra pas proclamer les résultats. »

Je n'ai rien contre la synthèse, je l'ai dit, mais on n'a pas fait tout ça pour ça. Avant la synthèse, il y a la thèse.

François Rebsamen m'indique que François Hollande réaffirmera, dans son discours de clôture, que sa tâche prioritaire est de s'occuper du PS. Comme si c'était le sujet !

Las ! Si synthèse il doit y avoir, espérons-en au moins les bons côtés : retrouver dans la direction du Parti Vincent Peillon et Benoît Hamon qui comptent parmi les meilleurs de la nouvelle génération.

« Le défi pour tout socialiste, aujourd'hui, ce n'est pas seulement la révolte contre l'injustice ; c'est de trouver les moyens de rendre la société plus juste.

Comment être utile aux Français ? Comment être utile à ces ouvriers licenciés quand leur entreprise accumule les bénéfices ? Comment être utile à ces familles dont les fins de mois durent trois semaines ? A ces jeunes couples, qui ne peuvent se loger ; à ces retraités, qui ont travaillé toute leur vie et se voient aujourd'hui démunis ; à ces enfants des banlieues, qui sont d'ici et qu'on veut renvoyer ailleurs ; à ces enfants qui cumulent les handicaps ; à toutes ces femmes, à tous ces hommes, qui travaillent dur ou ne travaillent pas, qui souffrent et qui le crient parfois ?

Notre peuple nous le dit : il y a urgence.

Oui, il y a urgence, et elle est économique et sociale.

(...)

Je mesure, comme vous tous, la force de l'attente des Français.

Je perçois, comme vous tous, la réalité des difficultés.

Je sais qu'il ne faut pas décevoir et que notre devoir, c'est de changer la vie de ceux qui souffrent le plus.

Leur vie, c'est la précarisation – alors, nous inventerons une nouvelle sécurité sociale, celle des parcours professionnels.

Leur vie, ce sont les délocalisations – alors, nous mobiliserons tous les moyens de l'Etat, et nous procéderons, chaque fois que cela sera nécessaire, à des nationalisations temporaires.

Leur vie, ce sont les salaires bloqués – alors, nous convoquerons une conférence sur les revenus pour modifier le partage de la valeur ajoutée.

Leur vie, c'est l'inégalité des chances à la naissance – alors, nous fonderons un nouveau service public pour la petite enfance et nous dégagerons des moyens, comme nous ne l'avons jamais fait, pour concentrer les efforts dans les quartiers populaires, là où il y en a vraiment besoin.

(...)

En un mot, "l'équilibre français" a été rompu. C'est à nous que revient la tâche de le reconstruire.

C'est d'ailleurs toujours à la gauche, du Front populaire au Conseil national de la Résistance, de l'Union de la gauche à la Gauche plurielle, qu'il revient de remettre la France sur ses pieds.

Aujourd'hui, pour construire ce nouveau compromis social, il faut protéger-promouvoir-prévoir. Ce triptyque ne nuit pas à la compétitivité. Les salaires ne sont pas une charge mais une chance ; le social n'est pas un frein à la production mais un facteur de production ; la lutte contre les inégalités n'est pas une entrave à la croissance mais une condition de la confiance.

Notre horizon n'est pas celui du marché.

Certes, le marché crée des richesses. Mais le marché ne fait pas une société. Nous, nous voulons une société, un vivre ensemble qui, en France, porte le beau nom de République et s'incarne dans un modèle social.

(...)

Face à cette rupture avec le modèle social et républicain français que recherche la droite, la résistance de la gauche est nécessaire et légitime. Mais la résistance seule ne suffit pas. Le choix ne peut se limiter à la liquidation ou à l'immobilisme.

Il nous faut proposer une voie nouvelle. Nous devons proposer la rénovation de notre modèle, je l'ai appelé "le développement solidaire".

(...)

Nous pouvons gagner enfin si nous avons une stratégie de rassemblement. Pour cela, il faut un parti identifié, un parti de combat qui a une ligne, une volonté, un projet, des contours ; un parti qui sait où il va, avec humilité certes, mais dans la clarté et avec détermination. »

Je termine mon discours de quarante minutes devant une salle debout. Je n'ai pas toujours été à l'aise dans les congrès. A Dijon, j'avais manqué ma prestation. Cette fois, j'ai eu le temps de dire ce que je pensais. J'ai pu développer mes thèmes. Je crois avoir entraîné et convaincu. Le visage des militants me le dit. Michel Rocard vient chaudement me féliciter. Daniel Vaillant fait de même. François Hollande s'est levé. J'ai l'impression que quelque chose a changé. Ramzi Khiroun, le fidèle des bons comme des mauvais jours, me le confirme d'un sourire.

La presse titre sur le combat... Fabius-DSK. « Profite! Demain ce sera Royal-Jospin », me dit-on dans mon entourage. Peut-être! Mais, plus qu'hier, j'ai confiance dans le chemin que je propose. Le succès de ce discours est un encouragement : je ne m'y déroberai pas.

Samedi soir, la commission des résolutions est consacrée à la recherche de la synthèse entre les courants. Les leaders du parti sont tous là. Fabius impavide. Emmanuelli recentré. Hollande excédé. Montebourg attristé. Mes amis et moi avons décidé de laisser faire ce qui avait déjà été décidé. Fabius assassin : « Si je comprends bien, François, on ne prend pas mes amendements. C'est pourtant ce qui avait été prévu dans ton bureau. » Jean-Christophe Cambadélis, précieux stratège, militait pour notre silence dans cette partie d'échecs grandeur nature. Il s'accroche pourtant durement, lors d'une suspension de séance, avec Hollande qui reconnaît ses torts. Bref, une commission des résolutions comme beaucoup d'autres : il y en a eu de pires mais aussi de meilleures. La synthèse était une obligation parce que la division lassait et n'aurait pas été comprise. Mais elle se fait sur des bases ambiguës, sans cohérence ni sincérité. Je souhaite qu'elle réussisse. Mais je ne suis pas sûr qu'elle le puisse. En tout cas, j'y contribuerai avec loyauté.

Dimanche 20 novembre

Un bon François Hollande conclut un bon congrès de transition. Maintenant, le plus dur commence.

191

Mardi 22 novembre

Décès d'un sans-abri, cette nuit, dans les rues de Paris. Mort de froid. On ne connaît pas son nom. Qui s'en soucie ? Ce début d'hiver nous rappelle une nouvelle fois à notre indifférence à la grande exclusion.

Durant la campagne présidentielle, Lionel Jospin avait annoncé une initiative pour éradiquer la grande pauvreté. Elle avait été raillée par la droite. Mais dans quel monde vivons-nous, où s'attaquer à la misère déclenche les moqueries !

Il s'agit de savoir si le dénuement absolu, la souffrance et le naufrage humains sont des spectacles tolérables. Et si l'on répond par la négative, alors il faut agir. Je suis séduit par une méthode qui a bien réussi chez nos voisins et qui rompt avec nos pratiques habituelles. Il s'agit de ce qui a été mis en œuvre par le maire de Londres, Ken Livingstone, et qui lui a permis d'éradiquer en quelques années la grande exclusion des SDF, pourtant très nombreux après la dureté sociale des années Thatcher.

Les Britanniques sont partis d'un constat simple, qui vaut aussi pour la France. D'un côté, il y a des moyens importants dédiés à la lutte contre l'exclusion. Ils sont confiés à des administrations, peu aptes à aller chercher les gens dans la rue et à assurer le suivi psychologique et personnalisé nécessaire. D'un autre côté, il y a des associations très compétentes pour ce travail mais qui n'ont pas d'argent, et qui voient dès lors leur rôle trop souvent limité à celui d'une sonnette d'alarme.

La solution britannique a consisté à concentrer directement les financements sur ces associations. Désormais, ce sont elles qui sont en charge du travail d'*outreach* (aller chercher les SDF), de l'hébergement d'urgence, de la première resocialisation (papiers administratifs, etc.), de la recherche d'un logement stable. L'administration britannique fait des appels à projets auprès des associations pour allouer les financements. La réforme a été faite en embauchant l'équivalent britannique de l'abbé Pierre, afin notamment de veiller à la bonne sélection des projets. Voilà ce qu'il nous faut mettre en œuvre.

Vendredi 25 novembre

François Hollande me dit : « Il faut laisser la situation se décanter pour la présidentielle. » Sa stratégie est transparente. On peut en effet se demander quels sont, selon lui, les moyens de la décantation. Les sondages ? Comme nous sommes une bonne demi-douzaine à être testés, personne ne peut l'emporter. Comme aucun n'a d'avantage décisif, le premier secrétaire fera l'affaire.

François Hollande me présente aussi la direction qu'il envisage de former. Je m'élève contre le départ de Marisol Touraine ; le premier secrétaire insiste et en fait un point de principe. Je finis par m'y résoudre – je saurai utiliser ses talents plus directement à mes côtés en lui confiant la présidence de mon club de réflexion *A gauche, en Europe*. Il me propose le secrétariat national aux élus, mais sans le rang de numéro 2 du Parti. Il me dit que cette « classification est ridicule, il n'y en aura plus jamais », avant d'attribuer ce rang à François Rebsamen... Nous évoquons longuement le projet. Il a l'air soulagé d'avoir été réélu et semble détendu. Il dit compter sur moi. Je lui dis compter sur lui.

Mardi 29 novembre

Qu'est-ce qui fait la popularité d'un responsable politique ? Avant-hier, la réponse à cette question était assez simple. Elle tenait en quelques mots : d'importantes fonctions occupées à la tête d'un mouvement politique ou de

193

lourdes responsabilités d'Etat tenues avec succès. Ou les deux ensemble. Mais, bien entendu, chacun devait d'abord faire ses preuves. Dans la plupart des cas, c'est le suffrage universel local qui servait de baptême du feu. La plupart s'y sont pliés. Churchill, élu dans la circonscription de Oldham en 1900, comme Léon Blum, député de la Seine en 1919, ont suivi ce chemin. La suite, en raison du caractère parlementaire du régime, se déroulait à l'intérieur des formations politiques qui fonctionnaient comme un filtre pour sélectionner ceux qui semblaient les plus aptes. Des circonstances très exceptionnelles ont pu autoriser un autre parcours. Je pense bien sûr au général de Gaulle.

Hier, avec l'élection du président de la République au suffrage universel, la donne a quelque peu changé. Puisque tous les Français sont amenés à se prononcer sur votre candidature, il ne suffit plus d'être reconnu, apprécié, suivi par ses collègues parlementaires ou par les militants de son parti, il faut l'être par tous et toutes. Sans doute, ce caractère plébiscitaire de l'élection du président de la République au suffrage universel est-il d'ailleurs une des plus fortes raisons qui conduisent à préférer un régime parlementaire.

Mais dans les deux cas, un « darwinisme politique » est à l'œuvre qui permet de sélectionner des dirigeants en fonction de leurs compétences passées, gages de leur compétence future, et de leur aptitude à surpasser dans le débat, l'argumentation et la force de conviction de ceux qui leur sont opposés. Il ne peut y avoir de démocratie sans que ce processus s'exerce, qu'il prenne la forme d'une course de fond comme c'est plutôt le cas en France ou d'une course de vitessse à l'image des primaires américaines.

Cette compétition continue constitue pour moi un des aspects les plus fascinants de la vie politique en même temps qu'un des meilleurs garants du fonctionnement d'une démocratie.

C'est pour cela qu'il faut créer toutes les occasions possibles de débat, ne jamais refuser d'aller affronter ses adversaires politiques en joutes singulières à la radio ou à la télévision, même si malheureusement les occasions se font rares. J'espère que la période qui s'ouvre incitera les grands médias audiovisuels à renouer avec cette tradition qui leur permet de pleinement jouer leur rôle.

Le débat en public est, en effet, la seule manière de confronter deux personnalités et de mesurer les compétences et les traits de caractères de chacune d'entre elles. Est-ce bien utile demanderont certains ? Dans le monde moderne, tout dirigeant n'est-il pas entouré d'une foule de conseillers qui peuvent suppléer une connaissance défaillante ? Je ne le crois pas. La façon de réagir à une situation de crise, l'aptitude à mobiliser des expériences passées que l'on nomme l'intuition, la capacité à tenir bon dans l'adversité la plus grande, lorsque la pression des adversaires est la plus forte, ne relève pas des conseillers. Elle découle du chef. C'est même sa raison d'être.

Chacun l'admettra, l'expérience acquise dans des fonctions de grande responsabilité, les succès éventuellement obtenus dans des circonstances difficiles constituent des indicateurs solides de la capacité à affronter d'autres défis. Nicolas Sarkozy l'a bien compris qui a trouvé nécessaire de dépasser l'expérience forcément limitée d'un ministre de l'Intérieur pour aller à Bercy se frotter aux défis économiques et à la compétition internationale. Si je demeure sceptique sur la politique économique qu'il a suivie et dont les conséquences en 2005 n'ont pas été brillantes, je reconnais que dans l'affaire Alsthom il a su faire montre des qualités qu'on peut attendre d'un leader politique dans un environnement international difficile.

Il n'y a pas que la réforme constitutionnelle de 1962 qui a changé la donne, l'importance prise depuis un quart de siècle par les sondages d'opinion constitue aussi un élément nouveau. Ils montrent que la popularité d'un responsable politique peut être fondée sur tout autre chose que ce qui vient d'être évoqué. Il peut s'agir d'une action d'éclat qui marque le début d'une carrière comme cela a été le cas avec l'IVG pour cette femme d'exception qu'est Simone Veil. Il peut s'agir d'une idée nouvelle qui transforme le paysage, je pense aux Médecins sans Frontières puis au droit d'ingérence du charismatique Bernard Kouchner. Dans les deux cas, leur immense popularité ne s'est jamais démentie sans qu'aucun n'ait jamais exercé de responsabilité majeure dans l'exécutif de notre pays. Alors ? Serait-elle fausse cette analyse qui veut qu'il faille d'abord passer par l'expérience et la sélection naturelle pour avoir fait la preuve de sa capacité à conduire notre peuple dans des circonstances difficiles ? Serait-il possible d'inviter le pays à se redresser dans « le sang, le labeur, les larmes et la sueur [1] » sans avoir soi-même subi aucune épreuve ? Ce n'est pas sûr. Le temps des sondages n'est pas celui de l'élection. Les circonstances des sondages ne sont pas celles de l'élection. Et des personnalités aussi attachantes que Simone ou Bernard ont pu le mesurer. Comme si le peuple s'était vengé de la faveur qu'il leur accorde si volontiers en refusant toujours de la traduire dans les urnes.

Evidemment, il serait absurde de conclure qu'une popularité au zénith constitue un handicap. Mais elle ne peut suffire. Voilà les réflexions que m'inspire ce matin la lecture des résultats d'un sondage très flatteur pour Ségolène Royal. Sa popularité est forte. L'essentiel reste à faire.

Mercredi 30 novembre

Remise, par Michel Pébereau, des insignes de la Légion d'honneur à François Villeroy de Galhau, mon directeur de cabinet à Bercy, aujourd'hui président du Cetelem.

Des louanges qui lui sont adressées et ont trait à la période où je fus ministre de l'Economie et des Finances, je ne refuse pas de prendre ma part – les compliments sont rares en politique! –, mais je veux rendre celle qui revient à l'équipe qui était à mes côtés – sûrement une des plus

---

1. « *I have nothing to offer but blood, toil, tears, and sweat...* » Extrait du discours devant le Parlement britannique prononcé par Winston Churchill, le 13 mai 1940.

efficaces que la France ait connue – et tout particulièrement à celui qui la dirigeait.

La cérémonie est à son image : intelligente, fine, sensible, émouvante – pleine de pudeur, de morale et d'humanité.

Je retrouve François comme je l'ai toujours connu.

Vendredi 2 décembre

Les six accusés qui avaient fait appel de leur condamnation par la cour d'assises du Pas-de-Calais dans l'affaire
d'Outreau ont été acquittés en appel.

Que dire face à un tel désastre humain et judiciaire ?
Quels mots trouver pour dire sa peine, son émotion, mais
aussi sa dette face au calvaire d'hommes et de femmes à
jamais blessés ? De longues années de détention provisoire
pour des innocents. Un suicide. Des parents jetés en
pâture à l'opinion pour des faits particulièrement odieux.
Des familles séparées, déchirées, dévastées. Une instruction mal menée, des experts discrédités, bref, une justice à
son tour accusée.

L'opinion est à juste raison bouleversée par cette affaire : l'erreur judiciaire, comme l'erreur médicale, fait
peur. Mais aujourd'hui, un sentiment de honte domine :
les acquittés témoignent des humiliations et des brimades
subies tant pendant la garde à vue que durant les auditions ou l'incarcération. Cela nous renvoie l'image d'un
système judiciaire injuste et inégalitaire.

L'heure est à l'émotion. Viendra le temps de la
réflexion, calme et sereine. Car je n'oublie pas les emballe-
ments qui, il y a peu encore, mêlaient étroitement la presse
et l'opinion. La procédure d'appel a permis de reprendre
l'examen des faits et de revenir sur une instruction appa-
remment biaisée. Des journalistes ont contribué à éclairer
cette affaire d'un jour nouveau. Le doute s'est progressi-
vement insinué, jusqu'au basculement qui a conduit à
mettre en évidence les dysfonctionnements de la justice.

Une prétendue affaire Dutroux à la française, des ramifications en Belgique, des « notables » impliqués! La justice doit savoir résister à la pression du moment. Les agressions sexuelles contre les mineurs, longtemps cachées au sein des familles, sont désormais dénoncées sans faux-semblants. Ce sont des crimes odieux. Mais ils ne justifient pas que les suspects soient d'emblée condamnés. On a vu des enseignants, faussement accusés par leurs propres élèves, se suicider. Hier inaudible, aujourd'hui exagérément sacralisée, la parole des enfants doit être réévaluée. Encore faut-il qu'elle soit correctement recueillie! Entre l'exigence de mieux lutter contre les violences faites aux enfants et l'obsession de la pédophilie, notre société de la médiatisation brève a du mal à trouver l'attitude qui convient.

Devant l'émotion que suscita l'affaire, le gouvernement est tenté de trouver des victimes expiatoires. Un expert qui avait déclaré qu'au prix où elles étaient payées, il ne fallait pas exiger des expertises de meilleure qualité, est menacé de radiation. C'est juste. Le président de la République demande à l'inspection des services judiciaires une enquête administrative. C'est bien le moins. Le jeune juge qui a instruit l'affaire à Outreau se voit chargé de tous les péchés. S'il a failli, il devra être sanctionné. Mais je n'oublie pas qu'un juge n'agit jamais seul. Combien de magistrats, avec lui, ont été impliqués? Près d'une centaine, dit-on...

Il serait rassurant de se dire que les défaillances d'un homme expliquent le fiasco judiciaire. Je ne le crois pas. C'est l'ensemble du fonctionnement judiciaire dans les affaires pénales qu'il faut revoir.

Avant de réagir aux propositions qui fusent, ici ou là, dans l'urgence, un mot cependant sur les juges. Je ne serai pas de ceux qui se saisissent d'Outreau pour accabler la justice, les juges, ou même un juge. On voit bien que pour certains, l'occasion d'affaiblir la justice est trop bonne à saisir. Juger est une lourde responsabilité humaine. Celles et ceux qui se consacrent à ce métier difficile le font, dans leur écrasante majorité, avec conscience, sens des responsabilités, passion de la vérité, au prix de beaucoup de travail et dans des conditions matérielles souvent difficiles. D'ailleurs ce sont des juges qui, en appel, ont corrigé l'erreur d'autres juges.

Faut-il réformer la justice après l'affaire d'Outreau, et dans quel sens ?

Il faut certainement le faire. Non dans l'improvisation mais dans la concertation, notamment avec les représentants des magistrats et des avocats.

Outreau soulève beaucoup de questions. De celle de la responsabilité de tous ceux qui concourent à la justice à celle de la détention provisoire, en passant par le signalement des mineurs et le recueil de la parole des enfants, le fonctionnement des services d'enquête, des expertises et les moyens de la justice.

Le juge d'instruction peut se tromper. Faut-il alors, comme on l'entend beaucoup dire, en finir avec le juge d'instruction à la française et notre procédure inquisitoire ? Faut-il adopter, à l'inverse, la procédure accusatoire à l'américaine ? Ce n'est pas un hasard si tant d'avocats y sont favorables : dans ce système, la défense peut mener ses propres enquêtes. Je ne suis pas convaincu du bien-fondé d'une telle réforme : seuls ceux qui peuvent les payer bénéficient d'enquêtes minutieuses et la justice américaine n'est ni un modèle d'égalité sociale ni, à l'évidence, un rempart contre les erreurs judiciaires !

Je crois à une justice qui reste publique et qui ait les moyens de son indépendance. On parle des petits juges. Et si l'on avait de « grands juges », qui puissent par exemple imposer une mesure d'investigation refusée par le parquet ? Car supprimer les juges d'instruction, c'est donner plus d'emprise au parquet, placé sous l'autorité directe du pouvoir politique. Je n'ose en imaginer les conséquences. D'ailleurs la droite, qui revendique, contrairement à ce qu'a fait la gauche entre 1997 et 2002, le droit de donner des instructions aux procureurs dans les affaires individuelles, en a-t-elle donné dans l'affaire d'Outreau ? Quand ? Et en quel sens ?

La conduite de l'instruction – avec la direction de la

police judiciaire – doit rester de la compétence du juge d'instruction indépendant. On a souvent décrit la solitude du juge d'instruction. Il faut l'atténuer. Un juge seul peut faillir. Il faut l'encadrer. Je propose de réfléchir à la collégialité des juges. Robert Badinter avait fait voter le principe d'une instruction à plusieurs juges. La droite a annulé cette réforme. Ne peut-on la reprendre ?

La détention provisoire doit rester l'exception, comme le prévoit d'ailleurs la loi. Tel n'est pas le cas. Ne faut-il pas réduire encore les cas dans lesquels une mise en détention provisoire est possible ? La loi sur la présomption d'innocence a créé un juge de la liberté et de la détention. A Outreau, cela n'a rien empêché. Pourquoi ?

On ne peut taire la faiblesse des moyens accordés à la justice. C'est un service public. Il est exsangue. Les juges n'ont pas les moyens de travailler. Je sais que la collégialité exigera des moyens supplémentaires. Mais regardons les choses en face : notre pays consacre à sa justice 28 euros par habitant. Comme la Croatie. Deux fois moins que l'Allemagne (53 euros) ou que la Belgique (64 euros).

Je n'oublie pas enfin la nécessité de s'interroger sur la formation, initiale et permanente, des magistrats et des enquêteurs. On ne peut qu'être frappé par les difficultés qu'ils ont eues dans l'affaire d'Outreau à dialoguer avec des personnes dont la majorité venaient d'autres milieux culturels que les leurs. Plus modestes. C'est cela aussi l'inégalité devant la justice que relevait en son temps La Fontaine : il n'est pas sûr que les personnes interrogées et le juge se soient « compris ». C'est aux juges de savoir comprendre. De savoir douter. De savoir rester humbles. De savoir respecter. C'est affaire de tempérament. C'est, surtout, affaire de formation.

L'humanité et l'humilité. On en vient toujours là. L'avocat général a su le dire devant la cour d'appel de Paris.

Lundi 5 décembre

Arlette Laguiller : « Je suis candidate. » Cela ne nous rajeunit pas. Arlette, c'est l'art de prononcer des anathèmes avec des mots de tous les jours.

Mercredi 7 décembre

Le gouvernement vient d'annoncer triomphalement une nouvelle baisse du chômage. Les accents victorieux sont trompeurs, comme la plupart des annonces de la droite au pouvoir depuis 2002.

D'abord, la baisse du chômage est très faible. On est passé de 10 % de la population active au chômage en octobre 2004 à 9,7 % aujourd'hui. On est encore loin du niveau de taux de chômage que la droite a trouvé en arrivant au pouvoir en 2002 : 9 %, alors qu'elle nous avait laissé en 1999 un taux de 12 %.

Mais surtout, cette baisse est purement statistique. Elle correspond à l'augmentation de départs en retraite et aux radiations de masse opérées par l'ANPE sur ordre du gouvernement.

Il n'y a pas eu, en revanche, de création d'emplois salariés dans le secteur marchand. Zéro emploi nouveau. Le nombre de postes de travail y est étale, à 15 millions environ. Alors que, en cinq ans, la gauche avait créé 1,7 million d'emplois salariés privés – deux millions en tout, en comptant les emplois-jeunes. Cela prouve l'échec du « contrat nouvelle embauche » (CNE). Il n'a apporté aucun emploi nouveau. Il a simplement transformé des CDI en CNE. Il a encore renforcé la précarité économique des Français.

Dimanche 11 décembre

Assemblée générale des collectifs de *Socialisme & Démocratie*, qui réunissent mes amis au sein du PS. Je ne suis passé qu'en fin d'après-midi. Je mesure le travail accompli en trois ans. Presque tous les départements sont représentés. Notre lettre compte plus de 20 000 abonnés. Le club *A gauche, en Europe* regroupe plusieurs centaines d'experts. On me dit que la matinée fut riche de plusieurs dizaines d'interventions, dont on me rapporte le contenu. Je tiens à faire la liste de ceux que je veux saluer parce que, pour moi, le combat politique est un combat collectif. Je pense en particulier à ce qu'ont pu dire Jean-Paul Huchon, le talentueux président de la région Île-de-France ; Michel Destot, qui porte haut les couleurs du socialisme grenoblois ; Michèle Sabban, l'active et perspicace combattante de la cause des femmes au PS ; le subtil Jean-Paul Planchou, ancien porte-parole de Jean-Pierre Chevènement ; Bernard Soulage, la tête chercheuse ; Philippe Bassinet, l'ancien bras droit de Jean Poperen ; Gérard Gouzes, l'ancien président de la commission des Lois ; François Pupponi, mon ami, le maire de Sarcelles ; le rigoureux Laurent Baumel ; le sénateur du Gard, le pugnace Simon Sutour ; le Haut-Garonnais, Jean-Pierre Plancade ; l'autre Haut-Garonnais, le jeune et plein d'avenir Joël Carreiras ; le résistant à Fabius en Haute-Normandie, le député-maire Pierre Bourguignon ; le pilier de l'équipe, le député-maire d'Alfortville, René Rouquet ; le Marseillais magnifique, Serge Andréoni ; les femmes montantes du PS, Marietta Karamanli ou la première secrétaire fédérale du Rhône, Christiane Demontès. Sans oublier Catherine Trautmann, toujours solide ; Marie-Pierre de La Gontrie, toujours intraitable ; et l'ex-égérie du CERES, Nicole Bricq, toujours percutante. J'en oublie évidemment. Alain Richard qui, au-delà de ses compétences en matière stratégique, est un impressionnant connaisseur de la carte électorale française, a montré comment la gauche pourrait l'emporter à la présidentielle et aux législatives. Alain Bergounioux, historien à la plume facile, dernier intellectuel organique de la gauche, a esquissé les contours de notre identité. Mon complice de toujours, Pierre Moscovici, Monsieur « affaires étrangères » du PS mais dont tous reconnaissent la compétence en matière économique, a exposé nos initiatives européennes. Jean-Marie Le Guen, à l'intelligence inventive et bouillonnante, a insisté sur la nécessité de faire le partage entre le courant et ma candidature.

Ce qui me frappe dans cette équipe, c'est l'intelligence individuelle de chacun de ses membres et, plus encore, l'intelligence collective dont elle est capable. Certains d'entre eux m'accompagnent depuis longtemps, comme Gilles Finchelstein, peut-être le plus fin de tous et le plus fidèle ami. D'autres m'ont rejoint plus récemment. Je suis fier de les avoir à mes côtés et de pouvoir compter sur leur talent.

J'ai proposé à Jean-Christophe Cambadélis, ami de longue date, d'animer notre sensibilité avec une équipe de trente élus et responsables. Marisol Touraine, toujours attentive aux mouvements de la société, va s'occuper du club *A gauche, en Europe,* avec Olivier Ferrand, indispensable organisateur des experts de tout poil.

Dans un bref discours, j'ai fixé mon plan de marche des six mois à venir : me consacrer exclusivement aux socialistes et aux Français. J'ai indiqué mon objectif : anticiper le projet pour la France. J'ai tracé ce que j'estime être le profil du présidentiable : une vision, des solutions, une détermination.

Et puis, accompagné par celui qui est aujourd'hui le meilleur connaisseur du Parti socialiste, Christophe Borgel, j'ai passé un peu de temps avec chaque délégation. Je sais où je vais, je sais pouvoir compter sur mes amis. Ce fut une belle journée.

Samedi 31 décembre

Cette séance de vœux à la télé est vraiment redoutable. J'ai toujours admiré François Mitterrand dans cet exercice. Il n'avait pas son pareil pour, tel l'ami de la famille, nous chuchoter quelques phrases à l'oreille. Plus compassionnel que politique, il ciselait ses allocutions avec une vraie connaissance de nos maux et un art consommé des mots. Ce qui était impressionnant ? La fluidité du propos, la conscience dans l'à-propos, la bonne distance dans ce moment convivial et familial. Mitterrand connaissait suffisamment les Français pour ne pas les importuner, et il n'avait pas son pareil pour être le dernier des invités.

Chez Jacques Chirac, qui a beaucoup progressé dans l'exercice, il y a comme une raideur militaire. Avec lui, l'émotion ne passe pas. Le timbre de la voix, la cadence des phrases, les respirations. Jacques Chirac, chaleureux dans l'intimité avec son accès facile et ses plaisanteries de corps de garde, paraît emprunté, comme en représentation. C'est l'idée qu'il se fait de la charge qui le rend compassé. Je lui ai fait porter cet après-midi la pétition pour l'abrogation de l'article 4 de la loi du 23 février 2005. Elle prend de l'ampleur. Jacques Chirac ne pourra pas refuser de tenir compte de l'émotion et de l'indignation qu'a créées cet article. Il devra bouger. Le plus tôt sera le mieux.

Jeudi 5 janvier 2006

Colère froide, ce soir. Et il y a de quoi. Les graves incidents qui se sont produits dans le train Nice-Marseille au cours de la nuit du 1ᵉʳ janvier font, désormais, la « une » des journaux et, notamment, la « une » de TF1 qui reçoit

Nicolas Sarkozy. Colère, d'abord, face à l'événement lui-même, à ces insupportables débordements collectifs, à ces inacceptables agressions physiques – je pense évidemment, moi aussi, à cette jeune fille de vingt ans attaquée, frappée et violentée. Mais colère, aussi, face au traitement de cet événement. Les médias ? Ils lui accordent l'essentiel du journal télévisé au moment précis où, partout ailleurs dans le monde, ce sont les conséquences de l'état de santé d'Ariel Sharon pour l'avenir du Proche-Orient qui mobilisent les journalistes. Le ministre ? Il reproduit une nouvelle fois un schéma de communication mêlant irresponsabilité – c'est le président de la SNCF qui est convoqué et accusé –, compassion – il reçoit les victimes – et annonce – cette fois-ci, la « mise en place, dès janvier, d'une police des transports dotée de mille à mille cinq cents agents ». Réactions ? Inconnues. Interrogations ? Malvenues. Questions ? Convenues. Et pourtant, il y aurait bien des réactions, bien des interrogations, bien des questions. Alors que les mêmes jeunes s'étaient déjà illustrés la veille, comment se fait-il que la préfecture des Alpes-Maritimes les ait laissés libres de remonter dans un train sans même prendre la peine de prévenir les autres préfectures concernées des dangers potentiels ? A quoi a donc servi le placement sous la seule autorité du ministre de l'Intérieur des forces de police et de gendarmerie ? Alors que le budget vient d'être voté, comment vont être financés ces postes de policiers s'il s'agit de postes supplémentaires, et sur quels postes seront-ils prélevés s'il s'agit de transferts ? Comment seront-ils recrutés et formés ? Pourquoi les concentrer dans les TER et non dans les trains de banlieue ? Faut-il même réellement créer une police des transports, ou faut-il simplement améliorer la coordination entre la police ferroviaire (composée d'agents de la SNCF) et les renforts ponctuels lorsqu'ils sont nécessaires ? Va-t-on mettre en place, dès que l'actualité l'exigera, une police des écoles – spécialement dans les lycées professionnels –, une police des hôpitaux – pour les établissements psychiatriques –, une police des stades – pour le foot ? Tout cela est dramatiquement improvisé. Dans un régime démocratique, on ne peut se soustraire à ses résultats, on ne peut s'exonérer de sa responsabilité, on ne peut se dérober à son bilan. Le voile va se déchirer. Alors l'insécurité sera, elle aussi, inscrite au débit de la droite parce qu'elle aura échoué, et non à son crédit parce qu'elle saurait mieux la combattre.

Dimanche 8 janvier

Michel Rocard lance un appel en ma faveur pour la présidentielle. Il est parfois complexe dans l'exposé de ses propos — mais Scott Fitzgerald ne disait-il pas que « la marque d'une intelligence de premier ordre, c'est la capacité d'avoir deux idées opposées présentes à l'esprit en même temps, et de ne pas cesser de fonctionner pour autant » ? Mais il est net et sans calcul dans ses engagements. Son dernier livre révèle une partie de lui-même. Le succès qu'il rencontre démontre l'intérêt dont il est encore l'objet. On raconte toujours la victoire des vainqueurs. Sur l'apport de Michel à la gauche, beaucoup trop est passé sous silence. Pourtant, que d'imagination, de propositions, d'anticipation ! Au regard de son engagement, je mesure la responsabilité qui m'incombe. Il faut réussir à renouveler la pensée. Il faut tenter d'être audacieux et réaliste. Il faut repousser tous ceux qui renoncent en s'adaptant aux marchés ou ceux qui se précipitent dans la démagogie.

Mardi 10 janvier

Le Monde annonce la « disponibilité » de José Bové pour l'élection présidentielle. Comment ne pas être frappé par la façon dont les candidats se présentent ? Il ne s'agit plus de défendre des idées — même si José Bové en a — mais d'occuper un espace : la gauche de la gauche. Outre que celui-ci est déjà assez encombré – Marie-George Buffet, Jean-Pierre Chevènement, Olivier Besancenot, Arlette Laguiller, Daniel Gluckstein –, la question est de savoir si l'écologie a pour vocation de jouer ce rôle. Ne se suffit-elle pas à elle-même? José Bové, c'est autre chose. C'est un précipité très particulier de contestation radicale. La contestation existe dans la société française. Elle est d'autant plus radicale que l'économie se mondialise. Elle ne croit pas à une voie réformiste, régulatrice de la mondialisation. Il ne serait pas anormal qu'elle s'unisse et présente un candidat au premier tour. Il ne serait pas impossible, une fois le socialisme français redessiné, que se noue un dialogue, une confrontation avec ces derniers. Nous partageons la même hostilité au développement spontané du capitalisme. Nous divergeons radicalement quant aux solutions. Mais nous pouvons dialoguer. Personne à gauche ne peut favoriser la victoire de la « théologie de la rupture libérale » chère à Nicolas Sarkozy. Personne non plus ne peut défendre publiquement la politique du pire.

Jeudi 12 janvier

On ne sait plus qui parle. Le ministre de l'Intérieur? Le président de l'UMP? Le candidat? Nicolas Sarkozy présente son projet présidentiel. Le chef de la droite taille dans les institutions un costume à sa mesure et personne ne trouve rien à y redire. La presse, qui a en d'autres temps raillé le pouvoir personnel, ne juge plus la proposition pour ce qu'elle est, mais le discours pour l'effet qu'il produit dans l'espace public. Tout est tactique. Tout est com'. Tout est instant. La France souffre de ce rythme effréné qui ne lui laisse pas le temps de respirer. Il propose, pour faire image, de chambouler beaucoup de choses. Il ne sera pas suivi.

Nos institutions sont solides. Elles sont aussi le produit d'une histoire. Le général de Gaulle et Michel Debré voulaient centraliser l'exécutif pour tenir le cap de l'intérêt général. La décolonisation de l'Indochine et de l'Algérie avait bouleversé la société française. La France n'était plus grande par son empire. Il fallait reconstruire son prestige et son indépendance : ce fut l'arme nucléaire. Il était nécessaire de tourner la France vers elle-même : ce fut l'ardente obligation du Plan. Il était indispensable de lui offrir un nouvel horizon : ce fut l'Europe. Pour aboutir à cette réorientation qui n'allait pas de soi, il était nécessaire de réduire le rôle du Parlement : ce fut la Ve République. Après quelques hésitations, elle fut plébiscitée avec l'élection du président de la République au suffrage universel. Depuis, il y a eu l'alternance de 1981 et l'installation durable de la gauche au pouvoir. Il y a eu les cohabitations, réputées hier impossibles ou tragiques. Il y a eu le quinquennat et sa concomitance avec la durée d'une législature. Il y a eu l'abaissement de la fonction présidentielle par Jacques Chirac, la qualification de Le Pen pour le second tour de l'élection présidentielle, la France dans la mondialisation, l'envol de l'abstentionnisme. La Ve République a besoin de respirer, de se ressourcer, de trouver un deuxième souffle. Pour cela, il faudra un référendum rétablissant le Parlement dans ses droits, interdisant le cumul des mandats – combat mené avec constance et conviction par Bernard Roman comme par Arnaud Montebourg – et établissant la parité dans toutes les institutions françaises.

*

Dominique de Villepin vient de fixer un objectif de « déficit zéro » pour les finances publiques en 2010. Cette annonce fait suite au rapport Pébereau qui, le mois dernier, dénonçait la dérive insoutenable de la dette publique.

Il est en effet temps de réagir. Avec un endettement atteignant 66 % de la richesse nationale, la France se situe désormais au 21e rang de l'Union européenne. Et c'est la seule des grandes dettes publiques à continuer de croître.

40 milliards d'euros ont été engloutis cette année dans le paiement des intérêts de la dette : plus que le budget de la Défense...

Il est normal que l'Etat soit endetté. Que dirait-on d'une entreprise qui refuserait de se développer pour ne pas s'endetter ? Tout est question de proportions. Ce qui est grave pour la France, ce n'est pas que la dette publique atteigne 66 % du PIB – les Italiens et les Belges sont bien au-dessus des 100 % –, c'est qu'elle augmente et tende à échapper à tout contrôle. Ce qui est plus grave, c'est que la dette soit à l'origine de paiements d'intérêts qui limitent de plus en plus fortement la capacité d'intervention de l'Etat. Mais ce qui est plus grave encore, c'est que le paiement de ces intérêts soit la cause d'une incroyable redistribution à l'envers : schématiquement, la TVA versée par les classes populaires sert à payer une rente à ceux qui ont prêté à l'Etat et qui ne sont pas parmi les plus défavorisés ! C'est pour cette raison-là que, la dette étant l'ennemie de la gauche, la gauche doit être l'ennemie de la dette.

Comme prévu, le gouvernement en a profité pour annoncer un nouveau tour de vis sur les dépenses de l'Etat. Elles étaient indexées sur l'inflation. Elles devront désormais avoir une « croissance zéro ». Compte tenu de l'inflation, c'est donc une baisse réelle des dépenses de l'ordre de 2 % par an que Dominique de Villepin vient d'annoncer.

Cette annonce n'est pas crédible. Le gouvernement n'arrive déjà pas à tenir les dépenses aujourd'hui ! Il maquille le budget en l'adossant sur des hypothèses de croissance notoirement surévaluées. Il triche en transférant des charges aux collectivités locales, afin de rejeter sur elles la responsabilité de la dérive financière. Il utilise des expédients en vendant le patrimoine de l'Etat – patrimoine financier avec les privatisations et patrimoine immobilier désormais – pour financer des dépenses courantes.

Mais surtout, la politique menée est néfaste. Le problème, ce ne sont pas les dépenses. L'Etat français est un

Etat raisonnable : les dépenses de l'Etat ne représentent que 19 % du PIB, ce qui n'est pas exagéré au regard des comparaisons internationales. Le problème, ce sont les recettes qui se réduisent du fait de la politique de baisse d'impôts menée depuis 2002. Une politique injuste, car elle ne profite qu'aux plus aisés. Une politique absurde : mais qui pouvait se douter que Jacques Chirac voudrait pour la première fois tenir ses engagements de campagne ?

Que faire, alors ?

D'abord, rénover la comptabilité publique. Dans une entreprise, brader les actifs n'améliore pas les comptes, contrairement à ce que fait l'Etat au moyen des recettes des privatisations. La dette y est calculée en « net ». Le même système doit être utilisé pour les comptes publics.

Ensuite, adopter un code de responsabilité budgétaire, en s'inspirant par exemple du modèle britannique. C'est le point fondamental. Le code britannique interdit notamment le financement des dépenses de fonctionnement par le déficit et fixe une norme maximale de dette qui ne peut être dépassée.

Enfin, mettre fin à la toute-puissance du gouvernement sur le budget et créer des institutions pouvant faire contrepoids. Il est par exemple anormal que le ministre des Finances fixe les hypothèses de croissance ou qu'il évalue le coût de ses réformes. Car la tentation est forte de les « bidonner ». Ces chiffrages devraient être arrêtés par un organisme indépendant comme l'INSEE.

Dimanche 15 janvier

Journée harassante hier. D'abord, Lyon et une réunion sur la surpopulation dans les prisons : une honte française. Ensuite, Bruxelles et un colloque sur les étapes qui nous attendent en raison de l'inexistence du « plan B » : une responsabilité française. Enfin, L'Haÿ-les-Roses et un meeting pour pilonner la droite qui abîme la France et commencer à faire des propositions : un avenir français.

Plus j'avance, plus la France m'apparaît comme une entité à défendre, plus je ressens son désir de renouveau, plus je perçois la nécessité d'une renaissance. La presse aura retenu surtout mon arrivée en moto taxi. Cela n'était guère grisant et peu signifiant : juste commode pour boucler une journée très chargée.

Je reviens sur Lyon. La honte. L'accablement. Voilà les sentiments qui vous assaillent lorsque vous visitez, pour la première fois, une prison. Surpopulation, promiscuité, taux de suicide dramatiquement élevé (le plus élevé d'Europe), violences entre détenus, détresse mentale et physique... Faut-il détailler plus avant le triste tableau des prisons françaises ? Faut-il rappeler que notre pays – notre République – est régulièrement montré du doigt par les instances internationales ? Le silence a trop longtemps été la règle. Il devient coupable.

Je n'ai jamais été un naïf ou un angélique. Notre société a besoin de prisons, et les victimes doivent savoir que les coupables sont punis et que leur peine sera appliquée. Mais l'obligation de punir doit-elle nous faire oublier la plus élémentaire des humanités ? Il y a vingt-cinq ans, le combat de la gauche pour notre dignité collective fut celui de l'abolition de la peine de mort, magnifiquement porté par Robert Badinter. Aujourd'hui, l'exigence morale, sociale et politique de la gauche est de faire de la dignité des conditions de vie dans les prisons son nouveau combat.

Exigence morale parce que la dignité de chaque homme, de chaque femme, anime le combat socialiste. Notre République gagne-t-elle en grandeur à voir les prisonniers ainsi humiliés ? Effectuée dans des conditions dégradantes, la sanction perd toute sa force. C'est ajouter l'humiliation à la sanction : est-ce là le sens de la justice et du droit ?

Exigence sociale aussi, parce que la détresse et la violence nourrissent la récidive. Entrer en prison aujourd'hui, c'est apprendre à y retourner. La prison est devenue la meilleure école du crime en France, en particulier pour les plus jeunes prisonniers. Or l'objectif doit être de mieux protéger la société, et dans la société chaque homme et chaque femme. Il est facile de faire des effets de manche lorsqu'un détenu libéré commet un nouveau crime. Mais la récidive se nourrit d'abord de l'absence de formation professionnelle apportée aux prisonniers; elle s'alimente du déficit de médecins, notamment de psychiatres, pour les suivre et les soigner; elle se renforce du manque désolant de moyens apportés au suivi des détenus libérés.

Exigence politique enfin, car le gouvernement ne connaît d'autre réponse à la délinquance que l'enfermement et la mise à l'écart. Jamais on a autant enfermé et emprisonné que sous ce gouvernement. Jamais les prisons n'ont été à ce point surpeuplées. La France s'en porte-t-elle mieux? J'en doute! L'amnistie et le droit de grâce sont devenus les soupapes de sécurité d'un système à bout de souffle. Triomphe de l'arbitraire!

Que faire? Nous assistons aujourd'hui à l'épuisement d'un modèle judiciaire et carcéral inventé au XIXe siècle. La prison apparaissait alors comme la réponse d'un Etat moderne au sentiment de peur croissant dans des sociétés en pleine mutation industrielle. L'urbanisation, l'afflux de masses miséreuses arrachées aux campagnes, la brutalité des rapports sociaux, tout cela a nourri la volonté de contrôle social. En mettant la police de Fouché et le code pénal au service de sa lutte contre les « classes dangereuses », la bourgeoisie a inventé les prisons modernes. Déjà, la gauche d'alors disait que, même moderne, la punition n'est rien là où la dignité n'est pas.

Mon objectif est simple et tient en peu de mots : « une place, une personne », même si j'ai conscience qu'il doit s'agir là plus d'un objectif que d'une règle intangible. C'est la raison de ma venue à Lyon pour un colloque sur ce thème. Arrêtons d'entasser les prisonniers en oubliant leur dignité, leur pudeur, leur droit à l'intimité. Une place, un prisonnier. Et un seul. Aujourd'hui, dans des cellules de quelques mètres carrés, s'entassent trois, quatre personnes.

J'entends déjà les faux arguments de ceux qui ne veulent pas bouger. Non, je ne prône pas la victoire du laxisme sur l'ordre : je défends l'ordre dans la dignité.

212

Non, les grands criminels ne seront pas relâchés si les prisons sont pleines : ce ne sont pas eux qui sont entassés dans des cellules trop petites. C'est dans les maisons d'arrêt, où sont enfermés les petits délinquants, que manquent aujourd'hui plus de huit mille places ! Non, la privation de liberté ne doit pas être la privation d'humanité. Parce que la surpopulation est porteuse d'injustice : les petits délinquants s'entassent dans des cellules exiguës alors que d'autres sont mieux traités. Parce qu'elle rend le travail des personnels de l'administration pénitentiaire plus difficile encore, à cause du stress qu'elle provoque quotidiennement. Parce qu'elle ne permet pas la réinsertion. Pour toutes ces raisons et toutes celles déjà évoquées, la situation dans les prisons doit devenir une grande cause politique nationale. Il nous faut donc revoir l'ensemble de nos pratiques et de notre politique pénale, limiter au strict nécessaire, telle qu'elle est prévue par la loi, la détention provisoire, développer les sanctions alternatives à l'enfermement, prévoir l'aménagement des peines, mieux préparer les détenus à leur sortie de prison, faire de la formation et de la réinsertion des objectifs à part entière du système judiciaire et doter celui-ci de moyens adéquats. Ce combat doit être celui de la gauche. C'est en tout cas le mien.

Lundi 16 janvier

Avec le contrat première embauche, le gouvernement vient de présenter la version « jeunes » du contrat nouvelles embauches. L'esprit de la mesure est simple : après avoir oublié les jeunes dans le CNE, la terrible logique de ce dispositif leur est à présent étendue.

Précariser le salarié : voilà la réponse du gouvernement au chômage des jeunes. L'inspiration du CPE ne résulte pas de la volonté de traiter le chômage des jeunes, mais de celle de réformer le code du travail. Sarkozy et Villepin se font les chantres de la flexibilité. Les jeunes ne sont que les victimes collatérales de leur duel.

Si l'impact du CPE sur le chômage sera sans doute négligeable, ses conséquences sur la précarisation des salariés sont d'ores et déjà évidentes.

Le contrat première embauche part d'une généralisation hâtive : les entreprises n'hésiteraient à embaucher que par crainte de ne pas pouvoir licencier. Je ne dis pas que cette situation ne peut pas se rencontrer. Mais comme l'a montré l'expérience des années 1997 à 2000, elle ne saurait être significative au niveau macroéconomique. La droite croit toutefois à cette thèse. Dès lors, pour créer de l'emploi, il suffirait d'assouplir le droit du travail : en facilitant le licenciement, on inciterait à l'embauche. C'est ce présupposé idéologique, jamais démontré par les économistes, qui inspire la politique du gouvernement. Il y a pourtant bien d'autres déterminants du chômage, dont en premier lieu la croissance. C'est elle qui manque aujourd'hui.

En imposant la flexibilité sans la sécurité, le contrat première embauche mobilise des outils inadéquats. Pendant deux ans, les jeunes sous contrat première embauche ne bénéficieront pratiquement d'aucune garantie. Leur contrat pourra en particulier être interrompu du jour au lendemain, sans la moindre formalité. Aucune contrepartie pour le salarié n'est prévue : alors que le modèle danois de flexi-sécurité repose notamment sur une indemnisation forte du chômage, le gouvernement n'a eu de cesse de réduire les prestations servies aux chômeurs. On nous parle de modernité. Non ! Reporter tous les risques sur le seul salarié, ce n'est pas préparer l'avenir, c'est revenir en arrière. Aujourd'hui, 60 % des jeunes sont en CDI. Demain, ils seront en CPE.

CPE – CNE : les sigles changent, mais l'esprit demeure. Après avoir emprunté à la gauche le concept de sécurisation des parcours professionnels, le gouvernement lui donne un nouveau contenu : une précarisation généralisée des salariés.

Alors, que faire ? Pour ma part, je préfère traiter le problème avec pragmatisme plutôt que d'y appliquer des solutions idéologiques. Quelle est la situation ? La France fait face à une double urgence. D'abord, l'urgence de l'insertion des jeunes, auxquels on ne propose pas assez d'emplois et que nous devons mieux former. Ensuite, celle des départs en retraite liés au papy-boom. Si nous ne réagissons pas, nous allons connaître un double choc : 150 000 jeunes non formés et difficilement employables arriveront sur le marché du travail au moment même où un nombre croissant de secteurs d'activité connaîtront de graves pénuries de main-d'œuvre. Des jeunes au chômage alors que les emplois sont là : triste paradoxe français.

Je préconise une démarche globale, qui doit s'articuler autour des axes suivants. Pour les jeunes qui sortent sans diplôme de notre système scolaire, le développement de la formation en alternance. Et pour tous les salariés, l'amélioration des qualifications. Je prends un exemple : élever les qualifications, c'est permettre à une aide-soignante de devenir infirmière, et à une infirmière de se former pour s'insérer dans les nouveaux métiers de la santé.

Ce plan nécessite la mobilisation de tous. L'Etat et les collectivités, bien sûr ; mais aussi les partenaires sociaux, car la négociation est au centre de la rénovation du modèle social français. Enfin, les entreprises ont leur rôle à jouer : elles devront être encouragées ou pénalisées selon qu'elles participent ou non à cette mobilisation.

Il faudra par ailleurs avancer sur la question du contrat de travail en tant que tel. Mais il faut garder à l'esprit que voter une loi ne suffit pas à créer des emplois. C'est l'absence de politique économique de ce gouvernement qui cause et pérennise le chômage. C'est elle, et non notre droit du travail, qu'il faut attaquer.

Mercredi 18 janvier

Vœux à la presse, organisés comme d'habitude avec efficacité par Anne Hommel. Voilà des mois que je travaille à des solutions pour la France. On croit que les Français ne s'intéressent qu'à la forme, à l'écume des choses, aux images. Mais j'entends partout : « Qu'avez-vous à proposer ? » Les Français veulent un nouveau chemin, fait de protections, de promotion et d'innovation. Je formule quinze propositions, qui n'ont pas pour ambition de traiter de toutes les questions mais qui visent à servir d'exemples. Demain, la gauche ne sera pas placée devant un « comment gagner ? » mais devant un « comment réussir ? » On ne demandera pas « qui ? » mais « quoi ? » et « pour quoi faire ? » Le pays ne cherchera pas un porte-parole mais un porte-drapeau. Il faudra qu'il ait annoncé ses couleurs.

J'ai organisé ces quinze propositions autour de cinq axes.

Axe n° 1 : La lutte contre le chômage.

Proposition 1 : La garantie permanente d'activité.

Cette proposition englobe la sécurité sociale professionnelle. Le problème du chômage en France n'est pas celui du nombre de chômeurs, mais celui du nombre d'emplois. L'idée que je défends est celle d'un bouclier social pour mettre un terme à cette société précaire *via* une garantie permanente d'activité. Du début à la fin de la vie active, l'activité est permanente même en dehors de l'entreprise ou des administrations. Toutes les périodes de la vie d'un actif (travail, formation, mobilité) sont des périodes d'activité. Il faut en finir avec l'idée que les personnes qui ne travaillent pas parce qu'elles cherchent à se former sont un fardeau pour la société : elles sont productives et représentent un investissement pour l'avenir. Une carte retraçant sa trajectoire individuelle, à l'image de la carte Vitale, conservera la mémoire de l'ensemble des droits et retracera les grandes étapes de la vie active de chacun (formation, activités...).

Proposition 2 : La lutte contre la société précaire.

Pour limiter les emplois précaires et la multiplication des contrats à durée déterminée (CDD, CNE, CPE), je propose d'encourager les entreprises à embaucher des salariés sous contrat à durée indéterminée. Comment ? En utilisant l'instrument fiscal. Le taux de l'impôt sur les sociétés sera modulé pour chaque entreprise par un coefficient qui retracera la façon dont elle répond aux objectifs d'intérêt général fixés par les pouvoirs publics. Ainsi, une entreprise qui n'utilisera pas de salariés précaires verra son impôt baisser ; celle qui fera l'inverse pourra voir son impôt augmenter.

Proposition 3 : La création d'une agence de réindustrialisation.

Il faut mettre l'intervention publique au service des territoires. Notre tissu industriel est menacé par des phénomènes de délocalisation et par une disparité de traitement entre zones géographiques. C'est pourquoi je propose la création d'une agence de réindustrialisation et la mise en œuvre, quand c'est indispensable, d'un mécanisme de « nationalisations temporaires ».

Axe n° 2 : Les inégalités.

Le modèle français d'Etat-providence reste fondé sur la redistribution : il compense après coup les inégalités créées par le marché. Il faut aujourd'hui le compléter par une réduction des inégalités à la racine.

Proposition 4 : La gratuité des soins jusqu'à la fin de la scolarité obligatoire.

La santé est un facteur d'inégalités majeur chez les jeunes. De nombreuses études montrent que l'insuffisance de l'accès aux soins pèse en particulier sur la réussite scolaire. Je propose la gratuité des soins jusqu'à la fin de la scolarité obligatoire. Cette mesure est en réalité peu coûteuse en raison des économies que cette prévention générera.

217

Proposition 5 : La création d'un service public de la petite enfance et un maximum de quinze élèves par classe en ZEP. Cette proposition, que j'avais formulée en juin 2004 [1], a été reprise par le Parti socialiste lors de son congrès du Mans ; j'y suis extrêmement attaché.

Proposition 6 : Le système du « salarié franc ».
Le problème est simple : les jeunes de banlieue sont discriminés en raison de leur origine géographique. Je propose la mise en place d'un système de « salarié franc » dans lequel les entreprises qui embaucheront des jeunes venant de zones en difficulté seront gratifiées d'une prime ou bénéficieront d'une baisse de cotisations sociales. Ce n'est pas la zone que l'on privilégie, mais les gens qui y habitent.

Proposition 7 : La création de « nouvelles villes ».
La demande de logement social explose : situations de surpopulation et files d'attente se multiplient. Le foncier est trop cher et il est donc très difficile de construire autant de logements sociaux qu'il serait nécessaire. Pour échapper au coût du foncier comme aux « barres » que l'on aligne, il faut créer de « nouvelles villes ». Il nous faut manifester une volonté d'aménagement du territoire adaptée aux mutations urbaines et aux nouvelles formes d'organisation du travail en tirant les leçons − parfois douloureuses − de l'expérience des villes nouvelles.

Axe n° 3 : Le développement durable.

Proposition 8 : Réussir le pari du postnucléaire.
Nous assistons actuellement à un accroissement de la dépendance énergétique. On l'a vu récemment avec la crise du gaz entre la Russie et l'Ukraine ou l'augmentation du prix du pétrole. Nous connaissons les difficultés du

---

1. *Pour l'égalité réelle*, Notes de la Fondation Jean-Jaurès, juin 2004.

nucléaire dans un pays comme le nôtre. Pour y répondre, il faut consacrer un effort de recherche massif aux questions de l'énergie propre. La France a fait dans les années 1950 le pari du nucléaire et elle l'a réussi. Elle doit aujourd'hui faire le pari du postnucléaire et le réussir.

Proposition 9 : Création d'une Cour et d'une police de l'environnement.
Notre pays maintient une grande opacité sur les politiques environnementales. Les citoyens n'ont que faiblement accès à l'information en la matière. Il faut mettre en place une Cour de l'environnement et une police de l'environnement. Cette Cour pourra être saisie par les citoyens sur les différents problèmes posés par les atteintes à l'environnement. Comme la Cour des comptes, cette Cour rendra des rapports au Parlement, qui permettront d'intégrer le respect des normes environnementales aux politiques publiques.

Proposition 10 : Le droit d'ingérence sanitaire.
La mondialisation facilite la circulation de souches virales difficilement contrôlables. Il faut donc mettre en place un droit d'ingérence sanitaire et développer au niveau mondial un instrument permettant de gérer ce droit d'ingérence.

Axe n° 4 : La sécurité.

Proposition 11 : Pour un continuum de sécurité.
Nicolas Sarkozy a échoué parce qu'il a sécurisé les centres-villes et n'a conduit dans les banlieues qu'une politique du coup de poing. Les incidents du mois de novembre le montrent, comme ceux survenus sur le réseau ferroviaire. Je ne sais si la gauche aurait fait mieux, mais la droite a échoué. Elle a déshabillé les uns pour habiller les autres. Pour créer la police du train, on a ainsi pris des effectifs en banlieue – par exemple à Alfortville. Il faut

aujourd'hui créer un continuum de sécurité pour les Français du moment où ils partent de chez eux le matin au moment où ils rentrent le soir. C'est la condition d'une sécurité durable.

Proposition 12 : Recréer le lien avec la République.
Pour contribuer à assécher la « fabrication » des délinquants, il faut assurer le retour des services publics dans les quartiers grâce notamment à la mise en place d'un service civique obligatoire de six mois ayant pour objectif de recréer le lien entre la jeunesse et la République.

Proposition 13 : Eviter la récidive par une politique de sanction qui favorise la réinsertion.
La politique carcérale et la surpopulation chronique des prisons dans notre pays favorisent la récidive. Le but de la prison, c'est d'en sortir, non pas d'y retourner. Il faut donc faire évoluer notre politique judiciaire en développant les alternatives à l'enfermement. Cela concerne les petits délits et les maisons d'arrêt, évidemment pas les maisons centrales.

Axe n°5 : La démocratie.

Proposition 14 : Le mandat unique pour les parlementaires.
Je suis fondamentalement parlementariste : je souhaiterais qu'à l'image des démocraties européennes voisines (Royaume-Uni, Allemagne, Espagne...), la France adopte ce système. Mais les Français sont très attachés à l'élection au suffrage universel direct du président de la République depuis 1962. Il n'est pas question de revenir là-dessus. Le rêve du régime parlementaire doit donc être laissé de côté.
Ma conception n'est pas d'attribuer plus de pouvoirs au président de la République. Il faut selon moi rééquilibrer les pouvoirs au profit du Parlement. La mère de toutes ces réformes est le mandat unique des députés. C'est le cœur

du sujet. Le mandat unique permettra de changer le mode de fonctionnement de la Ve République.

Proposition 15 : La volonté d'exercer sa citoyenneté en France doit permettre d'accéder à la nationalité. Depuis Mitterrand, nous n'arrivons pas à faire avancer le couple droit de vote des immigrés/accès à la nationalité française. Je propose de renverser le problème. Les étrangers qui remplissent les conditions de demande de naturalisation pourront, s'ils souhaitent s'engager dans l'exercice de la citoyenneté dans notre pays, s'inscrire sur les listes électorales et rejoindre la communauté nationale en exerçant leur droit de vote. « Tu votes, tu es Français. »

Lundi 23 janvier 2006

Suite de l'affaire Hewlett-Packard. Je déjeune avec Michel Destot, qui a été chercheur et chef d'entreprise avant d'être élu. Il pense que HP s'est affaibli à cause d'une logique de croissance externe exclusive qu'illustre notamment le rachat de Compaq et qui a conduit à une dispersion des sites dont certains ont perdu la taille critique. Voilà ce qui arrive lorsque les entreprises ne sont plus gouvernées que par les logiques financières à courte vue : elles font de la tactique boursière et négligent la stratégie industrielle.

Michel Destot n'a pas l'air découragé. Il place beaucoup d'espoirs dans les contacts pris avec Hewlett-Packard : il a obtenu que moins de mille emplois, dont trois cents à Grenoble, soient concernés par le plan social qui est dorénavant moins dur en France qu'en Europe. C'est encore beaucoup mais c'est un premier pas, et il a pleinement conscience que l'enjeu réel est sur le long terme et qu'il est industriel.

L'enthousiasme de Michel Destot est communicatif. A l'écouter me parler de ses ambitions pour Hewlett-Packard et Grenoble, je me dis que la France des territoires peut relayer, par son dynamisme, un Etat national où règnent la sinistrose et la crainte de l'avenir. Le plan de restructuration de Hewlett-Packard a provoqué une crise sociale grave, aux conséquences lourdes pour de nombreux salariés. Mais la gestion de cette crise par le maire de Grenoble a montré que face à des décisions qui échappent à la responsabilité politique, il est possible de rebondir. Deux conditions ont été réunies, qui ne sont malheureusement pas reproductibles partout : une véritable mobilisation de l'ensemble des acteurs et une capacité à placer la discussion sur le terrain industriel grâce au potentiel d'innovation grenoblois. C'est l'illustration de ce que j'ai toujours défendu comme ministre de l'Industrie d'Edith Cresson et de Pierre Bérégovoy, puis avec Lionel Jospin, au ministère de l'Economie et des Finances : face aux risques que les délocalisations font courir à l'économie et à la cohésion sociale de notre pays, les mesures réglementaires et les cadeaux fiscaux ne peuvent tenir lieu de politique industrielle et ne font que reculer l'échéance. De la même façon, il est vain de chercher à lutter avec les pays émergents sur le terrain du coût du travail, comme le croient ceux qui s'attaquent au code du travail. Tous les entrepreneurs sérieux savent qu'il n'existe qu'un seul remède efficace : l'innovation. C'était déjà l'objectif principal de l'Europe lors du sommet de Lisbonne, en 2000, qui prévoyait de réaliser « l'Europe de l'intelligence » en plaçant l'éducation et la recherche au cœur des priorités de politique publique. Malheureusement, ni l'Europe, désormais en panne faute de « plan B », ni l'Etat national, puisque le gouvernement continue de négliger les dépenses d'avenir, n'ont pu mettre en place une réelle politique publique d'innovation, comme le fait pourtant depuis fort longtemps l'administration américaine à grand renfort d'argent public et de programmes d'investissements ambitieux.

Si le « cas Hewlett-Packard » a pu servir de révélateur de notre absence de stratégie industrielle et contribuer à réhabiliter l'action politique concrète, qui ne se satisfait pas de postures morales mais exige des résultats, alors le combat de Michel Destot aura eu une portée plus grande que son objet premier, qui était de maintenir l'emploi à Grenoble.

Mercredi 25 janvier

Echec du gouvernement qui cherchait une nouvelle fois à obtenir de nos partenaires européens la baisse de la TVA dans la restauration. Au-delà de ce que l'épisode révèle de la perte d'influence de la France, au-delà de ce que le choix ouvre, sur le fond, comme débat sur l'opportunité de la mesure, je ne peux m'empêcher de trouver pour le moins suspecte la désolation du Premier ministre. Haro sur Bruxelles! Sus à nos partenaires! Honte à tous ces cœurs froids qui ne comprennent goutte! Ainsi, nous ne pourrons pas adopter cette mesure... que, de toute manière, nous n'aurions pas su financer. Me revient la saillie lancée par un député bonapartiste lors du débat, il y a exactement cent ans, sur la revalorisation de l'indemnité parlementaire : « Mon indignation n'a d'égale que ma satisfaction! » Elle pourrait servir à ces Machiavel au petit pied.

Satisfait, par ailleurs, d'avoir pu m'exprimer sur le CPE dans *Le Parisien*. Quelle erreur, quel aveuglement idéologique, quelle brutalité! Le CNE n'a rien réglé. Sa progression relève d'un effet d'aubaine. Le CPE, s'il était appliqué, ne ferait pas mieux. L'argument selon lequel « il faut de la précarité pour combattre la précarité » n'a pas de sens. Rien n'obligeait à ce contrat, si ce n'est la concurrence entre Villepin et Sarkozy. Dominique de Villepin vient de ruiner sa posture artificielle de pragmatique pour passer sur l'orientation ultra-libérale de Nicolas Sarkozy. Ce n'est pas sans risque.

Jeudi 26 janvier

Après avoir échoué sur la baisse de la TVA dans la restauration malgré ses promesses réitérées, voilà que le gouvernement se révèle incapable de maintenir l'existant : la baisse de la TVA sur les travaux à domicile que j'avais obtenue en 1999. Les Polonais bloquent, nous dit-on. Mais il y en a toujours qui bloquent! La question est de savoir dépasser ces blocages. Mi-carotte, mi-bâton. Décidément, ce gouvernement semble avoir du mal à négocier avec nos partenaires européens. Il est vrai qu'ils vont se battre, armés de sarbacanes, dans un monde de kalachnikovs. Au-delà de la faiblesse gouvernementale, cet épisode confirme, s'il en était besoin, qu'il va être bien difficile d'avancer dans l'Union à vingt-cinq. Plus que jamais, je crois que certains Etats membres ne pourront pas satisfaire avant longtemps aux sacrifices de souveraineté qu'entraîne la construction de l'Union politique. D'autres ne le souhaiteront pas. Dès lors, la création d'un ensemble plus intégré peut difficilement être écartée. Cet ensemble pourra reposer sur les Etats fondateurs ou une partie d'entre eux, sur la zone euro, ou sur tout autre regroupement. Il se fera sur une base volontaire. Il définira le territoire d'une intégration politique avancée. Il ne sera pas nécessairement étroit : on pensait que l'euro se ferait entre un petit nombre des membres de l'Union ; il en a en réalité réuni dès le départ onze, puis douze sur quinze. Il restera à tout instant ouvert à tous ceux qui souhaiteront le rejoindre. Mais la possibilité d'organiser au sein de l'Union un ensemble plus intégré doit être prévue par nos règles collectives.

Ségolène Royal par-ci, par-là, partout ! Ce n'est sans doute pas un hasard si la vague monte puisque le Parti socialiste donne l'impression de se replier sur lui-même. Je pourrais avoir des raisons, bonnes ou mauvaises, d'en prendre ombrage : le souvenir de cette année 2000 où, alors que j'étais en difficulté, elle m'avait attaqué trop vite et mal à propos ; la perspective de ce mois de novembre 2006 où nous soumettrons, peut-être, l'un et l'autre notre candidature au vote des militants. Mais ce n'est pas mon état d'esprit, la route est encore longue.

Au demeurant, elle et moi sommes différents. Différences de parcours : de son côté, une famille catholique et conservatrice, du mien une famille laïque et progressiste ; une énarque qui travaille dans le cabinet de François Mitterrand, un universitaire qui s'engage dans le parti de Lionel Jospin ; une conseillère générale d'un territoire rural, un maire d'une ville de banlieue défavorisée. Différences des sensibilités aussi : les questions de société pour Ségolène, les enjeux économiques et sociaux pour moi ; elle a une vision sans doute plus conservatrice de la société, j'en ai une approche plus ouverte. Elle a le sentiment qu'il faut bâtir un projet à partir de la synthèse des demandes des Français, j'ai la conviction que le devoir d'un responsable politique est de leur proposer un chemin. Voilà de quoi alimenter des débats. Ce sera le devoir du Parti socialiste de les organiser. Les militants en seront éclairés pour choisir en novembre le candidat qui sera à la hauteur de l'enjeu. Et le Parti socialiste en sortira grandi.

Lundi 30 janvier

C'est un slogan pour le futur et un aveu pour le passé : l'UDF s'est définie lors de son congrès comme le « parti libre ». Je ne suis pas de ceux qui raillent François Bayrou. Certes, sur beaucoup de sujets, il reste à droite. Mais, par petites touches, il s'émancipe de celle-ci. Je me souviens de la formule de Lionel Jospin : « Tant que le centre n'aura pas rompu avec la droite, il ne peut espérer dialoguer avec la gauche. »

François Bayrou ira-t-il jusqu'au bout ?

Dans la dénonciation, l'UDF feint de se retrouver dans les thèmes de la gauche. C'est une posture qui ne sera pas sans conséquences lors de la présidentielle. Mais ce sont sur ses propositions que nous jugerons. Certes, la question européenne est une préoccupation commune à laquelle nous apportons parfois des réponses proches. Mais sur le débat essentiel qui touche à notre modèle de société, François Bayrou n'est pas clair. Ne l'est-il pas encore ? Ou ne le sera-t-il jamais ? En définitive, l'UDF est prisonnière de ses électeurs et de ses alliances – c'est un parti en liberté surveillée.

Mercredi 1ᵉʳ février

Je rends visite à Jacques Delors au Conseil de l'emploi, des revenus et de la cohésion sociale. Je veux l'entendre sur l'Europe, sur sa voie pour sortir du blocage, sur les conseils qu'il voudra me donner. Ces conseils, je les écoute depuis plus de vingt-cinq ans, depuis qu'avec la gentillesse qui est toujours la sienne, il accueillit dans son club *Echanges et Projets,* le jeune économiste barbu que j'étais. Nous ne parlons pourtant de l'Europe que pendant cinq minutes. Tout le reste de l'entretien, il me parlera de l'emploi, des jeunes, de leur avenir ; il me suggérera des lectures. Je repars les bras chargés de deux livres et trois rapports !

Jeudi 2 février

Découvrant dans un journal la liste des films présélectionnés pour les « Oscars », je m'aperçois qu'y figurent trois films français. L'un, *Joyeux Noël*, de Christophe Carion, avait été présenté par la France ; les deux autres, *La Marche de l'empereur* et *Le Cauchemar de Darwin*, sont des documentaires sélectionnés par l'académie américaine. Je sais qu'ils sont, tous les trois, produits par des producteurs indépendants. Les deux documentaires l'ont été avec des moyens extrêmement modestes. *La Marche de l'empereur*, qui m'a conquis par sa beauté et sa poésie, est une vraie « success story » : produit pour la télévision, le projet est devenu tellement riche qu'il a donné naissance à un documentaire télé et à un film de cinéma. Il a été l'objet d'un véritable engouement aux Etats-Unis où il a caracolé en tête du box-office.

Au-delà de la satisfaction de voir notre cinéma national tenir une place de choix dans une compétition aussi difficile d'accès, je me dis que le cinéma est un exemple impressionnant de réussite d'une politique culturelle. Voilà maintenant soixante ans que pouvoirs publics et professionnels se côtoient grâce au Centre national de la cinématographie. A l'heure où la plupart des cinématographies européennes ont soit disparu – que l'on se souvienne de ce qu'a été le cinéma italien –, soit renaissent doucement – je pense au cinéma allemand –, la France a su maintenir une production abondante (plus de deux cents films par an) et diverse, allant du film grand public au film d'art et d'essai. Elle a surtout fait surgir un tissu de comédiens, de techniciens et de réalisateurs que le très sérieux *Wall Street Journal* a qualifiés d' « exceptionnels » ! Les raisons de cette réussite ? Elles sont multiples : sans doute le lien particulier et très français que nous entretenons avec le cinéma, mais aussi la constance d'une politique publique résistant, il faut le dire, aux alternances politiques et sachant s'adapter aux moments cruciaux – Malraux créant l'avance sur recettes, Jack Lang choisissant de faire cotiser les télévisions qui profitaient du cinéma sans rien lui donner en retour.

Y a-t-il là matière à exemple pour d'autres secteurs culturels ? Il est clair que nous n'avons pas les mêmes succès en matière par exemple de production audiovisuelle : si la qualité est au rendez-vous, le volume est très inférieur aux heures produites en Allemagne ou en Grande-Bretagne. Quelles que soient les solutions que nous devrons mettre en œuvre une fois revenus au pouvoir, elles devront être portées par ce qui anime la politique publique en faveur du cinéma : la défense de la diversité artistique, la lutte contre les concentrations abusives, la prise en compte directe du soutien aux créateurs. C'est sur ces principes que notre réflexion commune doit aboutir.

Vendredi 3 février

Le débat s'enflamme sur mon blog autour des 15 propositions que j'ai faites pour la France. La proposition sur le droit de vote des immigrés suscite un intérêt particulier.

Depuis 1981, nous n'arrivons pas à faire avancer le couple « droit de vote des immigrés-accès à la nationalité française ». C'est pourquoi j'ai proposé de renverser le problème.

Poser la question : « qu'est-ce qu'être français ? », c'est toucher au cœur de notre pacte républicain. Le thème est sensible. Plus que d'autres, il déchaîne les passions. L'écho que suscite ma proposition m'intéresse donc tout particulièrement.

Les blogueurs veulent d'abord comprendre : comment cela va-t-il se passer concrètement ? Quelles seront les exigences et les garanties de procédure ? Va-t-on toucher aux conditions à remplir pour être naturalisé ? Voilà, au milieu de centaines d'autres, quelques-unes des questions qu'ils me posent. Je suis frappé aussi par un thème qui revient sans cesse : notre droit des étrangers est procédural à l'excès. Le « raffinement administratif » y atteint des sommets : au lieu d'un droit simple et efficace, c'est un monstre kafkaïen qui a été construit au fil des ans. Réussirons-nous à moderniser notre droit des étrangers pour le rendre à la fois plus humain et plus efficace ?

Certains messages sont très critiques et expriment un refus catégorique du droit de vote des immigrés : en substance, « il suffit de devenir français pour pouvoir voter ». « Rebelle », fils d'un homme ayant fui l'Espagne franquiste, fait valoir que la nationalité, ça se mérite, que son acquisition est une démarche solennelle qui suppose de respecter le pays d'accueil. Il a raison. Rien dans ma proposition ne contredit les principes qu'il pose avec force. Je retiens aussi les arguments de ceux qui pensent que le droit de vote n'est qu'un aspect de la question, et qu'il faut redoubler d'efforts pour mieux intégrer les populations immigrées dans notre pays.

Comme bien souvent, les comparaisons étrangères sont instructives. Je suis heureux que les blogueurs en parlent autant dans leurs commentaires. Pour livrer leurs expériences personnelles d'étrangers en France ou de Français hors de France. Ou pour analyser comment la question est traitée ailleurs dans le monde. Plusieurs exemples pourraient nous inspirer : celui du Canada et des États-Unis, où les autorités s'assurent qu'un socle minimum de connaissances linguistiques et de références culturelles est partagé. Celui d'autres pays européens, de plus en plus nombreux à accorder le droit de vote aux étrangers aux élections locales. L'Espagne, le Portugal et le Royaume-Uni l'accordent sous réserve de réciprocité, avec, parfois, un système préférentiel pour les ressortissants de leurs aires linguistiques. La Belgique, le Danemark, les Pays-Bas et la Suède l'accordent à tous les étrangers sous réserve d'une condition de résidence de trois à cinq ans. Il en est de même pour l'Irlande depuis 1963. Seules l'Allemagne, l'Autriche, l'Italie et la France n'ont pas encore franchi le pas. Réussirons-nous à relancer le mouvement?

Les débats sur le blog sont un précieux baromètre. Les échanges y sont libres et éclairés. A leur lecture, je suis conforté dans ma volonté de porter cette mesure devant les Français.

Dimanche 5 février

« Grand Jury RTL-LCI-*Le Figaro* ». J'aime ce rendez-vous du dimanche soir. J'aime la radio, qui favorise l'argumentation quand la télévision fait la part belle à l'émotion. J'aime cette durée – une heure de questions/réponses – qui offre la possibilité de développer sa pensée et, au travers des multiples événements de l'actualité, de montrer sa cohérence. J'aime ce moment où des citoyens, à la fin de leur week-end, chez eux ou dans leur voiture, choisissent de se plonger dans le débat public.

Mardi 7 février

Manifestations anti-CPE. Je ne comprends pas pourquoi le Parti socialiste hésite à participer à cette manifestation. Le syndrome Fabius à la fête de *L'Humanité*? Le mauvais souvenir des boules de neige de Guéret? Peut-être. Mais un grand parti comme le nôtre ne peut pas rester au bord du chemin. Il n'y a pas là de risque de récupération mais une demande d'impulsion. Et puis je ne supporte pas que le Parti socialiste soit la résultante des désirs des uns et des répulsions des autres. François a fini par venir à la Bastille poser pour la photo de l'unité. Il a eu raison.

Mercredi 8 février

Comme des millions de Français, j'ai regardé l'audition du juge Burgaud. Je n'ai pas tout vu. Une réunion de la gauche m'a retenu à la Mutualité une partie de l'après-midi.

Terribles images. On en ressort abasourdi. Je crois bon, toutefois, que les auditions de cette commission soient publiques. La volonté de certains de les maintenir secrètes était vaine. Elle a fait long feu. Tant mieux. Mais cela exige un haut sens de la responsabilité. L'audition ne peut se transformer en procès. La retenue s'impose. André Vallini maîtrise bien les débats.

Que me reste-t-il de ces images ? Le sentiment d'un jeune homme, trop jeune, d'un juge fragile, si fragile. Faut-il l'accabler ce soir ? Sa faiblesse est telle qu'il s'accable tout seul.

C'est la réforme de la justice qui m'intéresse. Pas le procès d'un homme, quelles qu'aient été ses défaillances.

*

Quant au « Sommet de la gauche » à la Mutu, il s'est déroulé dans une ambiance curieuse en raison de la présence de divers mouvements alternatifs qui ne se justifie que par le souhait du PC et des Verts de se noyer dans la masse.

Succession de monologues, comme c'est souvent le cas dans ce genre de réunion. Assez grande méfiance, toutefois, des uns par rapport aux autres.

Satisfaction de voir finalement les choses se dérouler comme je l'avais proposé il y a quelques jours à L'Haÿ-les-Roses : une réunion, la plus large possible, contre la politique de la droite et, ensuite, une tentative de rassembler ceux qui le veulent pour un travail plus programmatique.

Le CPE a, comme on pouvait s'y attendre, marqué les débats. Certes, la manifestation d'hier n'a eu pour l'instant qu'un succès mitigé tant les Français – et notamment les jeunes – sont désespérés, mais le CPE va sauver la réunion en nous permettant d'être d'accord sur quelque chose de concret. Pétition, tract, structure légère pour coordonner l'action.

Nous réapprenons à travailler ensemble.

Vendredi 10 février

49-3 sur le CPE après la bataille engagée par le groupe parlementaire du PS à l'Assemblée sous l'égide de son président Jean-Marc Ayrault qui a montré là, une fois de plus, son sens politique.

Une faute de forme après une faute de fond. On ne peut pas faire croire qu'une mesure est juste en précipitant avec brutalité son adoption. Lionel Jospin n'était tombé dans ce panneau ni à propos des 35 heures, ni au sujet du Pacs. Les Français qui s'interrogent vont maintenant se méfier. Décidément, Villepin ne connaît pas la psychologie populaire. Les Français ne se font une idée que par approximations successives. Ils n'ont jamais d'*a priori*, pas de démarche idéologique. Il y a une part de consumérisme dans la politique. On peut le regretter, mais c'est ainsi. Toute personne qui a mené une campagne électorale le sait. Je comprends maintenant pourquoi Villepin a proposé à Alain Juppé et à Jacques Chirac de dissoudre en 1997 : c'est un politique de bureau. Après Raffarin qui n'était qu'homme de terrain, nous avons son opposé.

Comment n'a-t-il pas su voir que la forme du 49-3 révélait le fond de sa loi ? Le voilà maintenant, et pour longtemps, « Monsieur Précarité ».

Mardi 14 février

Je suis depuis hier dans l'île de la Réunion.

J'aime cette île et la finesse de ses habitants, en partie due à l'influence indienne.

J'ai voulu témoigner ma solidarité aux Réunionnais qui souffrent et apprécier de plus près notre capacité à mobiliser nos ressources publiques pour faire face à une épidémie. A cette fin, je suis accompagné par Jean-Marie Le Guen qui préside, à l'Assemblée nationale, le groupe d'étude sur la grippe aviaire.

Gilbert Annette, ancien (et, je l'espère, futur) maire de Saint-Denis, m'attend à l'aéroport. Je constate que le chikungunya, que l'on disait bénin, se révèle être une maladie très invalidante et qui peut même être mortelle. Je suis surpris de mesurer combien la menace a été sous-estimée. Un rapport récent annonçait un pic à venir de mille contaminations par semaine ; nous en sommes à vingt mille !

Aujourd'hui, il semble que Paris ait commencé à prendre la mesure de la crise. Mais je suis dubitatif sur le choix qui a été fait de n'intervenir que sur le vecteur, c'est-à-dire sur le moustique qui transmet le virus, comme sur la méthode d'intervention.

Le choix de la seule démoustication d'abord. Je pense qu'il faut d'urgence fournir à la population la possibilité de se protéger. Chacun voit bien ici que tout le monde n'a pas les moyens d'acheter des répulsifs pour se protéger des moustiques. Cela est à l'origine d'une inégalité difficilement acceptable. Mais, au-delà, se pose une question d'efficacité. Chaque individu infecté constitue une réserve de virus susceptible à son tour d'en infecter d'autres. Plus il y a de malades, plus le risque d'une diffusion exponentielle s'accroît. Gilbert Annette a calculé que la somme nécessaire pour fournir une protection à la partie de la population qui en a besoin ne dépassait pas quelques millions d'euros. C'est peu. Il faut d'urgence que cette prévention soit mise en œuvre.

Quant à la méthode employée, quelques centaines de militaires mal formés qui aspergent tout ce qu'il y a autour d'eux avec un produit toxique pour les moustiques, sa brutalité provoque l'exaspération de la population. Moindre mal, dira-t-on? Je n'en suis pas si sûr. L'armée des hommes en blanc est nécessaire ; mais son intervention ne doit pas conduire à négliger une pédagogie plus douce et au moins aussi efficace : inviter les habitants à enfermer leurs ordures ménagères ou à ne pas laisser des vases de fleurs ou des soucoupes d'eau fournir un abri aux moustiques. Il nous faut réapprendre à lutter contre les grands fléaux qu'on croyait disparus, et cet apprentissage exige que nous ne nous reposions pas uniquement sur les vertus supposées de la technologie moderne.

Nous décidons de faire le nécessaire pour alerter l'opinion publique métropolitaine dès notre retour.

Dimanche 19 février

Quel aplomb et quelle impudence, une nouvelle fois... Nicolas Sarkozy a lancé son slogan : « Imaginons la France d'après. » D'après quoi ? D'après qui ? Comme si la France d'aujourd'hui n'était pas la sienne. Comme si le numéro 2 du gouvernement, le ministre d'Etat, le ministre de l'Intérieur, le président de l'UMP, l'ancien ministre des Finances, ne portait pas une responsabilité, et une responsabilité majeure, dans l'état du pays. Je l'attends de pied ferme.

Mercredi 22 février

J'ai tenu à aller voir la mère d'Ilan, ce jeune homme, ce jeune juif, séquestré puis sauvagement assassiné par ceux qui se nomment le « gang des barbares ». J'y suis évidemment allé sans caméra, car il m'est insupportable de voir combien certains n'hésitent pas à médiatiser et instrumentaliser les événements les plus intimes. Je l'ai trouvée entourée. Je l'ai trouvée effondrée – et, pourtant, je crains qu'elle ne réalise pas encore réellement. Je me promets de la revoir dans quelque temps : d'autres moments difficiles sont malheureusement devant elle.

Samedi 25 février

La presse s'est emparée du rapprochement Suez/GDF. Face au risque d'OPA hostile du groupe électrique italien Enel sur Suez, le gouvernement a annoncé la mise en œuvre de cette opération au nom du « patriotisme économique ». Celle-ci est particulièrement contestable.

On peut certes prétendre que l'opération a un sens du point de vue économique pour les deux entreprises. Suez produit de l'électricité, en Belgique principalement ; GDF est présent dans la distribution. Il y aurait là une intégration intéressante. Suez avait d'ailleurs déjà tenté de racheter l'entreprise publique gazière en 2001.

Mais l'opération ne présente pas d'intérêt en termes de politique industrielle. Avec Suez/GDF, on ne crée pas un champion national sur le marché de l'énergie. On crée un concurrent au champion national qu'est EDF. D'un côté, EDF, sa production électrique et ses trente-trois millions de clients français. De l'autre, Suez/GDF, sa volonté de pénétrer le marché électrique français. Avec en ligne de mire la libéralisation totale du secteur le 1er juillet 2007. On déclenche une concurrence économique franco-française qui ne peut qu'être destructrice. C'est du « patriotisme anti-économique ».

A l'inverse, cette opération empêche la constitution d'un champion européen. La consolidation du secteur énergétique européen est en cours : l'allemand Eon avec l'espagnol Endesa, EDF avec l'italien Edison... Dans ce cadre, le rapprochement Enel/Suez trouve son sens : la constitution d'un autre leader européen de l'énergie.

La fusion Suez/GDF posera par ailleurs de graves problèmes sociaux. Le réseau de distribution de EDF/GDF comporte 60 000 salariés communs. Ils sont sous statut IEG (industrie électrique et gazière), lequel est très protecteur. La fusion projetée va contraindre à détricoter ce système et, par exemple, à faire disparaître les fameuses camionnettes bleues EDF-GDF. C'est le service rendu aux usagers qui va se dégrader.

Enfin, le problème va être politique. La droite s'était engagée par la loi à ne pas descendre sous un seuil de 70 % de participation étatique dans GDF. Elle a menti : la fusion abaissera la participation de l'Etat à 34 %. C'est une privatisation à la hussarde. Et cela jette un doute décisif sur ses autres engagements, notamment vis-à-vis d'EDF.

*

37-12. Le Quinze de France vient de battre l'Italie dans l'édition 2006 du tournoi des Six Nations. Nos voisins transalpins ont sacrément progressé depuis quelques années. Leur entraîneur français, Pierre Berbizier, n'y est sans doute pas totalement étranger. La première mi-temps fut laborieuse, mais la seconde somptueuse et la domination physique du Quinze tricolore totale. Après une entrée dans le tournoi en demi-teinte et une défaite en Ecosse, les Bleus ont retrouvé leur jeu. La seconde période a offert tout ce qui me plaît dans le rugby : des talents individuels certes, mais servis par la qualité du jeu collectif. Une défense étanche, qui ne prend pas un seul point en quarante minutes. Des phases stratégiques appuyées par un pack solide.

Se battre, y retourner, prendre des coups, en donner aussi, ne rien lâcher, chaque mètre gagné pied à pied, ensemble. C'est cela l'âme du rugby. C'est pourquoi j'ai longtemps pratiqué ce sport sans concession. Michalak, Rougerie, Nyanga aux essais. Le métronome Yachvili à la transformation. Ancien pilier gauche, j'aurais aimé jouer ce nouveau rugby qui a pris de la vitesse et du mouvement.

Plus que deux semaines avant le grand rendez-vous annuel du tournoi : France-Angleterre. Une belle partie au stade de France en perspective. Une chose est sûre, je serai présent pour pousser les Bleus face au Quinze de la rose !

Lundi 27 février

La crise des banlieues l'a rappelé : les inégalités sociales sont aujourd'hui principalement des inégalités territoriales. Les propositions de Nicolas Sarkozy – suppression de la carte scolaire, développement de l'enseignement privé dans les cités, suppression des ZEP, mise en concurrence des établissements – sont d'une extraordinaire violence sociale. Toutes les bonnes paroles sur l'égalité des chances masquent une politique de ghettoïsation libérale. C'est la fin assumée de toute mixité sociale.

Mon orientation politique est exactement inverse. Pour promouvoir une réelle égalité des chances, je veux donner plus à ceux qui ont moins et concentrer les moyens scolaires sur les élèves qui en ont le plus besoin.

Je travaille autour de trois orientations.

D'abord, renforcer les zones d'éducation prioritaire (ZEP). Un élève en ZEP ne bénéficie aujourd'hui que de 7 % de moyens supplémentaires par rapport à un élève hors ZEP. Finalement, ils ne sont prioritaires en rien. Ils doivent le devenir vraiment – comme aux Pays-Bas où la différence est de 100 %.

Ensuite, garantir à tous un minimum de vingt ans de formation initiale gratuite, utilisables en plusieurs séquences. Une jeune fille sortant du lycée professionnel avec un BEP sanitaire et social à dix-sept ans aura bénéficié de quatorze ans de formation initiale. Elle pourra faire valoir un droit à six ans de formation gratuite afin de se remettre à niveau, de passer le bac et de devenir infirmière.

Enfin, créer des « universités professionnelles ». Les titulaires du bac pro sont exclus de l'enseignement supérieur professionnel (BTS, IUT, licences professionnelles, écoles d'ingénieurs). Il doit être mis fin à cette inégalité. Tout élève qui débute en CAP ou en BEP et qui passe son bac professionnel doit pouvoir aller jusqu'au diplôme d'ingénieur.

Avec leur jeunesse, leur vitalité, leur soif de réussir, les jeunes des banlieues sont le principal atout des quartiers populaires. Le principal atout de notre pays. Il est plus que temps de leur donner un avenir.

28 février 2006

Nicolas Sarkozy veut faire voter une nouvelle loi sur l'immigration, après celle de novembre 2003. Deux lois sur ce sujet dans une même mandature, c'est du jamais-vu.

Pourtant, le vrai problème n'est pas celui de l'immigration : celle-ci est à peu près correctement régulée en France. Le véritable problème est celui de l'insertion dans la société française des populations immigrées ou d'origine immigrée.

Le premier point peut surprendre. En France, le problème de l'immigration ne serait pas majeur ? Non, sauf sur deux questions particulières sur lesquelles je reviendrai. Mais globalement, l'immigration nouvelle exerce une pression modérée. Pour s'en convaincre, il suffit de regarder ce qui se passe aux Etats-Unis, en Espagne ou en Italie : on y trouve des centaines de milliers d'immigrés clandestins que les gouvernements se sentent in fine obligés de régulariser en masse. Rien de tel en France. Depuis la loi RESEDA votée par la gauche en 1997, nos flux d'immigration sont sous contrôle. L'immigration légale se situe autour de 120 000 personnes par an, ce qui est très raisonnable en termes démographiques : en raison du vieillissement de la population française, nous avons besoin de près de 150 000 entrées par an.

Demeure bien sûr l'immigration illégale. On ne peut évidemment pas la juguler totalement. C'est pourquoi il est vrai qu'on ne peut pas tenir d'« immigration zéro », comme le reconnaît lui-même le ministre de l'Intérieur. Mais dans ces conditions, on ne peut pas non plus tenir un seuil supérieur, quel qu'il soit. En ce sens, l'immigration « choisie » est un leurre caché derrière une formule fleurie. Quoi qu'il en soit, cette immigration illégale est aujourd'hui limitée lorsqu'on la rapporte aux 80 millions d'étrangers qui entrent chaque année sur notre territoire. Nous possédons par ailleurs depuis 1997 un mécanisme de régularisation permanente des immigrants irréguliers, après dix ans de séjour. C'est un système juste : comme tous les délits, il définit une durée de prescription. C'est un système apaisant : il permet une régularisation « discrète », loin des tensions politiques. C'est un système efficace : il évite les « appels d'air » que provoquent les régularisations de masse.

Le projet du ministre de l'Intérieur semble vouloir supprimer ce mécanisme. Ce serait une erreur. La France accorde aujourd'hui 20 000 régularisations individuelles par an. Cette procédure se déroule sans problème majeur et elle est de loin préférable à l'accumulation de centaines de milliers de clandestins conduisant, au bout du compte, à une régularisation de masse.

Finalement, en matière de flux d'immigrants, il faut principalement régler deux problèmes. Le premier concerne tout particulièrement l'agriculture méditerranéenne. Il s'agit des travailleurs saisonniers. C'est là un problème important, mais dont le caractère essentiellement technique ne justifie pas une loi.

Le second touche aux travailleurs très qualifiés. Les hautes qualifications font l'objet d'une compétition féroce sur le marché mondial. Pourtant, la France continue de fermer ses portes aux étrangers qualifiés, du Sud comme du Nord. Cette attitude a de vieilles racines historiques et corporatistes dont le droit actuel porte l'héritage. Ainsi, en arguant d'une situation de l'emploi dégradée, l'administration peut repousser de manière quasi systématique les demandes de recrutement de travailleurs étrangers déposées par les entreprises : il y a trop de chômage en France, donc on ne recrute pas d'étrangers. Pire encore : il est très difficile pour un étudiant étranger diplômé d'une université française d'obtenir un titre de séjour, et ce même s'il dispose d'une offre d'emploi d'une entreprise. C'est le contraire qu'il faut faire : nous devons attirer les meilleurs cerveaux si nous voulons réussir notre mutation vers l'économie de la connaissance. Cette situation absurde doit être modifiée, dans l'esprit de ce qui a été fait pour le secteur de l'informatique dès 1998 et qui a bien réussi. Ce n'est pas très compliqué.

Attirer les étrangers les plus qualifiés pour qu'ils viennent travailler en France est une bonne chose. Cela ne veut pas dire qu'il faille considérer que les autres immigrés sont « subis » ! Aujourd'hui, pour l'essentiel, l'immigration vers la France concerne les mariages et le regroupement familial. Si votre enfant souhaite se marier avec une Brésilienne et vivre en France, est-il légitime de l'en empêcher ? Est-il anormal qu'un Marocain qui travaille légalement veuille vivre en France avec sa femme et ses enfants ? Non ! Ce sont des conditions élémentaires de la dignité humaine que tout Etat de droit doit respecter.

Il y aurait des abus ? Certes ! Il faut faire respecter la loi, pas la changer. Prenons l'exemple le plus sensible : la polygamie. Elle est interdite en France. Pas la peine de durcir la loi. Il faut en revanche la faire respecter. Une responsabilité qui incombe justement au ministre de l'Intérieur. S'en acquitte-t-il ?

Non, fondamentalement, le problème n'est pas principalement l'immigration : c'est l'insertion dans la société de nombreuses personnes souvent françaises et souvent jeunes qui, la plupart du temps, vivent dans les banlieues. Ces jeunes sont certes issus, pour l'essentiel, de l'immigration. Mais ils sont français. Français de la deuxième, voire de la troisième génération. Tous ceux qui disent à leur encontre : « retournez chez vous si vous n'aimez pas la France » tiennent un discours de haine, dangereux et irresponsable.

Au demeurant, les jeunes Français des banlieues dont la famille est française depuis longtemps posent les mêmes difficultés d'intégration. Ils ont la même relation conflictuelle avec la République : lors des émeutes de novembre, il y avait autant de casseurs « blancs » en cagoules que de jeunes Maghrébins ou noirs. Et la République les rejette de la même manière : difficile de trouver un travail lorsque son *curriculum vitae* indique une adresse à Vaulx-en-Velin, difficile de réussir un entretien d'embauche lorsqu'on parle le français des banlieues.

Revenir sur l'immigration, c'est vouloir volontairement recréer une tension politique sur un sujet en voie de pacification : c'est organiser le désordre pour prétendre rétablir l'ordre. C'est prendre le risque d'embraser la République.

Demain

Mercredi 2 mars 2005

La Charte de l'environnement est publiée au *Journal officiel*. Voilà le grand testament écologique de Jacques Chirac : beaucoup de bruit non pas pour rien, mais pour rien de bien nouveau. La consécration constitutionnelle du principe de précaution laisse pour le moins dubitatif. Le danger, bien sûr, est de bloquer toute prise de risque et, donc, toute recherche scientifique. En même temps, tous les juristes s'accordent à dire que le texte est faible, approximatif, et ne constituera pas une clarification du droit puisque les principes sont pour la plupart renvoyés à une transcription législative – si bien que l'interprétation par le Conseil constitutionnel sera délicate.

Reconnaissons cependant que le « droit à vivre dans un environnement équilibré et respectueux de la santé » est une aspiration nouvelle. Ce texte aurait toutefois pu avoir un autre écho si le bilan écologique de Jacques Chirac n'était pas si médiocre. En France : paralysie de tous les projets de lois lancés par la gauche, démantèlement de l'administration de l'environnement, réduction vertigineuse des crédits de l'Agence de l'environnement et de la maîtrise de l'énergie (ADEME), retard sur les énergies renouvelables, taxation écologique stoppée... Sur le plan international, de bonnes intentions mais – là comme ailleurs – pas de réalisations faute de crédibilité.

Jeudi 24 mars

Le dernier rapport de l'INED insiste sur l'allongement de l'espérance de vie à la naissance : elle atteint quatre-vingts ans, davantage pour les femmes. C'est la conséquence des politiques de lutte contre la mortalité infantile, des immenses progrès en matière de santé publique, de l'amélioration des conditions sociales.

Presque vingt ans de gain d'espérance de vie en un siècle seulement... On ne mesure pas toujours les conséquences de ces progrès, positives sur nos modes de vie, moins sur nos finances publiques. Mais c'est surtout la perception des âges qui change : un homme de soixante ans était naguère presque un vieillard ; il devient un homme encore jeune. Jamais le mot « intergénérationnel » n'a été aussi significatif, car les générations se succèdent moins qu'avant : elles coexistent.

Jeudi 14 avril

Adoption définitive, cette nuit, de la loi instituant un droit au « laisser mourir ». Par sa maladresse, Philippe Douste-Blazy aura réussi à remettre en cause le consensus fragile qui s'était établi sur les bancs de l'Assemblée nationale grâce à la mission d'information conduite par Nadine Morano (UMP) et Gaëtan Gorce (PS). Douste a voulu passer en force au Sénat. Sur une question aussi essentielle, il ne devrait pas y avoir place pour les petits calculs.

Cette loi est une avancée. La cause est difficile. Elle passionne, agite, oppose. Tout est parti de l'émotion née de la mort de Vincent Humbert, en septembre 2003. Devenu tétraplégique à la suite d'un terrible accident, incapable de bouger, de parler, de s'alimenter, la vie lui paraissait un fardeau insupportable. J'admire le courage de Marie Humbert, qui a respecté la volonté de son fils. Jusqu'au bout. Je la respecte parce que le geste qu'elle a commis, qui a préparé la fin de Vincent, elle l'a fait par amour, un amour de mère soumis à une épreuve affreuse. Il y a quelques jours, c'est des Etats-Unis que nous sont venues d'autres images terribles, celles de Terri Schiavo, maintenue dans un coma artificiel depuis quinze ans, et dont une partie de la famille demande qu'on cesse de l'alimenter.

Je n'oublie pas que la justice aura à trancher sur le geste de Marie Humbert et du médecin qui l'a assistée, le docteur Chaussoy, mis en examen pour empoisonnement. Je ne suis pas juge. Mais il me revient, avec d'autres, de faire la loi. Cela fait des années que nous tournons autour de la terrible question de l'euthanasie. Moi-même, j'ai beaucoup douté, et je m'interroge encore. Pour nous tous, croyants ou pas, la vie a évidemment un caractère sacré. Mais on ne peut s'en sortir avec des généralités qui énoncent que chaque vie mérite d'être sauvée, que nous sommes prêts à tous les efforts, à tous les exploits, pour une victoire contre la mort.

J'ai parlé d'euthanasie. Chez nous, le mot est grave. Je sais que dans d'autres pays, il est devenu banal. Je préfère parler de fin de vie, même si c'est réducteur parce que Vincent Humbert n'était pas nécessairement parvenu au terme de sa vie. L'essentiel est bien là cependant : personnes âgées très diminuées, malades sans espoir de guérison, ils sont nombreux à vouloir exercer en êtres libres le dernier acte de leur vie, mourir. Je l'ai dit, j'ai douté, et je ne suis pas certain encore que puisse être fixée une limite précise, intangible. Mais ma conviction s'est faite : la liberté et la dignité humaines sont des valeurs pour lesquelles je combats ; le droit de vivre libre et digne, c'est aussi le droit de choisir de mourir libre et digne.

Certains choisissent le moment de leur mort par peur de la déchéance, de la maladie. Ma pensée va à Roger Quilliot, grand socialiste, qui est parti au moment où il l'avait décidé. Ma pensée va aussi à la mère de Lionel Jospin, qui a préparé sa fin à l'image de sa vie. L'un comme l'autre ont pu exercer leur volonté sans aide extérieure. Ce sont les autres, ceux qui ne peuvent en finir seuls avec une vie qui les épuise, qui demandent à la loi d'être plus humaine.

Parfois, bien sûr, l'envie d'en finir résulte moins d'un choix que d'une souffrance. Souffrance due à la maladie. Souffrance de la déchéance. On ne dira jamais assez que la lutte contre la douleur doit être une priorité. De grands progrès ont été accomplis. Grâce à Bernard Kouchner, qui a su en faire une exigence morale en même temps que politique. C'est lui qui a imposé, dès 1999, le droit au non-acharnement thérapeutique. Pour beaucoup, ne plus souffrir apporte à nouveau le goût de vivre. Ma conviction sur ce point est forte : réfléchir à la fin de la vie, c'est d'abord développer les soins palliatifs et les traitements antidouleur.

Cela ne suffit pas toujours. Chacun doit pouvoir dire comment il veut vivre. Vivre à tout prix ? Sans doute, pour certains. Pas pour tous. A partir de là, je me suis forgé un certain nombre de principes simples : la volonté du malade, de la personne âgée doit toujours être recherchée et respectée. Aucune ambiguïté ne saurait être acceptée. Comment faire, alors, si le malade n'est plus conscient ? Trois limites, me semble-t-il, s'imposent. D'abord, toute décision doit associer la famille : le corps médical ne peut décider seul. Ensuite, la décision doit être collective : personne n'est, à lui seul, investi du droit de laisser mourir. Enfin, il est nécessaire de prendre le temps de s'assurer des convictions de chacun, notamment morales ou religieuses.

Dans ce cadre assez strict, il me semble que l'on peut à la fois répondre à l'exigence de compassion et de dignité jusqu'au bout de la vie et jusque dans le choix de la quitter, et à l'inquiétude de ceux qui craignent des débordements. Parce que le projet de loi proposé représente une avancée, je l'ai voté. Laisser mourir, ce n'est pas l'euthanasie. Mais le débat n'est pas clos ;

d'autres lois, sans doute, seront débattues. Un grand pas a cependant été accompli vers une société plus digne et plus humaine.

Jeudi 27 avril

Premier vol aujourd'hui, à Toulouse-Blagnac, de l'Airbus A 380. Avec son « superjumbo » qui va concurrencer très avantageusement le vieux 747, le consortium européen marque un point important dans la compétition acharnée qui l'oppose à l'autre géant du secteur, l'américain Boeing. Ce dernier semble faire plutôt le pari des longs-courriers de moyenne capacité. Mais l'A 380 a déjà été l'objet de plus de 150 commandes et apparaît en tout état de cause comme un succès européen.

Ce baptême de l'air du plus gros avion de ligne jamais construit vient couronner une décennie d'efforts à laquelle je suis heureux d'avoir pu participer. En 1997, lorsque je suis entré au gouvernement, le secteur de l'aéronautique baignait en effet en plein marasme. Dans les années qui ont suivi, nous avons favorisé la création d'Aérospatiale Matra, contrôlé par l'Etat et le groupe Lagardère ; puis la fusion avec une filiale de l'allemand Daimler Chrysler a permis la création d'EADS en fournissant à Airbus une base solide. De ce point de vue, le succès de l'A 380 illustre parfaitement l'utilité d'une intervention stratégique et pragmatique de l'Etat telle que je la défends, loin des débats idéologiques habituels sur les nationalisations et les privatisations. Sans cette implication publique dans le meccano industriel, il n'y aurait pas eu, je crois, de renaissance de l'aéronautique française et européenne.

Car le succès de l'A 380 doit d'abord être salué comme une grande réalisation européenne. Dans le contexte du débat référendaire, la preuve est – je l'espère – donnée à ceux qui ne voient plus l'Europe que comme une contrainte que celle-ci est aussi capable de volonté politique et qu'elle peut aller de l'avant en valorisant ses compétences et son savoir-faire dans des domaines d'excellence.

Je reconnais bien sûr que l'arbre ne doit pas cacher la forêt : l'A 380 ne saurait faire oublier les lacunes de la politique industrielle européenne. Le « programme de Lisbonne », adopté en 2000 par les chefs d'Etat, a mis l'accent sur l'innovation et l'économie de la connaissance, mais les concrétisations tardent à venir – principalement parce que l'on a laissé sa mise en œuvre à la diligence des Etats membres. Mettre en place à l'échelle fédérale un vrai « budget de la connaissance » fait partie des propositions que j'ai remises récemment à Romano Prodi. J'ajoute que si la référence que fait le traité à la concurrence « libre et non faussée » ne blesse pas ma conscience de socialiste, j'estime que la concurrence n'est pas tout et qu'elle ne peut tenir lieu en elle-même de « politique industrielle ». Les succès d'Airbus devraient, de ce point de vue, faire réfléchir les Européens et une Commission trop souvent enfermée dans « l'idéologie de la concurrence ».

Jeudi 28 avril

Camille et Monica veulent se marier. Banal ? Pas tant que ça. Camille a été un homme, mais a été officiellement déclarée femme par la justice. Monica a tout l'air d'une très jolie femme... mais c'est un homme pour l'état civil. Bref, il y a bien un homme et une femme, même si ce ne sont pas ceux que l'on attend. Le maire de Rueil-Malmaison refuse leur union. Ce que nous disent pourtant ceux qui refusent le mariage homosexuel, c'est que le mariage doit être réservé à un homme et une femme. On voit bien que rien n'est simple...

Les blogs se multiplient et ne se ressemblent pas. En deux ans, le blog est devenu plus qu'un phénomène de mode : un fait de société, qui élargit à l'infini les possibilités offertes par le Net.

Je me souviens de l'attrait qu'a d'emblée exercé sur moi ce nouvel outil de débat et de participation. Un site Internet permet de communiquer informations et réflexions. Un blog permet plus : de vrais débats, d'authentiques échanges, la participation de tous à l'élaboration des idées et des propositions. C'est un forum citoyen permanent où chacun est le bienvenu.

Je repense au lancement de mon blog, en 2003. La question essentielle qu'il a fallu trancher était la suivante : comment animer les débats sur le blog ? Faut-il une modération *a priori*, les messages des internautes n'apparaissant en ligne qu'après un filtrage par un animateur ? Cette idée me déplaît, tant elle me semble contraire à l'esprit du blog. Faut-il alors une modération *a posteriori*, au risque de tous les dérapages ? C'est le pari que j'ai fait, fortement encouragé d'ailleurs par mes enfants ! Aujourd'hui, je m'en félicite : les blogueurs sont venus, ils sont souvent restés (bloggy bag, catherine, duong, versac, winch — et les autres !). Je crois qu'une relation de confiance s'est construite avec eux. Les débats sont vifs, souvent passionnants, instructifs toujours, et je les suis attentivement. Quand mon emploi du temps est vraiment trop chargé, une petite équipe de proches me prépare des synthèses et veille à calmer les rares dérapages intolérables.

Les esprits grincheux préfèrent, comme toujours, mettre en avant les dangers des blogs : individualisme exacerbé, règne de la rumeur et de l'information invérifiable, etc. Je préfère y voir une chance nouvelle d'élargir la démocratie. Les campagnes du futur s'y dérouleront : nous l'avons vu aux Etats-Unis comme pendant la campagne du référendum européen. Ce n'est d'ailleurs pas un hasard si tous les « chargés de com' » du monde conseillent aujourd'hui à leurs « produits » de se doter d'une telle vitrine. Mais dès lors que l'on se donne les moyens d'en faire plus qu'un gadget, le blog est un outil politique révolutionnaire : des publics ordinairement silencieux s'adressent directement aux responsables politiques. Chacun peut, d'un simple clic, présenter ses idées, faire des propositions qui pourront être reprises. Chacun peut aussi y tester l'accueil réservé à ses propositions, comme je l'ai fait, par exemple, pour le mariage d'individus de même sexe.

Le blog est une révolution démocratique. Une révolution magnifique.

Mon blog m'inspire un seul regret : ne pas y passer plus de temps. Mais après tout, je préfère cela que de confier à d'autres la rédaction de mes idées et l'expression de mes coups de gueule...

Lundi 23 mai

Au-delà de ma vie politique, ma vie professionnelle se limite désormais à une activité principale – dès lors que je n'ai évidemment, et malheureusement, plus de temps à consacrer à la recherche. Enseigner – chaque semaine à Paris et chaque semestre en province. Sélectionner – lors des jurys d'examen – ou comme ce matin, à l'occasion de la réunion lors de laquelle nous choisissons les étudiants étrangers qui viendront passer une année à Sciences po. J'aime cette réunion annuelle. Les choix auxquels nous procédons sont importants, pour la vie des postulants naturellement, mais aussi, j'en suis convaincu, pour le rayonnement de notre pays. Les discussions sont d'autant plus intenses que notre tâche est difficile. Comment évaluer les deux cents dossiers qui nous sont présentés et qui proviennent des quatre coins du monde ? Comment hiérarchiser ces dossiers dont certains viennent d'universités prestigieuses et d'autres d'établissements inconnus ? Comment choisir entre cet étudiant chinois – qui est passé devant une commission *ad hoc* dans son pays – et cet étudiant espagnol – dont le dossier décrit la candidature ? Nous privilégions, autant que faire se peut, des critères objectifs : la qualité des notes, la cohérence du projet, la connaissance du français. Mais, bien souvent, cela ne suffit pas. D'où des débats passionnants parce qu'ils révèlent la manière dont nous regardons le monde et la place qu'y tient la France : lorsque les critères objectifs sont insuffisants, devons-nous privilégier le candidat américain ? ou roumain ? ou indien ? ou chinois ? ou sénégalais ? ou finlandais ? Passionnants, aussi, parce que ces débats illustrent la manière dont le monde se présente à nous : au travers de petits détails – la présentation du CV, la rédaction de la lettre de motivation –, on décèle cette autre forme d'inégalité qui fait le partage entre ceux qui connaissent, possèdent, maîtrisent les codes, et les autres. Les premiers ont un capital social de départ – grâce à leur famille, leur éducation, leur pays. Les seconds ne l'ont pas – ou pas encore. Une nouvelle fois, qui choisir ? Aujourd'hui comme les années précédentes, je plaide pour une vision géostratégique – c'est-à-dire en faveur d'étudiants venant de pays qui peuvent nous servir de relais, comme la Roumanie, ou qui doivent être objet de conquête, comme la Chine – et pour une approche républicaine – c'est-à-dire privilégiant le potentiel de développement sur les codes acquis.

Dimanche 25 juin

Le programme de la journée s'annonce festif et militant. Cette année encore, je participe avec Anne à la Marche des Fiertés lesbiennes, gay, bi et trans (LGBT), plus connue du grand public sous son ancien nom de Gay Pride. Le thème de cette marche – « Couples et parentalité, l'égalité maintenant » – rappelle la revendication centrale des homosexuels : vivre libres et égaux en droits dans la patrie de la Déclaration des droits de l'homme et du citoyen.

Je crois avoir été l'un des premiers à prendre position en faveur du mariage d'individus de même sexe. L'un des premiers aussi à se prononcer en faveur de l'adoption par les homosexuels, seuls ou en couple. Le Parti socialiste, d'abord réticent, m'a désormais rejoint. Je m'en réjouis. C'est un débat essentiel, de ceux qui engagent avec passion. D'un côté, des convictions tranchées, de l'autre, des doutes profonds. Peu de sujets mobilisent à ce point nos valeurs et notre conception de la société. Je défends ma vision de ce que doit être une société libérée de ses peurs, de ses préjugés et autres idées reçues. La France est aujourd'hui en retard : regardons l'Espagne, d'où nous vient l'exemple de l'audace !

J'ai bien conscience que certains de mes concitoyens sont encore réticents à entendre parler de mariage ou d'adoption pour les homosexuels. Mais c'est là que la politique prend tout son sens : définir en responsabilité où se situe l'intérêt général et confronter inlassablement les idées. Débattre, pour convaincre l'opinion et vaincre les conservatismes. Aurions-nous aboli la peine de mort en 1981, aurions-nous voté le Pacs en 1999 ? Je me souviens des débats sur le Pacs. Qui, parmi les députés de droite en verve lors de ces séances nocturnes à l'Assemblée, oserait aujourd'hui tenir ses propos d'alors ? La société bouge, les mentalités évoluent. Les politiques ne bougent pas assez vite. Peut-être est-ce une des raisons de la méfiance des Français à l'égard de leurs élus.

Ma conviction est faite : il faut ouvrir le mariage et l'adoption aux individus de même sexe. La France ne peut pas, ne doit pas laisser discriminer ses propres enfants en raison de leur orientation sexuelle. Rien ne justifie une telle atteinte aux principes fondamentaux d'égalité et de justice. Les personnes LGBT souhaitent que les discriminations qui les atteignent – et nous avec elles –, stigmates d'un temps révolu, soient définitivement effacées. C'est le sens de ma présence ici, aux côtés des associations. Nous sommes réunis dans un seul mouvement, une seule dynamique : des droits et des devoirs égaux dans la dignité. Car c'est bien là le comble. Certains cherchent à stigmatiser les homosexuels en les taxant de communautarisme alors même que, par cette marche et ses revendications, ils expriment la soif d'une citoyenneté pleine et entière.

Sur le fond et s'agissant du mariage, on objecte souvent que son lien avec la filiation est si intime que réformer l'un, c'est ouvrir la voie à la réforme de l'autre. Notons que ces deux éléments sont désormais considérablement dissociés : plus de 50 % des naissances se produisent hors mariage. Le mariage n'est pas non plus synonyme de procréation, *a fortiori* lorsqu'il s'agit de remariage et de famille recomposée ! Le mariage aujourd'hui, c'est deux choses : une déclaration d'amour solennelle entre deux personnes et un contrat visant à doter les conjoints d'un cadre juridique en matière civile et patrimoniale. Je ne vois dès lors aucune raison de réserver l'accès au mariage aux seuls hétérosexuels.

S'agissant de l'homoparentalité, celle-ci constitue une réalité que nous ne pouvons ignorer. Il nous faut non seulement reconnaître l'existence de ces familles mais aussi les considérer avec dignité et humanité. Je pense notamment à la question qui se pose lorsque l'un des membres d'un couple homoparental décède ou que le couple se sépare. Quel est le lien qui unit les enfants à leurs parents ? Il nous faut repenser notre droit de la famille afin de garantir à ces personnes la protection de la loi à laquelle elles ont droit.

Quant à l'adoption par les homosexuels, c'est un débat sensible s'il en est. Les études scientifiques confirment que l'orientation sexuelle n'est pas un facteur de définition de ce qu'est un bon ou un mauvais parent, un bon ou un mauvais contexte familial. Ces études ont démontré que l'homoparentalité pouvait constituer aussi, à côté de formes plus traditionnelles de famille, un cadre d'épanouissement des enfants. Ce qui compte en définitive, c'est le bonheur des enfants, la capacité d'un homme, d'une femme, d'un couple, à apporter de l'amour et un équilibre affectif et social. Et puis il faut sortir de l'hypocrisie. La loi autorise l'adoption par les célibataires sans que leur soit demandée leur orientation sexuelle. Pourquoi, dès lors, le fait de dire que l'on vit en couple, marié qui plus est, devrait-il être une cause de refus ?

Car au-delà des aspects juridiques, c'est bien la représentation sociale des homosexuels qui est en question. Ces parents – ou ceux qui aspirent à le devenir – disposent comme tout un chacun des qualités et des défauts partagés par l'humanité entière. Dire qu'il faut protéger les enfants est non seulement une évidence, mais résonne aussi comme un affront à l'endroit de ces parents responsables dont c'est la préoccupation quotidienne.

Dans cette foule compacte et bigarrée, je croise Martine Gross, auteure de nombreux ouvrages sur l'homoparentalité. Cette rencontre se déroule près du « petit train de l'APGL » (Association des parents et futurs parents gays et lesbiens). En fond sonore, une petite comptine chantée par les enfants de l'association vient se superposer à la musique disco et house qui envahit les rues de Montparnasse. Parfois, la foule s'arrête, attendrie comme moi par ces enfants et leurs parents. On se demande à les regarder comment, au nom du socialisme émancipateur et du souci permanent d'égalité et de justice, ne pas soutenir plus encore ces combats. Je confirme alors à Martine mon engagement : je préfacerai son livre, *Fonder une famille homoparentale.*

L'Espagne de Zapatero a adopté une loi en ce sens. En France, l'idée progresse. Pourrons-nous bientôt la mettre en œuvre ? Je suis heureux et fier d'avoir, modestement, à ma place, contribué à faire évoluer les mentalités sur ce sujet. C'est le rôle du responsable politique. En tout cas, c'est l'idée que je m'en fais.

Mercredi 3 juillet

Promulgation de la loi de programme sur les orientations de la politique énergétique.

L'action du gouvernement en matière énergétique a une spécificité : s'assurer du contenant avant de comprendre le contenu. C'est ainsi qu'il a obtenu en 2004 de sa majorité parlementaire l'ouverture du capital d'EDF et de GDF avant de se soucier de saisir les effets de la libéralisation des marchés sur la politique énergétique de la France. En témoigne cette loi d'orientation brouillonne, adoptée dans l'urgence et truffée de contradictions. Elle assure soutenir le développement de toutes les énergies renouvelables tout en compliquant à souhait la procédure administrative préalable à l'installation des éoliennes et en oubliant ce qui concerne les piles à combustibles et le photovoltaïque. Elle fixe des objectifs très ambitieux en matière d'économies d'énergie et d'émissions de gaz à effets de serre, notamment pour les transports et le secteur résidentiel... mais le gouvernement, dans un excès d'angélisme, compte sans doute sur la bonne volonté générale, car aucune contrainte n'est prévue pour mettre en œuvre ces nobles desseins. Enfin, cette loi consolide l'ouverture des marchés de l'énergie à la concurrence, mais interdit au régulateur de surveiller la formation des prix de l'électricité à l'heure où les tarifs s'enflamment. Libéralisation sans puissante régulation : voilà une politique qui ne risque pas de profiter aux consommateurs.

Jeudi 7 juillet

Publication du décret autorisant l'ouverture du capital d'EDF.

Cette ouverture préparée par Nicolas Sarkozy et sa mise en œuvre par Thierry Breton seront-elles bénéfiques ?

Pour répondre à cette question complexe, il serait trop facile de s'arc-bouter à une opposition de principe. On le sait, je ne considère pas que la structure du capital d'une entreprise publique soit un sujet tabou. Ce sont des débats dépassés. Il faut savoir nationaliser ou privatiser non pas pour des raisons idéologiques, mais pour atteindre des objectifs politiques clairement établis, et notamment des objectifs de politique industrielle. Lorsque les intérêts des consommateurs, des salariés, en un mot du pays le demandent, pourquoi renoncer ?

Il y a quatre ans, j'ai écrit que l'ouverture du capital d'EDF, à condition d'être justifiée par la réalisation de partenariats stratégiques avec d'autres opérateurs, pouvait constituer une bonne solution pour garantir le développement de l'entreprise en Europe.

Cette ouverture du capital ne se justifiait qu'à la condition de faire de la fin de son monopole, imposée par la création du marché unique, une transition bénéfique, garantissant à EDF de s'imposer comme une des entreprises les plus puissantes sur le marché européen de l'électricité. L'Etat devait rester suffisamment présent pour garantir l'exécution des missions de service public. Il devrait se servir des fonds obtenus par l'ouverture du capital pour alimenter le fonds de réserve des retraites afin que la collectivité bénéficie de l'investissement qu'elle a réalisé, à travers l'Etat, dans EDF durant des décennies.

Aujourd'hui, quel est l'objectif du gouvernement ?

Le seul véritable argument avancé pour justifier l'ouverture du capital est simple : renflouer les caisses de l'Etat et soulager la santé financière de l'entreprise que les médecins malgré eux de Bercy considèrent, à tort, comme terriblement mauvaise. En revanche, aucun projet de développement industriel sérieux n'a été mis en avant, pas plus qu'un contrat Etat/service public réellement contraignant pour l'entreprise.

Pourtant, la situation a évolué. L'explosion des prix de l'énergie a donné à EDF une capacité d'autofinancement suffisante pour absorber son endettement et financer ses investissements à venir.

L'ouverture du capital de l'entreprise n'a donc plus de raison d'être. Tout à sa hâte de vendre le patrimoine industriel de l'Etat et de faire une démonstration de force libérale, le gouvernement a manqué un rendez-vous historique avec l'avenir d'EDF.

Vendredi 8 juillet

Evidemment, le G8 a été perturbé par les attentats du métro de Londres, mais il en ressort une vraie lueur d'espoir dans la lutte contre les changements climatiques.

D'abord, la pression exercée par les chefs d'Etat sur un président Bush déjà affaibli par la situation irakienne a fait un peu bouger les positions de la Maison-Blanche, qui reconnaît du bout des lèvres à la fois l'existence du changement climatique et le fait que l'activité humaine y contribue. Etant donné la vivacité du débat américain sur ce sujet, vivacité dont on se rend mal compte en Europe, ce n'était pas évident.

Ensuite, parce que la mobilisation des chefs d'Etat donne un signal positif aux négociateurs de la convention qui se tiendra à la fin de l'année.

Enfin, parce que l'appel aux dirigeants des pays émergents est plus explicite. Je suis persuadé qu'il faut profiter de leur prise de conscience grandissante des effets du réchauffement dans leurs pays (pollution des villes, inondations, déplacement de population) pour les amener comme acteurs, et non comme spectateurs, à la table des négociations. Sur ce point, les Etats-Unis ont raison, même si les Européens restent les meilleurs médiateurs. Mais rien n'est fait, et tout se jouera à la fin de l'année.

Mercredi 13 juillet

Je prends connaissance des résultats du bac 2005 : 80 % de réussite. C'est une très bonne nouvelle. Je connais déjà la remarque qu'un tel taux de succès ne manquera pas d'inspirer : « L'école n'est plus ce qu'elle était, le niveau baisse. » Mais jusqu'à une époque très récente, seuls quelques privilégiés obtenaient le bac : un quart de nos enfants à peine en 1985. L'immense majorité des jeunes Français s'arrêtait avant le bac. Aujourd'hui, quasiment toute une classe d'âge l'obtient : le niveau des jeunes Français monte, et il monte très fortement.

Mais nous n'avons fait que la moitié du chemin. Nous avons démocratisé l'enseignement secondaire ; il nous faut désormais démocratiser l'enseignement supérieur. Utopie ? Nécessité, tout au contraire, pour ne pas être dépassés. Le constat est accablant : en proportion, les Etats-Unis ont 50 % d'enseignants universitaires de plus que la moyenne des pays européens. En France, seulement 25 % d'une classe d'âge est diplômée de l'enseignement supérieur, contre 80 % en Corée du Sud ! La Chine annonce que d'ici à 2010, elle aura amené plus d'un million d'étudiants au niveau du doctorat ! Pire : une bonne partie des filières de l'enseignement supérieur ne sont pas qualifiantes. Et trop de filières sont inadaptées : on réoriente par exemple les bac pro vers des cursus de droit ou de sciences économiques auxquels ils n'ont pas été préparés, parce que les filières professionnelles (IUT, BTS...) qui sont leurs débouchés naturels ont été captées par les titulaires de baccalauréats généralistes. Les cursus très professionnalisants, ceux notamment des grandes écoles, restent d'un malthusianisme confondant. Et ils sont profondément inégalitaires : les pourcentages d'enfants d'ouvriers reçus à Polytechnique, HEC ou l'ENA sont revenus à leur étiage historique. Quel constat d'échec pour l'ascenseur social républicain !

Que faire ? Des choix politiques. Nous devons d'abord faire de l'enseignement supérieur la priorité de la Nation. Les Etats-Unis investissent 3 % de leur richesse nationale dans leurs universités, tandis que l'Europe stagne à 1,4 %. Pire : même si on se limite au financement public, les Etats-Unis sont devant nous. Nous nous vantons de la qualité de nos services publics et, en matière d'enseignement supérieur, nous faisons moins que les Américains. C'est cet écart qu'il nous faut combler d'urgence. A l'inverse du gouvernement, préférons des dépenses d'avenir à des cadeaux fiscaux « court-termistes » réservés aux privilégiés. Il faut bousculer tout cela : rendre les universités plus indépendantes, favoriser les liens avec le secteur privé en matière notamment de recherche, réintégrer les grandes écoles dans le réseau universitaire et augmenter le nombre de leurs élèves, et en finir avec la fiction du diplôme national. Mais notre horizon ne peut se limiter à la France. Pour réussir la transition vers l'économie de la connaissance et de l'innovation, c'est à l'échelle européenne qu'il faut engager les actions et dégager les moyens : je pense par exemple à la constitution d'un réseau de centres universitaires européens d'excellence et à un objectif commun de 50 % de la population européenne diplômée de l'enseignement supérieur.

Vendredi 22 juillet

Les démographes du monde entier sont à Tours. Ils dépeignent un monde plutôt inquiétant. C'est que la conjugaison de la baisse de la fécondité et de l'augmentation de l'espérance de vie peut transformer ce XXIe siècle en un siècle de vieux, même si la vieillesse n'aura plus le même sens grâce aux progrès sanitaires.

Il reste que la communauté mondiale ne se saisit pas assez de ces projections : la chute vertigineuse qu'entamera à partir de 2040 la population active en Chine, le dépeuplement des pays de l'Est et particulièrement de la Russie, la pression des populations africaines, tous ces phénomènes méritent d'être anticipés et encadrés : d'abord par les institutions internationales, ensuite par des mécanismes de solidarité.

Les débats sur les retraites dans les pays développés ne sont qu'un avant-goût des combats qui auront lieu dans chaque pays pour assurer aux retraités une vie décente.

On a à peine idée des répercussions sociales, économiques, psychologiques de ces évolutions : quelle sera par exemple la conception de la solidarité d'un peuple dont l'enfant unique aura été le dogme ?

Le message des congressistes est alarmant et met à mal les rêves d'égalité entre les hommes : cinquante ans d'espérance de vie à la naissance séparent l'homme né au Japon et celui né au Mozambique ; des villes géantes, comparables à Tokyo, vont se multiplier dans les pays les plus pauvres et s'accompagneront de leur cortège de violences.

Jamais l'humanité n'aura connu de changements aussi importants en si peu de temps.

Lundi 8 août

Je reçois un appel de Jean-Marie Le Guen qui revient d'une mission d'étude aux Etats-Unis sur la menace de grippe aviaire et de pandémie grippale. Nous avions parlé de ce risque sanitaire avant son départ, et il m'avait déjà confié son inquiétude.

La situation aux Etats-Unis est grave. Les experts scientifiques et médicaux américains confirment le risque pandémique. Plus alarmant encore : les autorités américaines avouent leur impréparation.

Quelques mois après le SRAS, qui a frappé en Asie du Sud-Est, le risque infectieux à l'échelle planétaire est de retour.

A entendre les experts, nos sociétés seront confrontées dans les années qui viennent au retour des pandémies. Ces maladies se rattachent à la notion plus large de maladies émergentes. Elles résultent de la mondialisation qui a transformé les environnements et les comportements humains en intensifiant les échanges. L'urbanisation, les mouvements économiques et les évolutions démographiques bousculent notre planète en favorisant l'apparition de pathologies jusque-là inconnues ou négligées.

Ainsi, le monde est aussi devenu interdépendant en matière de santé. Nos politiques de sécurité sanitaire ne nous permettent pas aujourd'hui de faire face à de tels changements. Il faut donc leur donner une tout autre ampleur en France, en Europe et dans le monde.

Nous avons pourtant déjà beaucoup progressé pendant les années Jospin. Notre pays s'est doté d'un réseau d'agences sanitaires qui veillent notamment sur notre alimentation, sur les risques liés à l'environnement et sur la qualité des produits médicaux.

Mais aujourd'hui, il faut nous mobiliser sur la gestion d'un risque d'origine et d'incidence planétaires. Croire en l'efficacité supposée de lignes Maginot nationales est totalement illusoire. Les nuages radioactifs de Tchernobyl ne s'étaient pas arrêtés aux frontières de l'Hexagone. Il en ira de même des nouvelles pandémies.

Le travail à l'échelle de la planète a déjà commencé. Au sein de l'OMC, grâce notamment à Pascal Lamy, la santé publique s'est vu reconnaître un statut particulier. La notion de « licence obligatoire » permet à tout pays de décider, en cas de menace sur la santé publique, de produire un médicament même s'il n'en possède pas le brevet. Mieux encore : sous certaines conditions, un pays peut demander à un autre, producteur de génériques, de lui fournir des médicaments. La portée de cette réforme est considérable. Mais son application ne se fera pas sans difficultés. Je constate déjà que certains pays qui peuvent en avoir besoin semblent renoncer à ce droit de contourner la propriété intellectuelle sous la pression des laboratoires et, plus encore, de l'action diplomatique des Etats-Unis.

L'ampleur de ces nouveaux risques comme leur caractère global bousculeront les égoïsmes nationaux. A nous de tracer les contours d'un ordre sanitaire international et d'inventer une politique commune de gestion des risques collectifs.

Mercredi 10 août

L'UFC-*Que Choisir* publie une étude sur la sécheresse en France et dit ce que l'on pressentait, de manière plus explicite peut-être que ne l'avaient fait les études précédentes : des limitations seront posées chaque été à l'usage de l'eau, car le déficit s'aggrave dangereusement au cours de l'été. Cela est dû aux prélèvements d'eau destinés à l'irrigation. Les scientifiques le savent, les agriculteurs le vivent, les écologistes le crient.

Mais de la conscience à l'action... C'est tout le problème de notre société face au changement de paradigme qu'impose la raréfaction des ressources naturelles : de nombreuses batailles écologiques ont été livrées depuis vingt ans sur les questions de construction de barrages ou de taxation de l'eau. *Que Choisir* a raison de pointer les dérives des agences de l'eau. La loi de 1964 leur avait donné un instrument pour réguler les usages des ressources en eau, réduire la pollution et maîtriser les inondations. Il s'agissait de percevoir des redevances qui avaient pour but d'internaliser, au moins en partie, les coûts externes induits par le comportement de chaque usager : cela impliquait de moduler les taux en fonction de l'état des bassins. Or les taux des redevances ont été uniformisés dans un souci d'égalité factice et les bénéficiaires des aides des agences se sont multipliés : la dépense publique s'est alourdie sans que le but – responsabiliser les usagers – soit atteint.

De surcroît, l'actuel projet de loi sur l'eau accentue cette dérive, puisque les assiettes des redevances, simplifiées, seront déterminées au niveau national. La part de l'agriculture dans le financement des agences sera à peine augmentée, et restera en dessous de 5 % alors qu'un effort de 80 % sera exigé des particuliers! Ces atermoiements ont fait perdre des années précieuses. Des arbitrages

264

difficiles avaient été rendus par le gouvernement Jospin, et Yves Cochet avait fait voter en première lecture un projet de loi sur l'eau qui avait le mérite de définir des assiettes de redevance reflétant la rareté de la ressource : on a attendu trois ans pour repartir de zéro, avec un projet complaisant pour le monde agricole qui prend pourtant conscience de la nécessité d'une agriculture différente. Et l'examen de ce projet à l'Assemblée nationale a été repoussé à 2006... Sept ans de perdus, pour une législation qu'il faudra modifier de toute urgence lorsque nous reviendrons au pouvoir.

Mercredi 17 août

Chacun ses lubies, ses passions et ses névroses. Moi, ce sont les nouvelles technologies et cela remonte à... 1968 ! Je suis entré cette année-là à HEC, après avoir préparé le concours en plein mouvement étudiant. Dois-je le dire ? L'enseignement proposé ne m'a guère passionné, guère convaincu et... guère mobilisé. J'ai beaucoup progressé au rugby. J'ai énormément joué aux échecs. J'ai, surtout, découvert l'informatique. Il y avait à HEC une machine énorme pour l'époque : un gros IBM 360/40 qui fonctionnait avec des cartes perforées et sur lequel j'ai passé des nuits à apprendre à programmer en fortran.

Il y a, dans cette passion, une dimension personnelle qui tient à la fois du ludique et de l'intellectuel. J'aime les nouvelles technologies. J'aime m'en servir. J'aime comprendre leur fonctionnement. J'aime découvrir ce que chaque nouvelle version apporte par rapport à la précédente. J'aime même réparer les fonctions défaillantes. J'y passe du temps – trop sans doute, et je sais combien ma famille, mes amis, mes collaborateurs peuvent s'exaspérer de ce qui leur apparaît souvent comme une volonté de se retirer du monde.

Mais il y a aussi, dans cette passion, une dimension politique – et je ne pense pas seulement à des usages nouveaux comme le blog. Je pense plus directement aux conséquences industrielles de l'introduction de nouvelles technologies. C'est un voyage en Californie – au cœur de la Silicon Valley – qui m'a convaincu dès 1991 de la nécessité de développer des formes adaptées de *venture capital*. C'est ainsi que, ministre de l'Industrie, je me suis battu pour que SGS Thomson – devenu depuis ST Microelectronics – continue d'être financé et que soit poursuivi le développement de l'usine de Crolles, près de Grenoble. C'est dans le même esprit que je crois avoir aidé à la prise de conscience de l'importance des nouvelles technologies lorsque je suis devenu ministre de l'Economie et des Finances en 1997 – par exemple lors des choix à opérer pour le développement des fonds de capital-risque ou, avec l'aide de Claude Allègre, en matière de cryptologie.

Au fond, j'ai la conviction que l'une des missions de tout homme ou toute femme politique qui aspire à exercer des responsabilités majeures est de penser le monde de demain, de mesurer les bouleversements qui sont à l'œuvre et de préparer les conséquences quotidiennes qu'ils pourront avoir pour les Français. Au premier rang de ces bouleversements, il y a, souvent, les progrès scientifiques et techniques et, aujourd'hui, à l'évidence, les nouvelles technologies de l'information et de la communication. Il suffit d'ailleurs à chacun d'entre nous de se replonger dix ans en arrière pour mesurer les changements survenus dans sa vie quotidienne. Il suffit de regarder ce qui est annoncé pour les dix années à venir pour comprendre que la révolution ne fait que commencer.

Mardi 30 août

Fin d'été, fin de période? Le prix du baril de pétrole brut atteint désormais près de 70 dollars à New York. Il a augmenté de plus de 40 % en un an. Il a presque doublé depuis deux ans. Et, aujourd'hui, l'inquiétude, voire l'affolement, gagnent du terrain. On pointe le risque de pénurie. On évoque des prix faramineux. Le cours du pétrole est volatil? La belle affaire, dira-t-on! En apparence, en effet, rien de nouveau : nous sommes confrontés à une succession de chocs et contre-chocs pétroliers depuis plus de trente ans. En réalité, pourtant, tout a changé : des mécanismes nouveaux sont à l'œuvre. Il y a certes une crise de l'offre – pas du pétrole brut, seulement des « produits légers », c'est-à-dire de l'essence, du diesel ou du kérosène, parce que les raffineries sont engorgées. Mais il y a, surtout, trois dimensions totalement inédites. Une explosion de la demande, parce que la Chine et l'Inde, qui connaissent des taux de croissance à deux chiffres, voient leurs besoins en hydrocarbures croître à due proportion – là se situe la vraie rupture. Une spéculation financière accrue, avec des fonds de pension qui investissent massivement sur les marchés de matières premières en général et sur des instruments financiers liés au prix du baril en particulier. Une situation géopolitique instable, incertaine, illisible, où l'on s'interroge sur les risques d'attaques terroristes contre les installations pétrolières et où l'on s'inquiète de la politique du premier producteur mondial qu'est l'Arabie Saoudite. Résultat? Un cocktail explosif. Un équilibre tendu entre l'offre et la demande. Des marchés nerveux. Dès lors, rien ne reste régional, tout devient global. Un accident sur un puits au Nigeria ou un incident dans une raffinerie du MidWest américain peut se traduire par une augmentation des cours sur les marchés internationaux. Dès lors, bien des questions sont légitimes : les principaux pays producteurs ont-ils des capacités de production excédentaires suffisantes pour faire face à l'industrialisation rapide de la moitié de l'humanité? L'estimation des réserves est-elle fiable? Les pays producteurs et les sociétés pétrolières ont-ils lancé les investissements nécessaires pour disposer de nouvelles capacités de production, sachant qu'il faut huit à dix ans avant qu'elles soient opérationnelles? Quand les infrastructures pétrolières irakiennes seront-elles suffisamment sûres pour être développées ? Qu'attendre véritablement des sables bitumineux de l'Alberta ?

Quel doit être, dans un tel contexte, le rôle d'un responsable politique ? On peut jouer les Machiavel comme le font certains « experts », très proches du Parti républicain américain, qui évoquent la surestimation des réserves de certains pays producteurs, dont l'Arabie Saoudite, pour mieux déstabiliser le marché. On peut jouer les Cassandres et se tailler à bon compte un succès médiatique en annonçant, comme le fait Yves Cochet, que le déclin de la production d'hydrocarbures va commencer dès 2007. On peut, à l'opposé, entonner l'air de « tout va très bien, Madame la Marquise » et, comme l'Agence internationale de l'énergie, repousser à un horizon lointain – trente ans – le début des problèmes. Je suis en ce domaine comme dans tous les autres partisan de la transparence totale et de l'action immédiate. La vérité : nous allons connaître bientôt – dans quinze ans, dans dix ans peut-être – ce que les experts appellent le « peak oil », c'est-à-dire le moment où la production entamera son déclin ; nous allons entrer durablement, nous y sommes même déjà, dans l'ère du pétrole cher. L'action : il existe d'ores et déjà des solutions pour vivre non pas sans hydrocarbures, mais avec moins d'hydrocarbures. L'ère du pétrole rare et cher oblige à penser l'ère de l'après-pétrole. Cela impose d'agir vite, et sur plusieurs fronts simultanés : sécuriser nos approvisionnements en hydrocarbures, limiter l'impact des prix élevés du pétrole sur notre économie pour être moins « pétro-dépendants », investir dans la recherche pour développer des énergies renouvelables et propres et, surtout, diminuer notre consommation. C'est urgent. C'est indispensable. Mais ce ne sera pas indolore. Ce sont en effet nos modes de vie qu'il va falloir bouleverser, étape par étape, domaine par domaine – dans les transports et l'habitat notamment. C'est ce défi que, tous ensemble, nous devons relever. On ne peut rester les bras ballants en caressant l'espoir qu'un hypothétique miracle technologique nous dispensera d'agir. On doit, plus que jamais, faire preuve de responsabilité, c'est-à-dire de courage et d'imagination.

Jeudi 8 septembre

L'information vient de tomber : le gouvernement aurait dissimulé l'existence de 1 000 hectares de cultures de maïs transgénique et, bien sûr, tout le monde s'émeut. Si c'est vrai, cette dissimulation ne fera qu'alimenter le camp des anti-OGM, qui considèrent que les multinationales agroalimentaires inondent le marché des semences avec des variétés transgéniques. Renseignements pris, il semble que dans ces champs aient été semées des variétés de maïs autorisées avant le moratoire que le gouvernement Jospin a décidé en 1998 et pour lesquelles une déclaration n'est pas obligatoire. Mais comment l'opinion publique peut-elle s'y retrouver, puisqu'on lui dit qu'il y a un moratoire sur les OGM et que les plantations autorisées ne le sont qu'à titre expérimental ? Tout le monde n'a pas en tête le souvenir des variétés autorisées et non autorisées.

En fait, la suspicion est générale. Il faut aussi dire que l'effort d'information entrepris entre 1998 et 2002 n'a pas été poursuivi. La première Conférence des citoyens jamais organisée en France portait sur les OGM : elle recommandait l'application du principe de précaution, mais affirmait aussi que, pour maintenir l'effort français de recherche, les essais de culture OGM en plein champ étaient nécessaires – justement, d'ailleurs, par précaution. En 2002, les recommandations demandées à quatre sages, dont Jean-Yves Le Déaut, ont clarifié les problèmes. Depuis, rien, sauf des postures : la contestation de la Confédération paysanne de José Bové monte ; le gouvernement s'en remet uniquement à Bruxelles sans poursuivre le débat contradictoire, ce qui décourage le monde de la recherche et risque de mettre le grand pays agricole qu'est la France hors jeu dans les recherches agronomiques de pointe. A ce contexte s'est ajoutée l'affaire du gaucho : elle n'a rien à voir avec les OGM, mais elle a jeté le discrédit sur l'utilisation des insecticides dans l'agriculture.

J'avais été frappé par l'une des conclusions de la Conférence des citoyens de 1998 : le panel des citoyens était finalement plus intéressé par l'information sur les bénéfices des OGM que par celle relative à leurs risques, dont ils reconnaissaient qu'ils étaient bien encadrés si on respectait les textes.

Il faudra bien, à Bruxelles, à Paris et à l'OMC, remettre ce dossier complètement à plat, et commencer par poser en termes clairs le débat sur les avantages et inconvénients des OGM. S'il n'y a pas un minimum de consensus sur les bénéfices qu'ils apportent en matière environnementale, agricole et sociale, et si la confiance en l'appréciation scientifique de leurs risques n'est pas rétablie, ils devront rester cantonnés à la recherche médicale et pharmaceutique. Pour ma part, je considère toujours que le génie génétique peut, comme d'autres technologies, servir la protection de l'environnement. J'assume ce que j'écrivais dans *La Flamme et la Cendre* : « Refuser de savoir n'a jamais servi aucune cause. »

Mardi 13 septembre

En Haute-Marne et dans la Meuse, référendum local sur la question des déchets nucléaires. Situé aux confins de la Haute-Marne et de la Meuse, le site de Bure doit accueillir un centre d'enfouissement des déchets nucléaires. La presse nous apprend aujourd'hui que les riverains demandent un référendum local à ce sujet. Nous sommes là au croisement de plusieurs sujets de société très actuels, au premier rang desquels la demande croissante de « participation ». Avec l'élévation du niveau d'éducation et d'information et les possibilités de débat offertes par l'Internet, les citoyens se forgent de plus en plus leur propre avis sur les sujets qui les préoccupent ou qui touchent leur cadre de vie. Ils veulent prendre une part directe aux décisions. Notre système démocratique ne peut manifestement plus fonctionner sur le seul principe de la délégation.

La pratique du référendum local n'est pas forcément la bonne manière de répondre à cette attente légitime, car la question est trop souvent biaisée. Dans l'exemple de Bure, il me paraît clair que personne – même parmi ceux qui approuvent globalement le choix nucléaire de la France – ne dira qu'il veut accueillir des déchets radioactifs près de chez lui, si on lui pose la question sous cette forme! Le conflit national entre intérêt individuel et intérêt général ne peut néanmoins plus être tranché par les seuls élus. Les Français ne l'entendent plus ainsi : nous devons introduire de nouveaux instruments de consultation pour permettre la nécessaire « appropriation citoyenne » des grands sujets de société.

Le nucléaire fait typiquement partie de ces domaines où les choix semblent parfois imposés par des instances scientifiques et industrielles situées hors d'un contrôle démocratique visible par les citoyens. En ce qui concerne par exemple les déchets radioactifs le Parlement a voté en 1991 une loi – la « loi Bataille », du nom d'un de mes collègues socialistes qui en était le rapporteur. Cette loi prévoyait une longue phase d'étude permettant à la fois d'analyser les conséquences de leur enfouissement en couches profondes et d'explorer d'autres techniques de traitement des déchets. Il n'est pas sûr que ce protocole ait été parfaitement respecté. Le Parlement doit en principe se prononcer l'an prochain : il faut s'attendre à un joli débat.

L'autre question soulevée par cette affaire est bien évidemment celle de notre politique énergétique. Je suis convaincu que le choix du nucléaire a été bénéfique pour la France. Il a permis de réduire notre dépendance énergétique. Il serait parfaitement absurde de le remettre en cause du jour au lendemain. Mais je suis conscient de ce que le nucléaire ne résout pas à long terme le problème de l'accès aux ressources. Et, surtout, qu'il pose le problème épineux des déchets. Le projet Iter, qui démarre à Cadarache, permettra d'expérimenter l'utilisation d'un composé plus abondant et beaucoup moins nocif : l'hydrogène. Mais je crois que nous devrons concentrer nos efforts des prochaines décennies sur l'ensemble des énergies propres et renouvelables. La France a réussi dans le domaine du nucléaire dès les années 1950. Elle devra réussir de la même manière dans les énergies nouvelles. Or nous sommes très en retard dans ce domaine. Je ne prendrai qu'un exemple : celui des piles à combustible qui, demain, alimenteront les moteurs électriques de nos voitures et de nos camions. C'est un enjeu décisif puisque les transports terrestres sont une des principales sources de pollution. Que constate-t-on ? Que Toyota a pris une avance considérable avec ses voitures hybrides. Que les autres constructeurs japonais suivent. Que Peugeot continue à produire des voitures diesel. Que Renault a renvoyé le problème à Nissan ! C'est là que la détermination publique fait défaut. En France, dans ces domaines, il faut une incitation de l'Etat.

Vendredi 16 septembre

Toujours la sécheresse. Près de vingt départements restent très touchés, et le gouvernement réunit un comité de plus pour faire face à la situation tandis que Dominique Bussereau déclare au congrès de l'Association des producteurs de maïs que l'irrigation est une nécessité et qu'il faudra relancer la création de ressources nouvelles... Alors qu'enfin la conscience de la rareté de la ressource en eau se fait jour, on va relancer un programme de barrages. Alors qu'il faut agir sur les coûts, nous revenons vingt ans en arrière. En pleine crise estivale, les ministres de l'Environnement et de l'Agriculture se contredisent et rejouent l'éternelle dispute que l'application du concept de développement durable aurait dû permettre de dépasser.

Si, dans nos zones tempérées, nous ne savons pas réguler les usages de l'eau, quel sera notre rôle dans les années

à venir alors que de multiples régions du globe connaîtront, du fait des changements climatiques et de la
croissance démographique, un « stress hydrique »
considérable ? En dépit de son savoir-faire industriel en
matière de gestion de l'eau, la France perdra son influence, son image, ses marchés si elle ne maîtrise pas sa
ressource.

*

Il fallait s'y attendre ! Quand le prix du baril augmente
à New York, le prix de l'essence augmente à Romorantin.
Et quand le prix de l'essence augmente à Romorantin, la
crise couve. Aussi Thierry Breton, ministre de l'Economie
et des Finances, réunit-il aujourd'hui les producteurs et les
distributeurs de carburant pour trouver une solution.
L'épisode n'est pas seulement symbolique : il est aussi
symptomatique de la différence entre la gauche et la
droite.

Qu'avions-nous fait en 2000 ? Les prix du pétrole, très
bas depuis 1998, avaient doublé – déjà. Nous avions alors
trouvé une solution, qui n'était pas orthodoxe mais qui
était efficace ; qui n'était pas financièrement indolore mais
qui était socialement juste. Nous avons refusé que l'Etat
tire profit de la hausse du prix du pétrole. Nous avons mis
en place un mécanisme, affublé du délicieux nom de
« TIPP flottante », par lequel l'Etat restituait aux consommateurs une partie de cette hausse. Nous avons
choisi, alors, d'agir, de chercher des résultats et d'utiliser
notre force, c'est-à-dire les leviers dont l'Etat disposait
réellement.

Que font-ils ? En 2002, ils commencent évidemment par
supprimer la « TIPP flottante » – sectarisme, quand tu
nous tiens... Puis la crise survient. En 2004, Nicolas
Sarkozy, pensant pouvoir agir de la même manière à
l'Economie qu'à l'Intérieur, convoque les pétroliers
comme il l'avait fait avec les distributeurs et les organismes représentatifs des industriels pour obtenir une baisse
des prix à la consommation des produits de grande

marque. Il tempête, il tournoie, il menace. Et il n'obtient rien ou presque – une petite baisse après une grosse hausse. Quelques semaines plus tard, face à la progression des prix des carburants, il accepte finalement de restituer aux consommateurs les recettes de TIPP et de TVA liées à l'augmentation des prix du pétrole.

Il semble que Thierry Breton n'ait pas su tirer les leçons des échecs précédents. Il convoque à nouveau les opérateurs. *Bis repetita.* Les consommateurs ont gagné quelques jours avant de voir leurs factures augmenter ; les pétroliers ont promis à nouveau d'investir dans des raffineries et dans la recherche. Maigre butin. Mais butin logique quand on se contente de s'agiter, quand on privilégie les annonces et quand on choisit de mener le combat précisément sur le terrain où l'on est démuni.

La politique, ou le choix des armes.

Vendredi 7 octobre

Je participe à Dunkerque à un colloque sur la politique industrielle organisé en commun par Dominique Voynet et Michel Delebarre. Je veux convaincre, notamment les Verts, que l'on peut mener une politique industrielle respectueuse de l'environnement. Je veux aussi saisir l'occasion de montrer que je ne suis pas, comme certains l'imaginent parfois, un affreux « nucléocrate ».

Je ne suis évidemment pas devenu un croisé de l'antinucléaire. Je persiste à penser que la France a fait un bon choix dans les années 1950 et qu'elle continue d'en percevoir les dividendes. Je suis aussi convaincu que l'électricité d'origine nucléaire nous sera nécessaire longtemps encore. Pour beaucoup de militants Verts, cela suffirait à justifier mon excommunication. Je crois pourtant avec la même force que nous devons tout faire pour raccourcir la période pendant laquelle les réacteurs nucléaires que nous possédons nous seront encore indispensables en investissant massivement dans la recherche et le développement des énergies propres comme dans les économies d'énergie.

Dominique Voynet sait tout cela. Et c'est même pour cela qu'elle m'a invité à venir aujourd'hui. J'aime bien Dominique. Nous avons toujours eu de bons rapports, même lorsque les fonctions que nous occupions au gouvernement nous amenaient à nous opposer. C'est pour cela qu'elle sait qu'elle peut me faire confiance. Je le lui rends bien. Mais ce n'est pas un hasard non plus si ce colloque se tient à Dunkerque. Michel Delebarre est un passeur. Il sait mieux que quiconque nouer des liens et faire vivre des équipes. Sans doute se souvient-il de l'époque où je le poussais à devenir le premier secrétaire du PS. C'était il y a près de quinze ans. Je n'ai pas changé d'avis à son sujet ; je crois qu'il mérite une carrière plus grande encore que celle, déjà bien remplie, qui l'a occupé jusqu'à aujourd'hui.

Mercredi 12 octobre

Le lancement sur mon blog d'une nouvelle rubrique intitulée « dsk vous consulte » est un beau succès. Le premier thème proposé – la combinaison entre vie personnelle et vie professionnelle – a inspiré aux blogueurs d'utiles contributions : deux cent trente-huit messages en un peu plus d'un mois, et nombre d'idées qui méritent d'être retenues.

Je note, en vrac, des pistes de réflexion qui permettraient la conquête de nouveaux droits et de nouvelles libertés : la création d'un congé parental pour d'autres périodes que la naissance, notamment l'adolescence ; l'instauration d'un droit à l'accueil en crèche et le développement des crèches d'entreprises, idée qui rejoint ma proposition de créer un service public de la petite enfance. A l'image de celles qu'ont mises en place nos voisins danois et suédois, ce sont des administrations de terrain qu'il nous faut pour répondre aux besoins des familles.

C'est à la puissance publique d'adapter ses horaires et ses fonctionnements aux nouveaux modes de vie. En un mot : tout mettre en œuvre pour nous faciliter la vie!

Il faut que je développe le recours à cette rubrique. Elle donne tout son sens à mon blog comme lieu de débat d'idées et de proposition politique. Les internautes ne demandent que ça : nourrir par leurs expériences et par leurs analyses une vision pour le pays.

Vendredi 24 octobre

J'interviens à Angers dans le cadre d'un forum organisé par son maire, Jean-Claude Antonini. C'est un homme de qualité sur lequel on peut compter. C'est, au demeurant, un grand spécialiste du développement durable. J'annonce lors de ce forum que j'ai signé l'appel lancé par le professeur Belpomme pour le maintien du système d'enregistrement, d'évaluation et d'autorisation des substances susceptibles d'affecter l'environnement ou la santé humaine dans la dernière phase de la négociation de la directive Reach qui vise à limiter l'usage de produits toxiques dans l'industrie.

Toute l'industrie chimique allemande y est opposée, mais les affaires d'amiante ou celles liées aux éthers de glycol nous ont montré qu'il convenait de ne pas céder.

Jeudi 27 octobre

Pour protéger les consommateurs contre la hausse du prix du gaz, le gouvernement a tenté un tour de passe-passe. Mais la ficelle était trop grosse et il vient de se faire rappeler à l'ordre par la Commission de régulation de l'énergie. On pourrait se moquer de sa maladresse récurrente. On pourrait déplorer la rigidité, peut-être parfois excessive, de l'organe régulateur. Mais l'essentiel n'est pas là, et ce que révèle cet épisode peu glorieux est riche d'enseignements qui dépassent de très loin la question – déjà importante – du prix du gaz.

De quoi s'agit-il ? Gaz de France est désormais une entreprise en concurrence et une entreprise cotée. Elle achète du gaz, à un prix librement négocié. Elle le revend aux ménages, à un tarif arrêté par le gouvernement mais dont l'évolution dépend d'une formule officielle, laquelle doit refléter l'évolution des coûts d'approvisionnement de l'entreprise. Décrire ce mécanisme, c'est pointer immédiatement les contradictions dans lesquelles l'Etat doit se débattre. Comme actionnaire – l'Etat est encore l'actionnaire majoritaire de Gaz de France –, il ne peut que souhaiter que l'entreprise dégage le maximum de profits pour verser le maximum de dividendes. Comme protecteur – et comme garant de l'intérêt général –, il doit fixer des règles et – c'est le problème auquel il est confronté aujourd'hui – les respecter. Il doit aussi défendre le meilleur service public possible et le proposer au meilleur prix pour préserver le pouvoir d'achat des consommateurs, notamment les plus fragiles.

Dans le cas présent, le dilemme était simple à énoncer mais impossible à résoudre : fallait-il pénaliser GDF ou les ménages ? Les prix du gaz étant indexés sur ceux du pétrole, la très forte hausse du cours du baril a entraîné depuis deux ans une augmentation vertigineuse des coûts d'approvisionnement de GDF. Le gouvernement allait-il répercuter cette hausse sur la facture des Français ? Accusé de ne pas soutenir suffisamment le pouvoir d'achat des ménages, Thierry Breton a préféré reporter à la fin de l'hiver les augmentations de prix, pourtant prévues par la réglementation qu'il avait lui-même édictée.

Il arrive, quand on gouverne, d'avoir à choisir entre des solutions dont aucune n'est vraiment satisfaisante – plus le niveau de responsabilité est élevé et plus ces choix sont délicats. Mais il arrive aussi qu'il suffise de changer radicalement notre façon d'envisager l'intervention de l'Etat dans l'économie pour sortir de la contradiction. Tel est le cas ici, où une clarification aurait dû s'imposer.

Les entreprises publiques sont, pour partie, des entreprises comme les autres : elles tirent leurs revenus de la vente de produits ou de services à des consommateurs ; elles sont soumises, pour la plupart, à la concurrence ; elles investissent ; elles remboursent leurs dettes ; elles sont assujetties à l'impôt ; elles créent de l'activité. Les entreprises publiques sont, pour une autre partie, des entreprises particulières : elles ont des charges spécifiques liées à l'exécution de missions d'intérêt général qui leur sont exclusivement confiées par l'Etat. Conclusion ? C'est à la solidarité nationale et non à l'entreprise de garantir le financement de ces missions-là. C'est à l'Etat de les évaluer et de les financer afin de ne pas compromettre le développement économique des entreprises chargées d'une mission de service public, ni leurs investissements futurs.

Aux petits bricolages, il faudra demain préférer une grande clarification.

Samedi 5 novembre

Y a-t-il eu une vie avant les SMS ? A lire la publication, aujourd'hui, de l'étude sur le développement du langage SMS, à regarder tout simplement autour de soi, on peut en douter.

On peut expliquer ce phénomène par des avantages techniques et pratiques : envoyer un message sans déranger son destinataire – que celui-ci soit en réunion, dans le métro ou chez des amis. Mais il serait réducteur de se contenter de cette explication tant l'outil et la manière dont ses principaux utilisateurs, les jeunes, s'en sont saisis sont révélateurs de l'état de notre société.

Cet outil est maintenant un vrai instrument de communication. Il ne joue pas seulement un rôle croissant : il occupe aussi une place spécifique. Ce qui caractérise en effet le SMS, c'est qu'il instaure une communication qui est détachée de l'immédiateté – et, en ce sens, il se distingue du téléphone qui lui sert de support. En d'autres termes, et même si cela peut faire sourire certains, le SMS se rapproche par bien des aspects des relations épistolaires classiques. C'est le choix de l'écrit, avec ses contraintes spécifiques. C'est le choix de la distance, même si le dialogue peut se nouer à un rythme effréné.

Quant aux utilisateurs principaux de cet outil, les jeunes, que dire de ce langage dans le langage qu'ils ont inventé? Les littéraires chagrins verront là un habile moyen de dissimuler une maîtrise imparfaite de l'orthographe – et ils n'auront sans doute pas totalement tort. Les historiens blasés mettront en cause la nouveauté du phénomène en soulignant que, depuis fort longtemps, les jeunes ont créé leurs propres codes pour mieux se distinguer de leurs aînés – et ils auront évidemment raison. Pour ma part, j'y vois avant tout la capacité d'adaptation et d'ingéniosité de notre jeunesse : son langage SMS est adapté à la fois aux contraintes techniques – un espace limité – et aux contraintes financières – les forfaits ne sont pas illimités!

Lundi 14 novembre

Afin de marquer son intérêt pour la conférence de Montréal, le gouvernement dresse un premier bilan de son « plan climat » de 2004. La réalité? C'est un gros flop : tout le monde a en tête l'absence de politique en matière de transport routier, les revirements sur le « bonus-malus », le premier refus par Bruxelles du plan français de réduction des émissions de gaz à effet de serre, la baisse des crédits destinés aux énergies renouvelables.

La France, depuis la politique d'économies d'énergie mise en œuvre dans les années 1970, était pionnière en la matière. Il faudra qu'elle le redevienne – d'autant plus vite qu'elle a peu de marges de manœuvre pour remplir sa part d'engagements européens au protocole de Kyoto.

Mercredi 16 novembre

Rio, Kyoto, Montréal maintenant. Les journaux sont pleins de déclarations et de rapports scientifiques qui alimentent les travaux des congressistes à Montréal : on est loin de la controverse de 1992 sur la part des activités humaines dans le réchauffement climatique. Non seulement celui-ci est avéré et ses effets déjà constatés (phénomènes extrêmes, comme des ouragans plus fréquents et plus violents, inondations, fonte des glaces polaires), mais l'élévation de la température est toujours revue à la hausse puisque les prévisions pour le XXIᵉ siècle oscillent entre 1,8 et 6 degrés supplémentaires !

L'IPCC (Intergovernmental Panel on Climate Change) a, depuis sa création, fait un travail considérable, et a constitué une communauté scientifique d'une ampleur inégalée, tant au niveau des collectes de données que de la régularité de ses communications et de l'autorité de ses prises de position. Les académies chinoise et indienne l'ont rejoint pour la première fois cette année, et j'y vois un signe encourageant : ces pays rentrent peu à peu dans le cercle diplomatique de la convention. Espérons que cette attitude, nouvelle, permettra à la conférence d'avancer. Un échec tuerait définitivement les mécanismes du protocole de Kyoto, alors qu'ils se mettent peu à peu en place.

Lundi 6 décembre

« Il n'y a de richesse que d'hommes éduqués », aime à écrire Michel Godet, du Conservatoire national des arts et métiers. C'est maintenant au tour de la Banque mondiale.

La Banque mondiale profite de la négociation sur le

réchauffement climatique qui se tient à Montréal pour poser une bonne question : « Où se trouve la richesse des nations ? » Clin d'œil au fondateur de l'économie politique moderne, Adam Smith, et à ses *Recherches sur la nature et les causes de la richesse des nations*. Il faut toujours se réclamer des grands ancêtres, surtout si l'on veut bousculer quelques idées académiques bien ancrées dans les milieux « pro-marché » qui dominent à Washington.

Les enseignements sont intéressants. Le capital matériel représente moins de 20 % de la richesse accumulée, même dans les pays développés. L'essentiel ce sont les personnes, leurs talents, leurs qualifications, les institutions dont elles se sont dotées, ce que la Banque appelle les « actifs intangibles ». Et puis il y a l'environnement, les ressources naturelles. On ne s'enrichit pas en détruisant son milieu naturel, en détériorant les conditions de vie de ses habitants, en gaspillant les ressources non renouvelables.

La leçon vaut pour tous. Les pays émergents qui, à marche parfois trop forcée, veulent sortir leur population de la pauvreté. Les dirigeants du monde en développement qui oublient de bâtir pour les générations futures en n'investissant pas le produit de l'exploitation des ressources naturelles. Les pays occidentaux qui ont trop attendu pour placer le développement durable au cœur de leurs politiques.

J'en tire une conclusion forte. Il ne faut certes pas abandonner l'objectif de prospérité pour tous – la décroissance n'est vraiment pas une solution. Mais si nous voulons avancer, ne nous trompons pas d'instrument de mesure. Les indicateurs économiques classiques comme le produit intérieur brut (PIB) ne sont pas neutres, parce que trop « purement comptables ». On le voit bien dans le débat européen sur les critères du Pacte de stabilité et de croissance. C'est aussi un enjeu pour le développement, y compris le développement des pays du Nord. Apprenons à créer la « vraie richesse » – et à la mesurer.

Jeudi 8 décembre

Lecture à l'école : Gilles de Robien annonce la suppression de la méthode globale à la rentrée prochaine. Curieuse conception de la politique que d'annoncer ce qui se fait déjà! Car les enseignants n'ont pas attendu le conseil du ministre. La méthode globale exige des moyens que l'Education nationale n'a pas. Dans des classes trop nombreuses, les enseignants ont fait face avec pragmatisme, en mettant en œuvre une méthode mixte, à la fois analytique et globale.

Une nouvelle fois, un ministre de l'Education se sent obligé de marquer son passage aux affaires par un plan de communication. Curieuse conception, décidément, que de croire que c'est aux politiques de faire de la pédagogie. Ce que le ministre devrait faire, c'est mettre en place une politique nationale pour la lecture. C'est en finançant des centres de documentation, des bibliothèques et des médiathèques qu'il fera progresser l'apprentissage de la lecture, pas en apprenant aux enseignants comment faire leur travail.

Mercredi 13 décembre

Succès ou échec, cet accord de Montréal sur le climat ? Je penche plutôt pour un succès. Il faut bien sûr le mesurer à l'aune des énormes difficultés de cette négociation si particulière : le plus gros pollueur de la planète n'est pas partie prenante au protocole de Kyoto. Mais les positions ont, me semble-t-il, beaucoup évolué. D'abord dans le groupe des 77, à cause des tensions de plus en plus importantes entre des pays pétroliers de plus en plus riches, des pays pauvres de plus en plus dépendants et des îles ou pays côtiers de plus en plus menacés. L'Union européenne reste certes sur sa ligne de stabilisation des émissions, mais elle est obligée de se montrer moins intransigeante à cause des dix nouveaux Etats membres dont la structure énergétique est très polluante. La situation évolue aussi aux Etats-Unis qui, sans pour autant entrer dans le mécanisme de Kyoto, ont accepté d'envisager des actions après 2012. Mais le grand succès, c'est évidemment d'avoir réussi à faire asseoir les représentants de la Chine et de l'Inde à la table des négociations. Bien sûr, il faut aller au-delà de cet accord qui n'est qu'un accord de principe ; mais on revient de loin.

Mardi 27 décembre

La presse évoque le premier cas de grippe aviaire en Turquie. Cette menace prend corps dans la vie quotidienne des Français. Quelle que soit notre volonté de nous y soustraire, la mondialisation introduit dans nos sociétés de nouveaux risques, qui ne se limitent pas aux questions économiques de concurrence et de délocalisations.

Nous devons nous préparer à relever un défi nouveau : celui de la biosécurité. Dès 1995, l'attaque chimique au gaz sarin dans le métro de Tokyo conduisait à prendre en considération de nouveaux risques terroristes. Avec l'affaire de l'anthrax en 2001, de virtuelle, la menace du bioterrorisme devenait réelle.

Le risque biologique prendra différentes formes. Mais les plus évidentes et les plus immédiates sont l'éventualité d'une épidémie planétaire de grippe aviaire et celle d'une attaque bioterroriste quelque part en Europe.

Ce qui distingue ces deux crises sanitaires n'est malheureusement pas une différence de probabilité, tout aussi forte, mais le délai probable de leur survenue : dans quelques mois pour l'une, d'ici à quelques années pour l'autre. Elles diffèrent aussi par leur impact potentiel sur la vie de nos concitoyens : risque de plusieurs dizaines de milliers de décès pour l'une, de plusieurs milliers pour l'autre.

Pour ce qui concerne la grippe aviaire, il n'est pas certain que tout ait été mis en œuvre par la communauté internationale pour l'éviter, en dépit de l'action exemplaire de l'OMS.

La prise de conscience du risque a été tardive, même si on doit se féliciter que la France ait pris la tête de la mobilisation. Mais on doit s'interroger sur les conséquences d'une recherche médicale mondiale abandonnée à la seule logique du marché. Celui-ci a manifesté son incapacité à investir dans la prévention et à répondre à des besoins non spontanément solvables : aujourd'hui, notre sécurité sanitaire ne se joue plus seulement à nos frontières mais aussi dans les postes avancés du déclenchement des épidémies.

En France, nous ne partons pourtant pas de rien. Après le 11 septembre, la France, à l'initiative de Bernard Kouchner et de Lionel Jospin, a renforcé les réseaux de veille sanitaire et défini un programme particulier : le plan Biotox.

Mais cela n'est pas suffisant, et il nous faut renforcer notre action dans quatre directions.

D'abord, il faut accroître massivement les moyens financiers en recherche et développement consacrés aux biorisques dans les outils de prévention, dans les dépistages précoces, dans les domaines des traitements. Cet effort financier supplémentaire est d'autant moins hors de portée que nous pouvons nous appuyer sur des masses budgétaires parmi les plus importantes de la Nation (santé, ordre public) et que celles-ci seraient de toute façon fortement sollicitées en cas de crise et en proportion de l'impact de celle-ci.

Il faut aussi renforcer notre armature administrative pour dépasser la coordination existante et aller vers une plus grande intégration du commandement et du contrôle de la préparation des forces qui ne sauraient être confiés au seul ministère de l'Intérieur.

Je suis inquiet de voir les difficultés du gouvernement à

produire la seconde version de son plan de lutte contre la pandémie et, plus précisément, ses dispositions opération-nelles. Inquiet aussi de mesurer l'écart entre une conception théorique de la gestion de crise et sa mise en œuvre pratique.

Nous avons par ailleurs le devoir d'informer les Français. Je suis convaincu de ce que, davantage encore que les moyens médicaux ou les capacités d'administration, c'est la mise en œuvre de solidarités de proximité qui détermi-nera notre niveau de protection.

On a bien senti les réticences de tel ou tel secteur gou-vernemental à communiquer sur le risque sanitaire. Je reste pourtant persuadé qu'au-delà d'inconvénients mineurs et, sans doute, inévitables, notre société y a gagné en capacité de résistance. Car au-delà du risque sanitaire lui-même, c'est bien le risque de la panique qui est, sans doute, le plus redoutable et potentiellement le plus dom-mageable. La bataille de la transparence, de l'information et de la pédagogie est une dimension stratégique de la gestion des risques dans nos sociétés modernes que les bureaucrates et, parfois, certains politiques seraient tentés d'ignorer.

Il nous faut enfin préparer le cadre légal modernisé qui nous sera nécessaire pour gérer la crise. La République, souvent avec sagesse, parfois avec démesure – comme l'illustre l'article 16 de la Constitution –, a prévu différen-tes formes juridiques pour répondre aux situations d'exception. Celles-ci semblent imparfaitement adaptées aux crises à venir. Ainsi, par exemple, dans une hypothèse d'épidémie de grippe, comment et dans quel cadre impo-ser la « quarantaine » ou bien encore gérer les zones aéroportuaires ? Evoquées à l'occasion de la crise du SRAS sans que l'on ait jugé utile d'aller plus loin, ces questions me semblent sérieuses. Et les réponses à apporter dépas-sent les quelques mesures proposées par le garde des Sceaux dans son récent projet de loi qui, à l'exception de quelques dispositions de bon sens, a le plus souvent introduit une réglementation inutile, voire dangereuse.

Dans ces situations nouvelles, les démagogues trouveront matière à relancer la manipulation des peurs. Les « mouvementistes » chercheront, souvent à juste raison, à dénoncer les conséquences d'une mondialisation non régulée, ses injustices, ses violences et ses déséquilibres, quand bien même leurs explications sont parfois simplistes et leur dénonciation impuissante. Les conservateurs pourront à loisir exprimer leur crainte des réactions populaires et contribuer ainsi à attiser les tensions, alors que c'est de confiance dont les peuples auront besoin.

Jeudi 29 décembre

Lancement hier à Baïkonour, au Kazakhstan, du premier satellite « démonstrateur » de Galiléo.

L'événement mérite d'être salué : lorsque l'ensemble du dispositif, avec ses trente satellites sur orbite et ses multiples relais, sera en place, c'est-à-dire vers la fin de la décennie, l'Europe disposera sans doute du meilleur système de navigation par satellites de la planète, plus fiable et plus précis que le GPS américain. Sans parler des créations d'emplois immédiatement liées au projet lui-même ni des bénéfices pour Toulouse qui accueillera le siège de Galiléo, les retombées économiques de cette nouvelle réalisation technologique seront très importantes : de nombreuses applications devraient à terme voir le jour dans le domaine des transports routier, ferroviaire, aérien et maritime, de la pêche et de l'agriculture, de la prospection pétrolière, de la protection civile, du bâtiment et des travaux publics, ou encore des télécommunications.

Au-delà de la dimension économique, ce lancement réussi de Galiléo consacre aussi un choix stratégique : si elle veut s'affirmer comme une puissance sur la scène mondiale, l'Europe ne peut se subordonner aux Etats-Unis, et plus encore à l'armée américaine, dans un domaine aussi sensible. Après le lancement de l'Airbus A 380, il y a quelques mois, le programme Galiléo, cofinancé par l'Union européenne et l'Agence spatiale européenne, illustre de ce point de vue la capacité de l'Europe à faire preuve de volonté politique et d'ambition et à témoigner de son savoir-faire scientifique et technique. C'est à l'évidence sur ce type de dynamique qu'il faut s'appuyer pour redonner de l'élan à la construction européenne.

Mercredi 18 janvier 2006

Le rapport annuel de l'INSEE nous apporte une belle moisson d'optimisme. De quoi faire taire tous les « déclinologues » en vogue, qui voient la France mourir alors qu'au contraire elle n'a jamais été si vivante !

Les Français font des enfants, et ils en voudraient plus encore ! 1,94 enfant par femme... seule l'Irlande fait mieux que nous dans l'Europe des Vingt-Cinq ! Je n'ai nulle envie de me lancer ici dans une étude démographique poussée. Juste le désir de saisir ce signe de confiance dans l'avenir. Le chômage sévit, les salaires stagnent, la précarité s'accroît, le prix des logements flambe, et pourtant la France va de l'avant, elle construit aujourd'hui le pays de demain. Quelle plus belle preuve d'optimisme qu'une famille qui s'agrandit ?

Le métier de parents est difficile. J'en sais quelque chose, moi qui, avec Anne, ai élevé six enfants, chacun différent, chacun exigeant. L'amour envers un enfant symbolise l'amour absolu dans une société qui voudrait tout monnayer. On aime ses enfants sans condition, sans contrepartie. Cet amour est, je crois, ce qui ressemble le plus au bonheur.

Mais l'amour ne suffit pas. Je ne fais pas partie de ceux qui regrettent le temps où l'autorité du père tout-puissant s'exerçait sans retenue. Ceux qui déplorent le laxisme des temps présents vont vite en besogne lorsqu'ils invoquent le paradis perdu de la famille patriarcale : épouses dominées, enfants soumis, autorité imposée... le tableau n'est pas idyllique. Le temps de l'ordre moral n'est plus.

L'ordre social, lui, reste nécessaire. Puisqu'il n'y a plus un seul modèle familial qui s'impose à tous, à chacun d'inventer une manière de transmettre une histoire, des valeurs, des règles. La famille est un lieu unique, modèle réduit de la société où il faut apprendre à respecter et soutenir les autres ; lieu d'épanouissement irremplaçable de chacun de ses membres. On peut évidemment être une mère formidable et travailler activement ; mais on peut aussi être un professionnel redouté et un père attentif : la plupart des hommes, sinon tous désormais, y aspirent.

Les Français ne s'y trompent pas, qui plébiscitent massivement la famille, avec ou sans mariage. Ils sentent bien que c'est là que s'apprennent la vie collective, ses contraintes, ses règles, mais aussi ses opportunités. Le métier de parents est difficile, et ils le savent. Ils veulent aimer, mais aussi éduquer, socialiser. Certains le font plus facilement que d'autres. Question de tempérament sans doute. Question de moyens aussi, et d'environnement. Les familles les plus fragiles et les plus précaires sont aussi celles qui ont le plus de difficultés à transmettre des valeurs dont elles doutent, des repères qui leur manquent, des espoirs qui leur sont interdits. Plutôt que de les stigmatiser, accompagnons-les. Ce n'est pas en privant d'allocations familiales les parents les plus désarmés, souvent des femmes seules confrontées à des enfants difficiles, qu'on les aidera à rétablir leur autorité.

Je crois à la responsabilité de chaque parent, de chaque famille. Mais je crois aussi à la responsabilité de la société envers chaque enfant, chaque parent, chaque famille.

Vendredi 10 février

Après avoir beaucoup réfléchi, beaucoup lu, beaucoup écouté, je prends aujourd'hui position, dans *Libération*, sur le débat concernant le téléchargement qui voit la droite empêtrée et la gauche divisée.

La révolution numérique, annoncée depuis de nombreuses années, est désormais en marche. Elle a apporté de nouveaux usages de masse : e-mails, sites Internet, blogs, voix et image sur IP, téléchargement des contenus sur l'Internet. Elle a aussi modifié les équilibres existants. Tel est le cas du droit d'auteur, menacé par le « peer to peer » (P2P).

L'enjeu, c'est le financement de la création culturelle. Ce sont désormais des millions d'internautes qui téléchargent gratuitement de la musique et des films, violant ainsi le droit d'auteur des créateurs. La question est complexe et passionnelle.

Dans ce contexte, l'attitude de la droite est coupable. Coupable de hâte inutile : le projet de loi a été soumis en urgence à l'Assemblée nationale. Coupable d'inconséquence. Le gouvernement présente un texte très répressif visant à rendre le téléchargement payant. Puis, patatras! un « amendement surprise » des députés UMP, qui autorise le téléchargement quasi gratuit *via* une licence globale, modifie radicalement l'économie du texte. Nouvelle volte-face le 13 janvier avec la nouvelle mouture du projet : retour au téléchargement payant, sur un mode moins répressif.

Quelques idées, dont j'ai discuté avec Anne Hidalgo et Patrick Bloche – qui défendent des positions différentes –, mériteraient selon moi d'être mises en avant.

Première idée : aucune solution ne saurait remettre en cause le financement de la création culturelle. Soyons clairs : il est légitime de rémunérer un auteur pour son travail. Si on le prive de rémunération, on tue à coup sûr la création et, de surcroît, les emplois qui y sont associés. Dès lors, la mise à disposition quasi gratuite d'un bien culturel protégé par le droit d'auteur est illégitime. C'est vrai pour les supports physiques : le livre, le CD, le DVD... C'est vrai aussi pour les supports électroniques : le téléchargement gratuit sans contrepartie n'est pas une option valable. Aucun pays ne s'est d'ailleurs engagé dans cette voie.

Deuxième idée : il ne faut pas s'opposer aux nouveaux usages de l'Internet, et notamment au P2P.

D'abord, parce que ce serait illusoire techniquement. Les techniques de blocage du P2P seront toujours sujettes à des contournements.

Ensuite, parce que ce serait une erreur politique. La révolution numérique a apporté des progrès considérables. Progrès dans l'accès à la culture. Progrès dans l'offre culturelle accessible. Et progrès, enfin, dans les usages. C'est très net dans le domaine musical : grâce à l'Internet, plus de Français écoutent plus de musique dans plus d'endroits.

Enfin, parce que ce serait un contresens économique. L'industrie culturelle, notamment musicale, doit réfléchir à un modèle économique adapté à la distribution des biens culturels dans le monde numérique. Sur la base de ces idées simples, le dialogue peut s'établir entre l'ensemble des acteurs. Il s'agira d'étudier toutes les solutions envisageables, sans préjugés et sans tabous.

Une première solution est avancée par certains : le maintien de l'interdiction du P2P et la protection du droit d'auteur par des technologies anticopie basées sur les DRM (Digital Rights Management). Le principe : le téléchargement depuis les sites légaux, comme iTunes Music Store, est payant ; les œuvres téléchargées ne peuvent pas être copiées ; les téléchargements illégaux sont poursuivis pénalement. Une telle solution suppose deux aménagements pour éviter des abus préjudiciables aux usagers de l'Internet. D'abord, le P2P doit naturellement être autorisé pour toutes les œuvres non protégées. Ensuite, la copie privée étant licite, son usage ne doit pas être restreint. Le législateur doit notamment garantir l'interopérabilité des lecteurs numériques. Enfin, les sanctions doivent être adaptées. La gradation des peines (mail d'avertissement, lettre recommandée, amende...) est une idée intéressante. Il paraît peu indiqué de prévoir des peines d'incarcération pour sanctionner les pratiques illégales de téléchargement, sauf à vouloir placer des millions de Français, et notamment la quasi-totalité des adolescents, dans une situation d'insécurité juridique aberrante. Finalement, cette solution est peu séduisante.

Une deuxième solution a fait irruption dans le débat sous la forme d'un amendement parlementaire : la licence globale. L'idée est d'autoriser le téléchargement libre en P2P, en échange du paiement par les internautes d'un forfait mensuel de l'ordre de 5 euros versé au fournisseur d'accès. Je suis personnellement très dubitatif. La licence globale pose deux problèmes. Celui de la répartition de la manne collectée entre industriels et créateurs, entre artistes aussi. Celui des moyens de contrôle. La licence est de surcroît conçue comme volontaire. C'est une naïveté : pourquoi les internautes seraient-ils plus disposés à payer un forfait mensuel qu'à acheter un accès œuvre par œuvre ?

Diverses autres solutions sont possibles, qui n'ont pas été suffisamment étudiées. Par exemple, le forfait mensuel payé aux sites légaux, sur le modèle de la carte d'abonnement cinéma illimité : c'est la solution industrielle retenue par l'opérateur SKT en Corée. Ou encore la taxe unique acquittée sur le support baladeur, ordinateur...

Une solution alternative me paraît mériter une attention particulière : celle de la légalisation payante du P2P. Le téléchargement entre particuliers serait autorisé, mais chaque transfert serait payant quand l'œuvre est protégée. Le paiement serait collecté par le fournisseur d'accès en sus de l'abonnement une fois par mois. Les avantages sont nombreux. Grâce à cette solution, la révolution numérique deviendrait pour la culture une chance et non plus une menace : la création serait financée par le P2P, et non pas contre lui ou malgré lui. Les droits d'auteur des artistes seraient proportionnels aux téléchargements réels de leurs œuvres. Le coût serait juste, car fonction de l'usage. Le prix par téléchargement qui serait nécessaire au financement de la culture serait bas, sans doute moins de 10 centimes d'euro par œuvre : on évalue à près de 500 milliards de téléchargements par an le flux de P2P dans le monde.

Tout le monde affirme sa volonté de préserver la diversité culturelle et d'assurer, dans un monde bousculé par la révolution numérique, à la fois la juste rémunération des auteurs et le plus large accès de tous à la culture. Voilà, je le crois, des pistes pour arriver à un équilibre satisfaisant.

Le monde

L'année 2005 n'aura levé aucune des hypothèques qui pèsent sur l'équilibre du monde.

L'occupation de l'Irak n'en finit plus de finir et d'échouer à accompagner la naissance d'une démocratie pacifiée. Depuis l'assassinat de Rafic Hariri, la véritable nature du régime syrien dessiller les yeux de ceux qui ne voulaient pas voir. La disparition politique d'Ariel Sharon et la victoire électorale du Hamas ont éloigné l'espoir d'une paix entre Israéliens et Palestiniens. Plus gravement peut-être encore, l'obstination de l'Iran à poursuivre son programme nucléaire s'accompagne des déclarations intolérables du président Ahmadinejad. Tout concourt à porter le Proche-Orient à son point d'ébullition.

Il est, bien sûr, d'autres conflits qui peinent à trouver leur issue : c'est vrai en Côte d'Ivoire comme au Darfour. Mais c'est au Proche-Orient que les tensions sont les plus fortes. Celles-ci, en retour, entretiennent le terrorisme. Ou, plutôt, ce dernier fournit un exutoire à des contradictions politiques et sociales qui ne peuvent pas s'exprimer autrement.

On l'aura compris : je ne suis pas un adepte de la thèse de Samuel Huntington selon laquelle un « choc des civilisations » opposerait inéluctablement l'Islam à l'Occident. Je crois en revanche que la pauvreté et la misère nourrissent le ressentiment des peuples arabes, privés des bénéfices d'une manne pétrolière accaparée par quelques-uns, et exclus d'un Occident que la télévision leur présente comme un monde de luxe.

295

Il n'y a pas de fatalité au terrorisme. Mais on le com-
battra plus efficacement par l'encouragement au dévelop-
pement économique que par l'occupation militaire.

L'opposition frontale « huntingtonienne » fournit à
certains le moyen d'échapper à la fin de l'histoire annon-
cée par Francis Fukuyama et à cet Etat « homogène
universel » dont la chute du mur de Berlin devait marquer
l'avènement. Je ne partage pas non plus l'analyse de
Fukuyama. J'ai développé ce point de vue dans La
Flamme et la Cendre : *la fin de l'histoire, c'est la fin des*
hommes. Mais il n'est pas nécessaire de se jeter dans les
bras de Huntington pour échapper à Fukuyama !

On peut refuser de se considérer soi-même comme un
observateur privilégié, embusqué dans un repli de
l'histoire au moment précis où elle s'écrirait. Ma concep-
tion est plus simple : elle s'appuie sur la permanence des
conflits d'intérêts et des rapports de force. Et si je doutais
de sa justesse, le retour de la Russie de Vladimir Poutine
aux marches de l'ancien empire soviétique suffirait à m'en
convaincre.

C'est dans ce monde d'enjeux planétaires et de conflits
localisés que la France doit trouver son rôle. Nous ne
nous dispenserons pas de le définir en nous réclamant de
notre association à une diplomatie européenne qui reste
largement en devenir. Certes, l'Europe peut être puissante
quand elle parle d'une seule voix, mais cela lui arrive
rarement. Certes, nous devons utiliser ce levier pour nous
faire entendre, mais encore faut-il avoir quelque chose à
dire. C'est bien là qu'est le drame : la voix de la France ne
porte plus parce que la France est aphone. Le prochain
président de la République devra redonner à la parole de
la France l'éclat qu'elle a perdu.

Vendredi 4 mars 2005

Le chiffre d'affaires du commerce équitable est passé de 37 à 70 millions de dollars entre 2003 et 2005. Le commerce responsable progresse. C'est bien, mais c'est peu ! Nous avons tous en tête l'exemple de Nike : le producteur salarié du Sud est rémunéré 2 à 3 dollars alors que le consommateur du Nord paiera ses chaussures 70 dollars. L'ampleur de l'écart entre coût du travail et prix de vente du produit se constate également pour bon nombre d'autres produits de consommation, des cosmétiques aux jeux vidéo. Nous sommes entrés dans un monde post-industriel où la production matérielle d'objets compte de moins en moins par rapport aux activités de conception et de prescription – Daniel Cohen l'a brillamment montré dans son livre *Nos temps modernes*. Ce qu'il faut, c'est assurer au producteur du Sud une rémunération juste et digne lui permettant ainsi qu'à sa famille de sortir de la pauvreté. C'est presque impossible si l'on laisse jouer le marché, d'autant que les forces de rappel du syndicalisme sont généralement absentes. D'où l'importance du commerce équitable et de ceux qui s'y engagent : c'est le consommateur qui joue alors le rôle de régulateur du marché.

Je vois néanmoins une difficulté. Quand on interroge les consommateurs, 30 % se disent prêts à acheter « équitable ». Au moment du passage à l'acte, ils ne sont plus que 3 %. Il y a beaucoup de raisons à cela : doute sur l'honnêteté de l'information, manque de confiance lorsque ce sont de grandes entreprises qui s'affichent « équitables » – on sait que les sous-traitants sont devenus experts pour tourner les contrôles et les codes de conduite –, question de prix surtout. Il faudrait jouer sur tous les tableaux. Pourquoi ne pas afficher plus clairement la valorisation des étapes du processus de production ? On informe bien le consommateur sur les ingrédients qui composent le produit ; pourquoi pas sur ce qui revient au producteur initial et aux intermédiaires ? Pourquoi ne pas donner un avantage fiscal aux produits équitables tout en modulant notre fiscalité indirecte, voire nos droits de douane, même s'il faut pour cela obtenir une décision des instances qui régulent le commerce international ?

Dimanche 6 mars

Bachar El Assad s'entête. Le président syrien refuse de se retirer du Liban. Combien de temps le régime syrien conservera-t-il sa capacité de nuisance, dont des soldats français furent par le passé, avant Rafic Hariri, comme d'autres encore, les victimes ? La liberté, la démocratie font peur mais elles s'imposeront, à Beyrouth comme à Damas. La peur du vide, de l'inconnu, inspire trop souvent les démocraties occidentales, mais la démocratie est la plus forte. L'aventurisme américain en Irak ne facilite pas les choses, bien au contraire ; mais rien n'arrêtera la marche du Liban vers la souveraineté et la démocratie. Le Proche-Orient, le monde arabe et musulman, le monde entier ont besoin d'un Liban indépendant, riche de ses diversités, véritable antidote au choc des civilisations.

Lundi 21 mars

Cet après-midi, comme tous les lundis depuis octobre 2003, cours d'arabe. J'aime les langues étrangères. J'aime apprendre les langues étrangères – même si, les années passant, l'exercice devient de plus en plus difficile : après l'anglais et l'allemand puis quelques rudiments d'espagnol et d'italien, l'arabe. C'est, pour moi, une sorte de jeu intellectuel. Je me souviens encore de la formule de Samuel Pisar qui, il y a près de trente ans, écrivait, dans *Le sang de l'espoir*, extraordinaire récit de sa survie dans les camps d'extermination : « Je pense en anglais, je fais l'amour en français, je me lamente en yiddish, je jure en allemand, je chante en russe, je pleure en polonais et je prie en hébreu. » Mais c'est aussi, je le crois, une nécessité politique – et tout simplement professionnelle – dans le monde moderne. On peut évidemment avoir recours à des interprètes : tel est le cas lorsqu'il s'agit, dans une réunion officielle, de parler, et donc de défendre, la langue française. Mais, dans une discussion, une langue partagée est un gage de compréhension facilitée. Car une langue, ce ne sont pas seulement des mots et des phrases, c'est aussi un ton et un rythme, c'est aussi une histoire et une culture. C'est pourquoi je crois que ma connaissance de l'allemand a joué un rôle important dans la qualité des relations que j'ai pu établir avec nos amis d'outre-Rhin : elle a été perçue comme une réelle marque d'intérêt. Aujourd'hui, je considère comme un véritable handicap pour un dirigeant politique de ne pas parler correctement l'anglais. Car au-delà même des Anglo-Saxons, le monde entier parle anglais. Je me souviens d'avoir éprouvé de la gêne, pour nous tous, lorsque des responsables français du plus haut niveau, de la majorité comme de l'opposition, que je ne citerai pas, hésitaient, se faisaient mal comprendre, manquaient de nuances. Bref, étaient inefficaces et ridicules.

Qu'on n'en déduise pas que je renonce à défendre la langue française. Sûrement pas ! Et j'enrage de voir combien nous sommes pingres lorsqu'il s'agit de financer les lycées français à l'étranger, l'Alliance française, nos centres culturels dans le monde ou les bourses que nous offrons à des étudiants étrangers. Ce sont là les vrais moyens de diffuser notre langue et notre culture. Mais il n'en demeure pas moins que ce n'est pas en baragouinant un sabir que l'on croit être de l'anglais que l'on incite nos partenaires à apprendre le français.

Vendredi 1ᵉʳ avril

Aujourd'hui, départ pour Nagoya au Japon pour une réunion plénière du TPF (Trade and Poverty Forum). Voilà trois ans que je préside la délégation européenne du TPF qui rassemble des syndicalistes et parlementaires européens, des ONG et des chefs d'entreprise sur les sujets de la pauvreté et des inégalités dans le monde. Le TPF a été conçu en 2002 par le German Marshall Fund (fondation créée pour gérer le Plan Marshall dans l'après-guerre) et bénéficie en Europe du soutien de la Fondation du Roi Baudoin. Au sein de ce Forum, nous nous attachons à faire des propositions concrètes pour que, dans le cadre du Cycle du développement lancé par l'OMC à Doha, les échanges commerciaux soient mis au service de la réduction de la pauvreté.

Cette mission internationale réunit six équipes provenant de pays en développement (Inde, Afrique du Sud, Brésil) et de régions industrialisées (Europe, Etats-Unis, Japon). Je m'entends particulièrement bien avec Cyril Ramaphosa, le candidat de Nelson Mandela pour la présidence de l'Afrique du Sud qui dirige la délégation de son pays, et avec Bob Rubin, l'ancien secrétaire au Trésor de Clinton qui pilote celle des Etats-Unis. A Nagoya, la réunion plénière des six délégations doit nous permettre de présenter nos travaux des trois dernières années.

La délégation européenne a principalement travaillé sur la question de l'accès à l'eau. Notre objectif est de trouver une solution pragmatique au coût gigantesque requis par la construction des infrastructures nécessaires pour approvisionner les pays pauvres en eau potable. Nos experts sont arrivés à la conclusion que, dans certains pays industrialisés, le gaspillage s'élèverait à quelque

50 % ! Il y a donc là, potentiellement, une « mine d'or » qu'il faudrait maintenant évaluer avec précision. Si nous arrivions à susciter une prise de conscience, le mécanisme financier nécessaire passerait par la création d'un fonds international, adossé à une institution internationale. Il n'est pas compliqué à imaginer. Je suis persuadé que l'eau est un bien public mondial et que nous pouvons arriver à répartir cette ressource plus équitablement. Même s'il est peu connu du grand public, c'est un enjeu majeur pour le développement.

Samedi 2 avril

Au Darfour, la barbarie s'ajoute à la misère. Deux millions de morts en vingt ans : voilà le macabre bilan de la guerre civile soudanaise. Vingt ans de silence et d'immobilisme face à l'horreur : voilà l'action, ou plutôt l'inaction, du monde pour un peuple en détresse.

Depuis peu, l'horreur soudanaise a de nouveau fait irruption sur nos écrans de télévision. Mais cette fois-ci, la communauté internationale s'est enfin réveillée. Malgré l'hostilité idéologique des Etats-Unis, le Conseil de sécurité de l'ONU a adopté cette semaine la résolution 1593 qui permet de traduire les criminels du Darfour devant la Cour pénale internationale. Après les tribunaux pénaux internationaux mis en place pour le Rwanda et l'ex-Yougoslavie, la Cour pénale internationale est la première juridiction permanente destinée à juger les pires crimes commis par les hommes.

C'est une avancée importante. Elle marque la fin de l'impunité pour ceux qui se rendent coupables de crimes contre l'humanité. Au-delà, elle est un jalon majeur de l'organisation de la communauté internationale. Ce qui est en jeu ? Le droit contre la puissance. Beaucoup de gouvernements, au premier rang desquels celui des Etats-Unis, mais aussi ceux de grandes puissances comme la Russie ou la Chine, continuent à concevoir les rapports mondiaux dans la logique du « concert des nations » du XIXe siècle : un rapport de force entre grands blocs régionaux. D'autres tentent de promouvoir une organisation fondée sur le droit et le règlement pacifique des différends. Les Européens sont les principaux défenseurs de cette vision. Instruits des drames du XXe siècle, ils sont convaincus que les rapports de force créent un monde instable et dangereux s'ils ne sont pas encadrés par des règles de droit. Ils ont les premiers montré la voie avec la construction communautaire. Au sein de l'Union européenne, les relations entre Etats sont pacifiées et coopératives, la guerre a été bannie, les conflits sont résolus par la négociation et l'arbitrage. Les Européens tentent d'exporter ce modèle sur la scène internationale, à travers la promotion des organisations multilatérales.

Le combat pour l'organisation du monde est loin d'être gagné. Mais son avenir en dépend. D'où l'importance de la CPI.

Vendredi 8 avril

Le président d'Afrique du Sud, Thabo Mbeki, vient de proposer un plan de paix pour la Côte d'Ivoire. Pourra-t-on éviter un bain de sang comme au Rwanda ? Les Africains sont les mieux placés pour venir en aide aux Ivoiriens. Les Français qui vivent en Côte d'Ivoire, nos soldats qui risquent leur vie pour la paix dans ce pays, ont tout à gagner de cette implication africaine. Forte de son amitié pour l'Afrique, la France doit lui venir en appui. Elle ne peut ni ne doit rien imposer.

Vendredi 15 avril

Shimon Peres est à Paris. Anne et moi déjeunons avec lui. Je ne sais depuis combien de temps nous le connaissons. Mais je constate que si les années – les décennies – passent, la magie opère une fois encore. Il faut dire que la période, à quelques mois de l'évacuation de Gaza, est décisive, et que l'homme est passionnant. Intelligent. Grave. Responsable. Passionné. Drôle, aussi. C'est un monstre sacré – on dit trop souvent, par facilité, un des *derniers* monstres sacrés – non seulement de la vie politique israélienne, mais aussi de la vie politique internationale. C'est un grand homme d'Etat et, peut-être, le meilleur dirigeant qu'ait connu Israël depuis Golda Meir. C'est un homme de paix – profondément. C'est une bête politique qui a résisté à toutes les épreuves, traversé toutes les époques, surmonté toutes les défaites. Le meilleur pour exercer le pouvoir, le pire pour le conquérir. Shimon a aujourd'hui quatre-vingt-un ans. Il est toujours là, parce que pour lui le pouvoir c'est la vie, c'est sa vie ; l'abandonner ou le perdre serait mourir un peu. Ce faisant – il faut le reconnaître –, il gèle le renouvellement de la vie politique israélienne, au sein notamment du Parti travailliste. C'est le seul défaut de Shimon Peres : il n'est pas mince.

Mardi 14 juin

Sommet de Gleneagles : les chefs d'Etat et de gouvernement du G8 viennent d'annoncer un accord important sur l'annulation de la dette des pays pauvres. Les pays riches se sont engagés depuis quelques années dans une politique volontaire d'annulation : c'est l'initiative « pays pauvres très endettés ». Gleneagles renforce les allégements de dette. Cela renvoie à une question politique simple : faut-il annuler la totalité de la dette des pays pauvres, comme le réclament notamment les altermondialistes ?

Sans hésiter, je réponds « oui ». Les annulations de dette sont à ce stade trop peu généreuses : de nombreux pays bénéficiaires demeurent très endettés. Et elles concernent trop peu de pays : elles sont réservées aux pays les moins avancés. Or les populations des pays intermédiaires – mis à part une élite qui concentre les richesses – sont aussi pauvres et méritent qu'on les aide.

Je réponds « oui », mais à condition que cesse l'hypocrisie actuelle. L'annulation de la dette est une mesure généreuse en apparence, qui masque des pratiques de plus en plus égoïstes. D'une part, certains pays riches veulent gager cette annulation en interdisant l'accès des pays bénéficiaires aux financements internationaux : « ils se sont mal comportés, on ne leur prête plus d'argent ». Ce serait condamner ces pays aux dons de l'aide publique – à la charité. D'autre part, l'essentiel de l'aide (30 %) prend désormais la forme d'annulations de dette : les annulations se sont ainsi substituées aux flux financiers nouveaux. L'argent disponible, le « hard money » sur lequel reposent les investissements et les projets de demain, se tarit.

Je réponds « oui », enfin, malgré l'effet pervers de cette initiative. Elle conduit à concentrer les efforts vers les pays les plus endettés, au détriment de ceux qui le sont peu. Un exemple : Myanmar, pays très endetté (et qui plus est dirigé par une junte militaire), bénéficie du soutien international alors qu'Haïti, pays très pauvre mais peu endetté (et démocratique), en est encore exclu. Il y a là une prime à la mauvaise gestion et à la dictature qui pose vraiment problème.

Donc : « oui » à l'annulation intégrale de la dette des pays pauvres. C'est une mesure emblématique. Mais il faut corriger les graves défauts actuels des programmes d'annulation de dette.

Lundi 8 août

Téhéran a accepté de retarder la reprise de ses activités nucléaires. Espoir d'une diplomatie européenne, animée par les Britanniques, les Allemands et les Français, côte à côte. Nous sommes sur le fil du rasoir. Face à cette menace, il n'y a de place ni pour la complaisance ni pour la faiblesse. Mais il faut donner toutes ses chances à la négociation. Ce que les Américains ne peuvent ni ne savent réaliser, l'Europe peut y parvenir, tout au moins le tenter. Je crois en l'avenir de la politique étrangère et de sécurité commune (PESC) de l'Union. Encore faut-il pour cela que l'Europe puisse parler d'une seule voix, et d'une voix forte. Le traité constitutionnel européen proposait la nomination d'un ministre des Affaires étrangères de l'Union. Son rejet retarde la mise en œuvre de ce projet. Il faudra y revenir, et je ne souhaite pas que l'on attende dix ans pour ça.

Mardi 16 août

Annonce d'un référendum sur la paix et la réconciliation nationale en Algérie. Quel long et terrible cheminement que celui de l'Algérie. Nous sommes, nous Français, naturellement les plus mal placés pour en parler. Mais comment s'en désintéresser ? Impossible. La paix et la réconciliation, oui, évidemment. L'Afrique du Sud, le Chili ont montré la voie. L'Algérie doit retrouver la paix civile, et tout ce qui peut y contribuer mérite d'être soutenu. D'autant que pèse sur ce pays, comme sur l'ensemble du monde arabe et musulman, l'hypothèque islamiste. Celle-ci se nourrit en Algérie des blocages politiques, économiques et sociaux. Une paix durable en Algérie réside probablement là : créer les conditions du développement et de la démocratie pour tous les Algériens. A nous de nous tenir prêts à les y aider – s'ils le souhaitent.

Evacuation unilatérale de Gaza. Moment de vérité pour Israël et pour la paix avec les Palestiniens. En quittant Gaza, Israël reconnaît que l'occupation et la colonisation des territoires palestiniens constituent une terrible impasse. Il était temps. Pour la dignité des Palestiniens, mais aussi pour les valeurs démocratiques d'Israël. Les scènes qui ont accompagné les départs des colons ont rappelé celles qui avaient précédé l'assassinat d'Itzak Rabin. Mais cette fois, l'irréparable n'a pas été commis. Dans la colonisation, c'est son âme qu'Israël risquait de perdre. Ce retrait ouvre la voie à autre chose. Un retrait de Gaza dans le cadre d'un plan global de règlement agréé par les Israéliens et les Palestiniens eût certes été préférable.

Il faut cependant saluer ce retrait, mais comme un premier pas, une première étape vers le retrait total de tous les territoires administrés. Aller jusqu'au bout de la logique engagée avec le retrait du Sinaï en 1981. Cette fois, il ne s'agit pas seulement de rendre aux pays arabes voisins d'Israël la souveraineté sur leur territoire – cela devra venir aussi pour la Syrie –, mais aussi de permettre aux Palestiniens de vivre dans un Etat viable, souverain, garantissant à Israël son droit inaliénable à la sécurité et au peuple juif le droit à une terre.

Sharon se dit-il que Gaza n'est qu'une première étape ? Qu'il faudra ensuite se retirer de la Cisjordanie, négocier un statut final incluant la question de Jérusalem et des réfugiés ? Mettre en œuvre l'ensemble de la « feuille de route » voulue par la communauté internationale ? Son opinion n'est peut-être pas faite. Il doit sentir qu'il faut aller dans ce sens, que c'est historiquement inévitable. En même temps, nul doute qu'il hésite, voire qu'il résiste à cette idée. L'accompagnement, pour ne pas dire la pression internationale, seront décisifs pour qu'Israël aille plus loin. Les Etats-Unis devront assumer leurs responsabilités. Et l'Union européenne devra s'impliquer plus directement, de manière plus unie.

Mais tout cela ne sera possible que si les Palestiniens renoncent effectivement au terrorisme. Le désespoir alimente les comportements les plus terribles, il ne les excuse pas, il ne les justifie pas. Il revient à Israël de tracer une perspective. Mais la volonté palestinienne d'assurer le droit d'Israël à la sécurité doit être dénuée d'ambiguïté. Ce n'est pas encore le cas. Pour les uns comme pour les autres, il faudra donner une suite au retrait israélien de Gaza.

Jeudi 1ᵉʳ septembre

Côte d'Ivoire : la médiation lancée par Thabo Mbeki, le président d'Afrique du Sud, s'achève dans une impasse. Le processus de paix est bloqué, et c'est la faute du président ivoirien Laurent Gbagbo. Comment faire confiance à Gbagbo ? Nous l'avons soutenu comme socialiste, membre de notre Internationale, président légitimement élu par les Ivoiriens qui réalisait enfin l'alternance démocratique dans ce pays. Mais il laisse ses partisans alimenter la haine et la xénophobie, notamment contre les ressortissants français. Nul doute que d'autres forces sont prêtes à tout pour le faire partir et enveniment la situation. Mais il a trop joué avec le feu. Il faudra bien que toutes les parties ivoiriennes acceptent d'en venir à la paix et sortent de l'engrenage de la haine. Quant à la France, il est grand temps pour elle d'en finir avec sa « politique africaine » traditionnelle, fondée sur la nostalgie coloniale, et de bâtir avec les acteurs de ce continent, dans le cadre de l'Union européenne, un vrai partenariat pour le développement.

*

Pascal Lamy devient aujourd'hui le directeur général de l'OMC. Je suis heureux pour lui et content pour l'OMC.

Pascal a une personnalité forte. Il est parfois revêche, la plupart du temps austère, à l'occasion même brutal. Ce n'est pas pour rien qu'il était surnommé, lorsqu'il dirigeait avec une efficacité redoutable le cabinet de Jacques Delors à la tête de la Commission, le « bulldozer » ou le « pitbull ». Ses adversaires à gauche – il en a comme tout le monde – l'ont souvent taxé de « social-libéral », voire de « libéral » tout court, parce que les réalités de l'économie mondiale lui sont familières.

Je le connais bien et depuis longtemps, et sais qu'il faut dépasser ces images stéréotypées. Pascal Lamy est en effet un vrai social-démocrate, convaincu que la mondialisation ne peut être juste sans régulation, engagé dans la construction d'une Europe investissant dans l'éducation, la recherche, l'enseignement supérieur et réalisant de grands travaux d'infrastructure pour relancer la croissance et l'emploi. Il est aussi un homme de principes, un homme de cœur : je m'honore d'être son ami. Pascal Lamy a une expérience unique des problèmes du commerce international. Commissaire européen de 1999 à 2004, il a su, avec son homologue américain Robert Zoellick, mener au nom de l'Union européenne un dialogue d'égal à égal avec les Etats-Unis. Je sais qu'à la tête de l'OMC, dans une fonction d'intermédiation et non d'autorité, il aura l'ambition de faire vivre sa vision d'une gouvernance mondiale réformée et forte dans laquelle une « Europe-puissance » trouvera toute sa place, et de faire progresser ensemble la liberté des échanges et le développement.

Comme toutes les organisations internationales, l'OMC est loin d'être parfaite. Je crois avec les altermondialistes à la nécessité de faire évoluer profondément le système international actuel, créateur de tant d'inégalités, et de rénover le multilatéralisme. Contrairement à beaucoup d'entre eux, je refuse de tirer sur le pianiste, parce qu'un monde sans institutions est un monde sans règles : nous avons besoin d'une OMC plus efficace et plus juste, pas d'une OMC démantelée.

La nomination de Pascal Lamy à la tête de cette organisation est donc une bonne nouvelle pour celle-ci, pour la France, pour l'Europe. Je m'en réjouis. Alors, bon courage à Pascal, dont le premier défi sera de réussir la conférence de Hong Kong début décembre.

Dimanche 4 septembre

Comme hier, comme depuis une semaine, comme depuis trop longtemps déjà, les images de La Nouvelle-Orléans après le passage de Katrina nous arrivent, oppressantes. La ville, ravagée et toujours inondée, n'a plus visage humain. Des survivants se sont réfugiés sur les toits et brandissent des pancartes marquées « Help ». Des enfants et des vieillards sont déplacés sur des radeaux de fortune, où ils ont empilé à la hâte ce qui a pu être sauvé de leurs maisons dévastées. Une chose me choque, plus encore que cette vision de fin du monde : les habitants qui restent sur place sont noirs. Ce sont ceux qui n'avaient pas les moyens de quitter la ville alors que l'ouragan approchait. Ceux que les services publics auraient dû évacuer en premier. Ceux, aussi, qui vont probablement constituer l'essentiel des victimes. Voir ces hommes, ces femmes, ces enfants, patauger dans les rues inondées pour trouver simplement de quoi survivre me révolte. La scène se déroule aux Etats-Unis ! Quel révélateur de l'ambivalence du modèle américain si souvent montré en exemple. On sait que les conséquences de la catastrophe auraient pu être moindres si 80 % des crédits affectés à l'entretien des digues n'avaient pas été redéployés, guerre en Irak oblige. L'incurie des pouvoirs publics se lit à l'aune du temps précieux perdu dans le déploiement des secours : l'aide fédérale a mis cinq jours à arriver sur place !
Katrina dévoile ce que la croissance économique et le faible taux de chômage des Etats-Unis dissimulent : la faillite des services publics qui laissent des dizaines de millions de personnes sur le bord du chemin.

Lundi 5 septembre

Jacques Chirac peine à mobiliser les pays européens en faveur de la création d'une taxe sur les billets d'avion dont le produit serait destiné à financer le développement.

L'idée est séduisante. Une taxe de ce type, même de faible montant, peut rapporter beaucoup d'argent. Elle peut être mise en œuvre par des pays pionniers, sans attendre que toute la communauté internationale se mette d'accord. Elle fait porter aux principaux bénéficiaires de la mondialisation – ceux qui font des voyages internationaux – le financement des principales victimes – les pays pauvres.

Oui, l'idée est séduisante, mais Jacques Chirac est peu crédible pour la porter. L'aide publique au développement de la France s'est limitée à 0,4 % du PIB en 2004. Et encore ce chiffre est-il trafiqué : on y comptabilise sans vergogne des annulations de dette surévaluées, les frais d'accueil des étudiants étrangers, et même les frais d'accueil des réfugiés. Les réfugiés, c'est bien connu, vont contribuer au développement de leur pays d'origine... On est en tout état de cause loin de l'engagement de consacrer 0,7 % du PIB à l'aide au développement que nous avions pris à l'OCDE. Encore plus loin des efforts consentis par le Danemark (0,9 %), la Suède (0,8 %) ou les Pays-Bas (0,75 %). Et nous viendrions leur donner des leçons en prétendant leur imposer une taxe en faveur du développement ?

Si l'idée est attirante en théorie, elle repose sur l'hypothèse que le problème principal – le manque de volonté politique – a été résolu. Je pense moi aussi qu'un impôt mondial est légitime : certains problèmes – la lutte contre les inégalités, mais aussi le réchauffement climatique, la lutte contre les pandémies, la sécurité internationale – nécessitent des formes d'organisation politique supranationales financées de manière autonome. Mais nous en sommes encore loin ! Même en Europe, nous n'y arrivons pas.

Les pays riches consacrent à peine 0,26 % de leur produit intérieur brut au développement. S'ils respectaient leurs engagements, cela dégagerait 140 milliards de dollars de ressources nouvelles pour le Sud ! Nous n'y arrivons pas, notamment parce que l'aide au développement est l'une des premières victimes des négociations annuelles sur nos budgets nationaux. La solution : pérenniser l'aide en l'isolant des négociations budgétaires nationales. Je propose pour ce faire de mettre en place une « dotation mondiale pour le développement ». Il n'est pas nécessaire d'inventer une taxe nouvelle, sur les billets d'avion ou sur autre chose. Ce qu'il faut, c'est vouloir vraiment trouver un financement multilatéral pour le développement. Si la volonté politique existe, n'importe quel prélèvement fera l'affaire – qu'il s'agisse de TVA ou d'impôt sur les sociétés importe peu.

Lundi 12 septembre

Les Japonais viennent de renouveler leur confiance au Premier ministre, Junichiro Koizumi, et au parti libéral démocrate (PLD) qui dirige le pays presque sans interruption depuis la fin de la Seconde Guerre mondiale. Cette réélection vient couronner un succès. Le Japon, qui avait été dans les années 1970 et 1980 une puissance économique émergente, a connu dans les années 1990 une décennie difficile : banalisation technologique, explosion de la bulle immobilière, crise monétaire. Il a su, ces dernières années, trouver un nouveau souffle. Grâce à un fort soutien à l'innovation, à la recherche et à l'éducation, le modèle japonais s'est ressourcé : il est à nouveau efficace, offensif, conquérant sur les marchés mondiaux.

Koizumi fait figure au Japon de modernisateur. Amateur de rock, portant les cheveux mi-longs, relativement jeune, il a su adopter un style direct qui contraste avec celui de l'oligarchie gérontocratique qui, traditionnellement, dirige le Japon. Il n'appartient pas, contrairement à beaucoup de ses prédécesseurs, à un « clan », et a créé un lien personnel avec les électeurs qui, appelés aux urnes pour des élections anticipées, ont voté davantage pour un homme et une politique que pour un parti ou un appareil. Le voilà à la tête d'une majorité large, considérablement accrue par rapport à la législature précédente et dotée d'un gouvernement stable et populaire. Il dispose donc d'un mandat clair pour poursuivre la modernisation de l'économie japonaise.

Tout irait pour le mieux dans le meilleur des Japon si ce modernisateur n'était pas dangereusement tenté par la réaction. Le Premier ministre a, depuis 2001, multiplié les provocations nationalistes, au risque de détériorer les relations avec ses voisins coréens et chinois. Il s'est rendu à plusieurs reprises sur des lieux symboliques comme le sanctuaire Yasukuni, dédié à Tokyo aux 2,5 millions de Japonais morts pour leur pays. Avant et pendant la Seconde Guerre mondiale, ce sanctuaire occupait une place centrale dans le shintoïsme d'État, exaltant le moral de la Nation et honorant, tels des dieux, les militaires qui avaient sacrifié leur vie pour l'empereur. Il est ensuite devenu une simple institution religieuse. Mais depuis 1978, il abrite les âmes d'hommes considérés comme des « criminels de guerre A » et condamnés par le tribunal international de Tokyo en 1946, dont l'ancien Premier ministre Hidaki Tojo. Pour les peuples des pays voisins qui ont souffert des agressions et de la violence liées à la colonisation, particulièrement cruelle, du Japon militariste, la visite d'un chef de gouvernement japonais à Yasukuni fait resurgir le cauchemar qu'ils ont vécu.

Ce geste n'est pas le fruit d'une impulsion. Il a été mûrement réfléchi pour s'attirer les bonnes grâces de la fraction la plus revancharde de l'électorat. M. Koizumi ne s'est en outre jamais prononcé avec clarté sur la responsabilité des troupes japonaises pendant la guerre. Je suis très mal à l'aise face à cette façon de jouer avec les réminiscences impérialistes au risque de faire renaître les sentiments nationalistes, xénophobes, bellicistes, qui ont jadis taraudé le Japon.

Je suis profondément patriote, fier d'être français, attaché à l'Etat-Nation, réalité toujours vivante et protectrice à l'heure d'une mondialisation souvent perçue comme déstabilisante. Et l'une des principales tâches d'un responsable politique est justement de conforter l'identité nationale, la cohésion nationale, et de les restaurer lorsque c'est nécessaire. Mais je n'oublie pas la formidable leçon que nous donna François Mitterrand lors d'un de ses derniers discours, un discours testament livré au Parlement européen en 1995 : « Le nationalisme, c'est la guerre. » Je ne crois pas – c'est la raison pour laquelle je suis imperméable à toute tentation souverainiste – qu'il existe un nationalisme positif. M. Koizumi modernise l'économie et la politique japonaises, ce qui est bien. Mais cela ne peut se faire au prix de l'ambiguïté, dans la négation des valeurs et des leçons de l'histoire : pour réussir vraiment, il faut aussi moderniser les esprits.

Mardi 13 septembre

Cet après-midi, après quelques semaines d'interruption – campagne référendaire oblige –, je reprends mes cours d'arabe. Durant mon enfance marocaine, j'avais acquis une familiarité avec cette langue, mais mes connaissances grammaticales et lexicales restaient rudimentaires : les cours d'arabe revêtaient en effet le double inconvénient, pour un gamin alors à l'école primaire, d'être des cours « en plus » et des cours « pour rien » puisque nous apprenions un arabe littéraire pour nous inutilisable. Je suis donc reparti de zéro, convaincu que, pour la France, la relation à l'Islam d'une part et au monde arabe d'autre part constituait un enjeu décisif. Apprendre l'arabe, c'était sans doute pouvoir communiquer plus facilement, mais c'était aussi vouloir mieux comprendre une autre culture et un autre mode de pensée. De ce point de vue, l'apprentissage de l'arabe est passionnant car cette langue, par sa structuration très stricte, incroyablement rigoureuse, presque mathématique, est très différente de toutes celles que j'ai pu étudier auparavant. On joue avec trois consonnes qui constituent une racine ; à partir de cette racine, on introduit un préfixe, une voyelle ou plus, et on forme ainsi toute une famille de mots. Ainsi, la racine « KTB » − dont un des sens premiers est « écrire » − permet, moyennant les ajouts que je viens d'évoquer, d'obtenir des mots tels que : *kâtib*, l'écrivain ; *maktab*, le bureau (le lieu sur lequel j'écris) ; *maktaba*, la bibliothèque (le lieu où se trouve rassemblé ce qui est écrit) ; *maktoub*, le destin (ce qui est écrit) ; et bien sûr *kitâb*, le livre, le Coran, les Ecritures. Et puis, au-delà de l'apprentissage d'une autre langue, il y a aussi ce plaisir intellectuel de redécouvrir l'étymologie de certains mots pleinement intégrés à notre propre langue et qui nous viennent de l'arabe. Ainsi, « chiffre » (de *sifr* qui désigne en arabe « zéro », le chiffre par excellence) ; « algorithme » (du nom du grand mathématicien arabe du IXe siècle, *Al Khawarizmi*) ; ou encore « l'Alhambra de Grenade » (de *al-hamra*, « la rouge » ; de la couleur de ce palais, lieu magique par sa perfection architecturale et esthétique). Bon, le problème, c'est que je peux maintenant disserter sur l'arabe mais que je ne peux toujours pas disserter en arabe...

Lundi 19 septembre

Plus de 800 000 militants du parti de Lula sont appelés à choisir entre l'actuelle direction et la « gauche » du parti, qui prône un changement de politique économique

Lula dirige le Brésil depuis trois ans. Est-ce la controverse sur son bilan ou le scandale de la corruption au sein de son parti, le Parti des travailleurs, qui le met en difficulté ? Faut-il s'étonner que, malgré de bons résultats économiques, certains rêvent au Brésil à des stratégies de rupture face à l'insuffisance des résultats sociaux, au risque de tuer la poule aux œufs d'or ?

Le Brésil dont Lula a hérité n'avait sans doute pas d'autre choix qu'une certaine « orthodoxie » : aujourd'hui, croissance, excédent budgétaire, inflation presque maîtrisée, appréciation de la monnaie, entrée des capitaux, diversification des exportations, sont les fruits de ce choix. Sauf que le poids de la dette autorise bien peu de marges de manœuvre budgétaire. Alors, à chacun ses doutes : les milieux économiques internationaux, qui ont accompagné Lula avec entrain, craignent que les réformes attendues, en matière de fiscalité ou de droit du travail, marquent le pas ; les plus pauvres et les « sans-terre », qui lui conservent leur enthousiasme, ont des raisons de trouver que l' « autre monde » promis, avec la réforme agraire et le programme « zéro faim », arrive bien lentement. L'urgence est de leur côté.

Mais Lula incarne avec la foi du charbonnier un idéal dans lequel Davos et Porto Alegre ne seraient que les deux faces de la même médaille. En 2003, je me souviens qu'il était parti pour Davos quelques heures après s'être exprimé au Forum social mondial. « N'y va pas, ne nous trahis pas », lui criait-on. Et lui : « Il faut que Davos écoute Porto Alegre. » Et trois ans de suite, à Davos, il aura lancé ses idées : annulation de la dette des pays pauvres, fonds mondial contre la pauvreté et la faim, création de taxes internationales pour le développement. C'est Bono qui lui a rendu hommage en déclarant : « Lula a changé l'agenda de Davos. »

Il aura su donner au Brésil un rôle majeur dans l'OMC, en menant la bataille pour la suppression des subventions américaines au coton, en se faisant l'animateur du G20, en promouvant les échanges entre pays émergents. On peut, dans tout cela, démêler ce qui relève d'une vision messianique et ce qui traduit des intérêts nationaux. Mais l'essentiel est de comprendre cette part de réussite forgée dans la mobilisation de la gauche : un Brésil qui, en se donnant les moyens de bénéficier de la mondialisation, milite pour plus de justice en son sein comme dans le monde.

Mardi 20 septembre

Rencontre, une nouvelle fois, avec Hocine Aït Ahmed, le leader historique du Front des forces socialistes en Algérie. Quelle abnégation! Il mène son combat pour la démocratie depuis tant et tant d'années. Il a dû surmonter tant et tant de désillusions. Pourtant, il est toujours là. Plus âgé, mais pas moins déterminé. Est-ce lui faire injure que de songer à Sisyphe?

Il me détaille les mille et une raisons pour lesquelles le référendum qui va être organisé le 29 septembre n'aura guère de signification tant sont contestables les conditions de sa préparation.

Tout cela est désolant. De l'évolution de l'Algérie dépend en effet, j'en suis convaincu, beaucoup de l'avenir du Maghreb et même de la Méditerranée. Or, d'un certain point de vue, l'Algérie ressemble aux monarchies pétrolières du Golfe : riche au niveau macroéconomique, pauvre au niveau individuel. Il n'empêche que, même si elle le fait trop lentement, l'Algérie change : une classe moyenne émerge et peut constituer le ferment et le soutien de la démocratie. La politique de la France vis-à-vis de l'Algérie mériterait d'être profondément repensée : elle se limite trop souvent aujourd'hui à des accords commerciaux d'ampleur limitée et le plus souvent inappliqués. Il faudrait une tout autre ambition. Je compte profiter du colloque de Marseille pour faire mes propositions sur l'Euroméditerranée.

Lundi 17 octobre

Les drames autour des enclaves espagnoles de Ceuta et Melilla au Maroc sont à la fois terrifiants et, pour tout dire, indignes de nous. Les candidats à l'immigration clandestine s'y précipitent en nombre depuis plusieurs semaines. Ils tentent de franchir les clôtures barbelées pour atteindre leur but : le sol européen, l'espace de libre circulation de Schengen. Tous les jours, des morts dans des embarcations en Méditerranée. Régulièrement, des morts par balle, tués par des policiers. Aujourd'hui, le Maroc est accusé d'avoir abandonné des immigrants en provenance du Mali dans le Sahara occidental. Leur crime : fuir la misère. Drame affreux de ces hommes cherchant à tout prix à gagner l'Europe. Terrible constat d'échec. Il faut s'attaquer aux racines du mal et travailler au développement de l'Afrique. Ma Méditerranée ne peut être le théâtre d'une telle régression.

Mardi 18 octobre

Signature de l'accord sur la diversité culturelle à l'Unesco. C'est un jalon important dans la construction de la gouvernance mondiale.

Voilà une quinzaine d'années que les forces progressistes essaient de faire avancer les sujets auxquels elles sont attachées. Préoccupations sociales, environnementales, culturelles. Mais la méthode que nous avons retenue n'était pas la bonne – et j'en prends ma part pour la période où j'étais ministre des Finances. Par souci d'efficacité, nous voulions introduire ces préoccupations dans les institutions qui marchent, notamment le FMI et l'OMC. Erreur! On ne peut pas demander au ministère du commerce mondial de traiter ces questions. S'il le fait, il le fera mal, en donnant une primauté au commerce : les règles seront négociées par des experts commerciaux et appliquées par des juges commerciaux.

Il faut au contraire essayer de développer un ordre international fondé sur des institutions spécialisées : l'OMC pour le commerce, l'Organisation internationale du travail pour le droit social, une Organisation mondiale de

l'environnement à créer pour les questions écologiques...
Le tout arbitré par un juge autonome, qui ne soit pas le
juge « maison » de l'OMC comme c'est le cas actuellement.

Dans cette perspective, l'accord signé à l'Unesco est une
première. Il sort la culture du champ d'application des
règles commerciales de l'OMC et en confie la protection à
une institution autonome. Ce fut une rude bataille, face
aux Etats-Unis notamment. Plaisir de constater que l'unité
européenne est demeurée sans faille lors de cette négociation!

Vendredi 21 octobre

L'ONU met en cause la Syrie dans l'assassinat de Rafic
Hariri. Grâce au travail de la commission d'enquête des
Nations unies, une part du voile est levée. Nous savons
désormais que la vérité viendra sur ce qui s'est produit au
Liban. C'est l'ONU à son meilleur. Je souhaite l'y trouver
souvent.

Mercredi 26 octobre

La marche chaotique et incertaine de l'Irak vers la démocratie a franchi une étape. Une participation de 64 %,
c'est un bon chiffre pour un pays déchiré. Une Constitution approuvée au suffrage universel, à 79 %, c'est la
condition nécessaire pour rendre au peuple irakien sa
souveraineté. Dans un an, dans dix ans, si ce pari de la
démocratie est gagné, on y verra un acte fondateur de la
sortie de crise.

Mais que peut-on dire aujourd'hui? Si des institutions
démocratiques sont nécessaires à la démocratie, elles ne
sont pas suffisantes. Il faut qu'à travers elles s'expriment
le choix de vivre ensemble, l'objectif d'unité nationale, les

débats pluralistes qui, au sein d'une société civile affranchie de la peur, transcendent les intérêts communautaires en se fondant sur des valeurs partagées. Il faut que le terrorisme, la violence et l'intimidation disparaissent du paysage politique. Nous n'en sommes pas encore là en Irak – loin s'en faut.

Certains diront que le texte est un compromis boiteux. D'autres observeront le « non » majoritaire des sunnites, les hésitations des chiites. D'autres encore relèveront la mention de l'islam comme source de droit et la consécration du clergé, porte ouverte à une interprétation théocratique de cette Constitution. Les ambitions autonomistes des Kurdes, les difficultés de l'inclusion des sunnites, la revanche des chiites portée par des partis religieux, les influences de l'Iran, tous les facteurs qui rendent aujourd'hui introuvable l'équilibre fédéral d'un Irak démocratique demeurent. Il est clair qu'on ne pouvait s'attendre à ce que la Constitution règle la question d'une identité nationale irakienne qui reste à reconstruire.

Mais comment cette tâche peut-elle progresser dans un pays qui vit dans l'atmosphère d'un interminable après-guerre et demeure en proie à une insurrection qui, si elle ne peut espérer aucune victoire, peut indéfiniment échapper à la défaite ? L'intervention américaine aura été handicapée par trois péchés originels : ses véritables motifs ont été déguisés, chacun reconnaissant aujourd'hui que les prétendus programmes d'armes de destruction massive étaient loin d'être avérés ; sa légitimité en droit international n'existait pas, au contraire de la riposte en Afghanistan ; sa conception, d'emblée concentrée sur les exigences de la lutte contre le terrorisme, n'a pas permis de concrétiser pour la majorité des Irakiens les bénéfices de leur libération d'une dictature que personne ne peut regretter. Mais les débats rétrospectifs sont stériles. La guerre qui a eu lieu est une donnée de l'histoire en train de s'écrire. Les acteurs de ce coup de force, George Bush et Tony Blair, en paient désormais le prix politique. Et les Etats-Unis eux-mêmes nourrissent un intense débat démocratique sur le sens de leur action en Irak.

Regardons vers l'avenir. L'idéal d'un Irak ayant retrouvé la stabilité et la paix civile, apte à jouer un rôle constructif dans une région où les tensions ne font que s'aggraver, est un pari. Le pari que la reprise en main de l'Irak par les Irakiens finira par tarir les sources de violence. Qu'un Irak souverain et pacifié permettra à l'ensemble de la communauté internationale de s'y réinvestir politiquement et économiquement. Que l'issue de cette crise renforcera les chances d'une solution aux conflits régionaux. L'Europe aura-t-elle un rôle à jouer, le moment venu, pour contribuer à la réussite de ce scénario ? Ce n'est pas sûr. Il faut y croire et, surtout, agir pour que cela devienne probable.

*

Comme tous les ans, je suis venu en Chine participer au Conseil international de la China Development Bank, sorte de Caisse des dépôts spécialisée dans le financement de projets d'infrastructure sur tout le territoire chinois. Composée d'une vingtaine de membres de toutes nationalités, cette instance est censée conseiller la banque sur la conjoncture financière mondiale et sur ses axes de développement. Le président Chen Yuan en profite aussi pour faire passer quelques messages sur l'évolution de la politique chinoise. Quel personnage passionnant que ce Chen ! Dans la nomenklatura chinoise, c'est un « prince ». C'est-à-dire qu'il est le fils d'un des compagnons de Mao pendant la Longue Marche. Si bien qu'il a ses entrées partout, et qu'il m'a toujours facilité les rencontres et entretiens politiques que je pouvais souhaiter avoir – avec notamment, cette fois-ci, M. Liu Qi, membre du bureau politique du PCC.

Mais je suis aussi venu parce que mon livre *Oui!*, paru pendant la campagne interne du PS en novembre 2004, a été traduit en chinois et vient de sortir. Ceux qui se demandent ce qui peut bien séduire les Chinois dans un ouvrage consacré au référendum sur la Constitution européenne sous-estiment grandement l'intérêt qu'ils portent à tout ce qui touche à l'Union européenne en général et à sa construction politique en particulier. Nos amis chinois sont très au fait de ce qui se passe ici. Je l'ai vérifié une fois de plus en me rendant au département international du PC à Pékin. Le secrétaire international, l'homologue de Pierre Moscovici, connaît en détail le résultat des récentes cantonales partielles et commente avec précision le dernier édito de *L'Hebdo des socialistes*! Je donne deux conférences sur le référendum et son échec. L'une devant un millier d'étudiants de l'Institut diplomatique de Pékin, qui applaudissent de conserve chaque fois que le signal leur en est donné. La seconde devant une trentaine de doctorants de l'Institut d'économie de l'université de Qing Hua, qui savent assez bien de quoi il retourne.

Bien que je vienne régulièrement dans ce pays, bien que j'en parle souvent avec le sénateur Jean Besson, qui en est un spécialiste, je n'échappe pas, une fois de plus, à la surprise de tout Occidental qui constate à quelle vitesse se fait le passage à l'économie de marché. Avec son cortège inévitable d'inégalités. C'est ce qu'avec une poésie toute chinoise le XVIe congrès du PCC avait mis en lumière en parlant des cinq harmonies qu'il faut dorénavant rechercher. D'abord, l'harmonie entre les villes et les campagnes – alors que pour le moment, l'intervention de l'armée est parfois nécessaire pour contrôler l'exode rural. Avec toutefois moins de rébellion qu'on ne le croit, parce que les paysans comparent moins leur situation à celle des citadins qu'à celle de leurs propres pères ; et là, l'amélioration est sensible. L'harmonie entre les provinces, ensuite. Parce que même si la Chine n'est pas un Etat fédéral, c'est tout de même un Etat avec des provinces qui ne progressent pas toutes au même rythme. Vient ensuite l'harmonie avec l'environnement, qui est mise à mal par l'industrialisation rapide. La pollution fait des ravages, notamment à cause d'une consommation croissante d'énergies fossiles. La quatrième harmonie concerne les inégalités sociales. La Chine est en train de devenir l'usine du monde, mais c'est aussi la plus grande fabrique d'inégalités que la terre ait jamais portée; le moins que l'on puisse dire, c'est que rien ne garantit que cela puisse continuer longtemps ainsi. Pour finir, la cinquième harmonie est celle de l'insertion de la Chine dans la mondialisation, ce que traduit son adhésion à l'OMC.

Dans chacune de mes discussions, j'ai avancé une sixième harmonie : celle qui lie la liberté économique naissante à une liberté politique encore sous le boisseau. Ecoute polie. Arguments en réponse qui fleurent bon la langue de bois. Il n'empêche : c'est aussi une part de mon combat.

Jeudi 27 octobre

« Israël doit être rayé de la carte. » Tels sont les mots du président iranien, Mahmoud Ahmadinejad. Le retour de la haine. Une attaque manifestement programmée, concertée avec les religieux qui détiennent la réalité du pouvoir. Une tonalité révisionniste qui rappelle les heures les plus sombres des années 1930. Quel choc, quelle déception pour tous ceux qui veulent croire au retour de l'Iran dans la communauté internationale ! Il faut répondre à cela avec la plus grande fermeté : les Iraniens ne méritent pas les fous qui les gouvernent. Où est cette belle poignée de mains que se donnèrent au Vatican, lors des obsèques de Jean-Paul II, les présidents iranien et israélien en l'accompagnant d'un échange en langue farsie ?

Vendredi 28 octobre

Je reviens sur la haine. La haine contre Israël et les juifs, à travers la négation de l'Holocauste. Tentative déplorable, inadmissible, d'un président iranien mal élu par un peuple profondément amer et démobilisé qui attend avant tout de meilleures conditions de vie. C'est évidemment une déception pour ceux qui espéraient une banalisation, une normalisation de la révolution islamique d'Iran. Le processus est pour le moins chaotique, et Ahmadinejad utilise en réalité le plus habituel des boucs émissaires pour sortir d'une crise diplomatique – le nucléaire –, économique et sociale.

Au-delà de la nécessaire fermeté de la réaction de la communauté des nations, la question que posent les provocations de M. Ahmadinejad est celle de la supposée « centralité » de la question israélo-palestinienne. En s'attaquant à l'identité même d'Israël, à son identité juive, les ultras iraniens utilisent une vieille recette : tout part, tout vient et tout revient, dans les déboires du monde arabo-musulman, de et à l'existence d'Israël. L'absence de démocratie, la faiblesse du développement économique et social trouvent là leur justification la plus simple : l'existence d'Israël.

Cette question de la centralité du conflit du Proche-Orient est une dérive que l'on rencontre de plus en plus souvent en Europe, y compris à gauche. Rien ne serait possible sans le règlement du conflit israélo-palestinien : ni la paix au Proche-Orient, ni la démocratie, ni le développement économique du monde arabo-musulman. Il y a là une erreur de perspective.

Comprenons-nous bien : le règlement du conflit israélo-palestinien est une ardente obligation, un impératif pour toutes celles et ceux, notamment Européens, Français, progressistes, qui sont attachés à la paix et à la dignité. Le peuple palestinien privé de ses droits nationaux ; le peuple israélien vivant dans la peur permanente : cela est inacceptable, et nous devons contribuer au règlement de cette situation.

Mais cela ne devrait pas nous conduire à faire de cette question le cœur, le centre, le préalable à tout ce qui concerne les rapports avec le monde arabo-musulman. Les questions de la démocratie, des droits des femmes, des minorités, du développement économique et social sont tout aussi centrales. La question du terrorisme dépasse l'alibi que constitue le conflit israélo-palestinien. Et au-delà du terrorisme, les risques engendrés par l'acquisition probable d'une capacité nucléaire militaire par les Iraniens sont d'une tout autre ampleur et peuvent menacer, dans les années qui viennent, l'équilibre de la planète.

Samedi 12 novembre

La bataille autour de l'enseignement de la biologie se poursuit aux Etats-Unis entre les darwinistes et les créationnistes. Ces derniers soutiennent que la complexité des cellules est trop grande pour avoir été le fruit de l'évolution. Ils voient dans cette complexité la preuve de l'existence de Dieu. Au Kansas comme dans une vingtaine d'Etats, ils viennent de demander que l'on donne une lecture critique du darwinisme en le ramenant au rang d' « interprétation ».

Les néo-conservateurs prennent évidemment des précautions pour mener l'offensive : dans les amphis, ils ne parlent pas de Dieu mais d'un « dessein intelligent ». Ils ne proposent pas l'abandon de la théorie de l'évolution mais sa relativisation. Il n'empêche que, sur le fond, ce débat est inquiétant : au-delà du darwinisme, c'est le rôle même de la science qui est remis en cause. Or le développement intellectuel et matériel de l'Occident a précisément été fondé sur l'avènement de la raison et la capacité à affranchir la science de la religion. La distinction entre vérité et croyance est un élément fondamental de notre civilisation. La vérité n'est pas une interprétation subjective : elle est établie au terme de toute une série de protocoles et d'expériences permettant aux membres d'une communauté scientifique d'y souscrire, indépendamment de leurs propres croyances.

On peut se rassurer en se disant que ceci n'est pas nouveau aux Etats-Unis. La dimension religieuse est inscrite dans les gènes de ce pays où le président nouvellement élu prête serment sur la Bible. La poussée néo-conservatrice vient par ailleurs de loin. Bill Clinton a montré dans ses

Mémoires à quel point elle constitue un rejet par l'Amérique profonde de la culture des années 1960-1970. Nous n'en sommes heureusement pas là en France. Pourtant, chez nous, on voit poindre çà et là la tentation communautariste, et on assiste à un début de retour du religieux.

C'est pourquoi je crois qu'il faut traiter les problèmes posés par ces remises en cause internes à notre civilisation. Pour comprendre le monde dans lequel nous vivons, on ne peut pas faire l'économie d'une réflexion sur les effets profonds et structurels du processus de modernisation que nous connaissons depuis deux siècles. Au terme d'un long cheminement historique qui nous a conduits à ce que Marcel Gauchet a appelé « la sortie du religieux », toutes les sociétés démocratiques avancées sont aujourd'hui marquées par un déficit de sens, de sacré et de liens entre leurs membres. Les totalitarismes ont été des réponses tragiques à ce désarroi, et je ne crois pas qu'ils nous menacent à nouveau. Mais il faut prendre au sérieux ces besoins liés au passage d'une société religieuse à une société sécularisée et individualiste. Personnellement, je pense bien sûr que la réponse reste dans la revitalisation et, oserais-je dire, dans le ré-enchantement de la démocratie. C'est à travers la politique, et plus précisément à travers l'adoption d'un nouveau contrat social basé sur des réformes audacieuses, que nous pourrons retrouver le sentiment de notre unité nationale et notre foi en l'avenir.

Jeudi 1ᵉʳ décembre

Je publie dans *Libération* avec Christian Saoult, président de l'association Aides, une tribune consacrée au sida, déclaré « grande cause nationale » en 2005. Nous voulons souligner, encore et toujours, la triple urgence en matière de recherche, de prévention et de santé, à l'échelle de la planète.

L'Afrique se meurt du sida. C'est ici que la solidarité

internationale entre le Nord et le Sud prend tout son sens. Une politique de lutte contre le sida doit nous amener à revoir les mécanismes complexes d'accès aux soins des pays en voie de développement et à relancer une dynamique de recherche au niveau européen. Bref, une tâche immense à accomplir.

Les chiffres font peur. En France, 5 000 nouvelles contaminations par an et 150 000 personnes atteintes. A l'évidence, les messages de prévention à l'égard des jeunes, des femmes, des populations migrantes d'Afrique subsaharienne, des homosexuels ne passent pas. Ou ne passent plus...

Je reste étonné de voir à quel point cette « grande cause nationale » sera restée inaperçue. Seuls les associations, les médecins, les chercheurs s'en sont faits l'écho. Un écho bien trop faible au regard de l'ampleur de la tâche à accomplir et en complet décalage avec les coupes budgétaires du gouvernement, la remise en cause de l'aide médicale d'Etat, l'absence de visibilité et de renouvellement des messages de prévention.

Malgré l'absence de moyens, les professionnels de la santé savent trouver les ressources et l'inventivité indispensables à ce combat. A l'invitation du docteur Serge Hefez, je me rends à l'hôpital psychiatrique Sainte-Anne pour assister à un atelier de théâtre interactif mettant en scène acteurs et patients autour des thématiques de la prévention. Je prends alors toute la mesure de ce que signifie un message de prévention adapté à une population fragile. Avec patience, délicatesse, et grâce à un sens pédagogique redoutablement efficace, les intervenants rejouent des scènes de la vie quotidienne et arrivent à délivrer les messages qui les protégeront de la prise de risque, mais aussi de la crainte de l'autre lorsqu'il est séropositif. C'est à une leçon d'humanité que j'assiste.

Mercredi 14 décembre

Le général Poncet est mis en examen pour sa complicité supposée dans le meurtre d'un Ivoirien. Force de notre démocratie, qui a su réagir avec fermeté. Cela n'a pas toujours été le cas par le passé. L'armée française, présente sur de si nombreux théâtres pour aider à maintenir la paix, sortira grandie de cet exercice de transparence.

Dimanche 18 décembre

Hong Kong : compromis trouvé *in extremis* lors de la conférence ministérielle de l'OMC. J'éprouve un petit soulagement et une grande déception. Soulagement d'abord : l'OMC n'a pas coulé, le cycle du développement initié à Doha et que je suis de près grâce à l'équipe européenne du Trade Poverty Forum, poursuit sa route. L'OMC cherche à organiser la mondialisation du commerce sur la base de règles de droit. Elle prend ses décisions démocratiquement : les voix de tous les Etats se valent, ce qui correspond à la vision européenne des relations internationales. Nous avons en effet besoin de plus de règles, et non pas de moins de règles. Même si je sais que, derrière le droit et l'égalité formelle, il y a toujours les rapports de force.

Justement, ce compromis me laisse déçu, très déçu. Le compte n'y est pas. L'Etat le plus puissant du monde, les Etats-Unis, va continuer à entraver le développement de quatre pays africains parmi les plus pauvres de la planète : le Mali, le Burkina-Faso, le Tchad et le Bénin. Ces pays ont développé depuis trente ans une filière coton à la qualité reconnue. La culture cotonnière représente 30 % de leurs recettes d'exportation et fait vivre dix millions de travailleurs. Mais elle est menacée par les subventions pharaoniques qu'accorde le gouvernement américain à ses 25 000 planteurs de coton : 3,3 milliards de dollars, soit plus de 130 000 dollars par planteur! Résultat : une surproduction massive qui a entraîné l'effondrement des prix mondiaux, de 122 cents la livre en 1995 à 35 cents aujourd'hui. Les planteurs africains ont vu leurs revenus divisés pratiquement par quatre. Les Etats-Unis refusent de bouger.

Comment, dès lors, les pays pauvres peuvent-ils croire aux déclarations vertueuses que les représentants des pays riches répètent à satiété, la main sur le cœur, de G8 en sommets mondiaux! Et l'Europe, qu'a-t-elle dit? Elle n'a pas pesé... ou plutôt elle a seulement pesé, à l'instigation de notre pays, pour préserver le plus longtemps possible ses propres subventions à l'exportation sur les autres produits agricoles qui font si mal aux agricultures des pays en développement. Alors même qu'une partie de nos producteurs a pleinement conscience que l'avenir n'est pas là. Alors même que nous avons un besoin crucial de redéployer les fonds européens, siphonnés par la Politique agricole commune, vers les investissements dans l'économie de la connaissance. Nous avons raté une belle occasion de mettre nos actes en conformité avec nos discours et d'ajouter l'engagement de l'Europe à la pression des pauvres pour faire reculer les Etats-Unis.

Un autre enseignement de ces journées de conférence ministérielle m'a frappé : la reconstitution de l'unité du Tiers Monde contre les pays industrialisés. Il n'y a pourtant pas de communauté d'intérêts entre l'agro-business brésilien et l'agriculture de subsistance des moins avancés! Pour mettre un peu de clarté dans ce débat, il va falloir consentir plus d'efforts asymétriques en matière d'ouverture commerciale (le monde du Nord ouvert aux exportations des pays du Sud, et les marchés du Sud protégés des produits du Nord), et reconnaître au monde en développement un droit à mener des politiques autonomes. Après tout, ceux qui s'en sont sortis ou émergent actuellement – notamment en Asie – ont réussi grâce à des politiques hétérodoxes, pas en respectant les prescriptions du « prêt à penser » libéral !

Cela montre le chemin qu'il nous reste à parcourir. Il faut reprendre le grand chantier de la régulation de la mondialisation, interrompu depuis au moins cinq ans. Cela se passera à l'OMC, mais celle-ci ne s'occupe que de commerce. Cela se passera aussi beaucoup en dehors de l'OMC. La promotion de conditions de travail décentes, ainsi que des normes et des équilibres environnementaux, la mise en place de règles du jeu monétaires, la résorption des déséquilibres financiers : nous devons nous y atteler maintenant. Il faudra sinon réagir dans l'urgence – et, souvent, il sera trop tard : des dommages difficilement réparables auront été occasionnés. Mais nous devrons convaincre nos partenaires du Sud qu'il ne s'agit pas de leur dénier le droit au développement et de leur imposer des valeurs ou des méthodes occidentales. Il en va de notre avenir commun. Nous nous engageons pour des valeurs universelles.

Lundi 19 décembre

Ariel Sharon, le Premier ministre israélien, vient d'être frappé par une attaque vasculaire cérébrale. Cet accident de santé a alerté le monde entier et a inquiété l'ensemble des responsables publics, largement au-delà des clivages politiques. Cela peut paraître surprenant, s'agissant d'un homme qui a été aussi détesté – qui le reste d'ailleurs parfois – et qui fut si longtemps un véritable repoussoir pour ceux qui croyaient en la paix au Proche-Orient.

En réalité, Ariel Sharon a changé, et l'attention dont son état de santé fait l'objet en témoigne. Il a longtemps été le symbole, aux côtés de Benyamin Netanyahou, de cette droite israélienne extrémiste qui rêvait d'un « Grand Israël » intégrant définitivement une large partie des territoires occupés en 1967, y favorisant l'implantation de colonies, refusant aux Palestiniens le droit d'avoir leur

Etat aux côtés d'Israël. Son nom reste aussi tristement attaché aux événements de Sabra et Chatila, en 1982, au cours desquels l'armée israélienne est restée sans réaction face au massacre de plus de deux mille Palestiniens par les phalangistes libanais. Sharon était alors un dur, un responsable politique intransigeant et fermé à tout dialogue. Pour la gauche israélienne, pour le camp de la paix, il était la bête noire.

Revenu au pouvoir en 2001 après l'échec d'Ehud Barak, qui avait frôlé la paix lors des discussions de Camp David tenues sous l'égide de Bill Clinton, Ariel Sharon a modifié du tout au tout sa stratégie. Arrivé au soir de sa longue vie politique, conscient que le temps et la démographie ne jouaient pas en faveur d'Israël, il a reconnu la nécessité d'un Etat palestinien et s'est engagé dans un processus associant le dialogue et la séparation unilatérale avec les Palestiniens. Cette démarche a eu de nombreuses conséquences positives : la signature de la « feuille de route » qui a tracé le chemin vers la paix sous l'égide de la communauté internationale, la reprise du dialogue avec l'Autorité palestinienne qui s'est significativement amélioré depuis l'arrivée aux responsabilités de Mahmoud Abbas, et surtout le retrait de Gaza courageusement imposé à la droite extrême israélienne.

Ariel Sharon a franchi ce Rubicon ; il est entré dans l'histoire. Il a affaibli le Likoud – ou l'a du moins ramené à sa marginalité ultra-droitière – en créant autour de sa personne Kadima, un parti du centre. Bien sûr, le programme de Kadima, et d'ailleurs le projet définitif d'Ariel Sharon lui-même, ne sont pas clairement connus. Du coup, l'incertitude sur la solidité et la pérennité de ce parti, bâti autour d'un homme plutôt que d'une idée ou d'une vision, est totale. Mais si Ariel Sharon est aujourd'hui le leader incontesté d'Israël, c'est parce que, renouant en partie avec l'inspiration des fondateurs travaillistes de cet Etat, qui l'a animé dans sa jeunesse, il se trouve en phase avec les aspirations de la population. Les Israéliens, tout comme les Palestiniens, veulent la paix. Dans les deux camps, il existe des extrémistes prêts à recourir à la violence. Je n'accepte pas le terrorisme : il doit être contenu avec une fermeté absolue. Mais je n'assimile pas Israël à ses fanatiques religieux ni la Palestine à ses terroristes : l'aspiration majoritaire, de part et d'autre, est pacifique. Si la santé d'Ariel Sharon préoccupe tant, c'est justement parce qu'il est devenu, par-delà ses ambiguïtés, un acteur décisif de cet espoir de paix.

Comme les signataires de l'initiative de Genève, je suis partisan d'un partage territorial équitable entre deux Etats vivant en paix dans des frontières sûres et reconnues. Politiquement, je suis aux côtés de mes amis travaillistes et de leur nouveau leader, Amir Peretz. Mais je sais que Sharon, justement parce qu'il vient de la droite et parce qu'il fait bouger la société israélienne, est un passeur incontournable dans cette période essentielle.

Là réside la grandeur et la fragilité des hommes qui font l'histoire. Comme de Gaulle, qui venait de la droite la plus réactionnaire, Sharon arrive à jouer un rôle majeur dans l'histoire de son pays. Comme de Gaulle, il est un solitaire, et ne laisse pas de véritable héritier. Comme de Gaulle, il a fondé un parti dont le seul ciment est sa personne. Comme de Gaulle, son aventure politique ne va pas sans ambiguïté. Il faudra dépasser le moment Sharon, comme il a fallu sortir du gaullisme. Mais pour l'instant, il est nécessaire à l'évolution de son pays et de tout le Proche-Orient. Tous ceux qui veulent la paix souhaitent qu'il se rétablisse au plus vite.

Mardi 20 décembre

Evo Morales est élu président de la République de Bolivie. La population bolivienne d'origine précolombienne, qui représente 60 % de la population du pays, s'est invitée par les urnes aux commandes de la Bolivie. C'est la première fois qu'un candidat a la majorité absolue depuis le retour à la démocratie en 1982.

Il y a trois dimensions dans cette victoire. La révolte des indigènes contre leur condition : pauvreté, inégalité, sujétion ; le tournant à gauche de l'Amérique latine : Brésil, Venezuela, Argentine, Uruguay... sans compter les chances de Michèle Bachelet au Chili ; enfin, les soubresauts de la mondialisation chez les peuples qui s'en sentent les victimes, et non les acteurs, et en accusent les Etats-Unis.

Le gouvernement américain veut-il imposer un plan militarisé d'éradication de la culture de la coca qui conditionnerait l'accès à l'aide économique ? Les paysans s'y opposent et défendent une culture bien antérieure à l'industrie de la cocaïne. Veut-on concéder la gestion de l'eau, ouvrir les réserves de gaz ? Le parti d'Evo Morales réclame le contrôle national de ces ressources. Washington n'hésite pas à démoniser le partisan d'Hugo Chavez, l'ami de Castro. Chacun est le terroriste de l'autre : né dans un contexte d'affrontement idéologique, il faut espérer que le nouveau régime bolivien ne s'y laissera pas enfermer.

Car là encore, les peuples ont besoin d'espoir, et la mondialisation de règles du jeu. La gestion de plus en plus tendue des ressources énergétiques n'y échappe pas. Ces ressources ne peuvent être confisquées, de l'intérieur ou du dehors. Elles doivent financer, sans s'abstraire du marché international, le développement à long terme des pays pauvres qui en sont dotés.

Vendredi 23 décembre

Triste anniversaire du tsunami. Je me souviens de la stupeur provoquée l'année dernière par les premières images, de la conscience rapide de l'horreur, du désespoir local et du chagrin planétaire.

Les tsunamis sont, comme les cyclones aux Etats-Unis, des phénomènes naturels, mais nous disposons aujourd'hui des technologies qu'il faut pour les prévoir. S'il reste insensé que les systèmes d'alerte aient si mal fonctionné en Asie du Sud-Est, ceux qui étaient chargés de prévoir les cyclones ont parfaitement opéré : mais même lorsque nous savons, nous ne voulons pas voir, et un des enseignements de ces catastrophes est que les pays pauvres comme les pays riches restent démunis devant l'ampleur de ces phénomènes. Les pays pauvres dévastés perdent les revenus indispensables du tourisme, tandis que les pays riches mettent au jour à cette occasion leurs scandaleuses inégalités. En Inde, au Sri-Lanka, en Indonésie, en Thaïlande – comme en Floride ou au Texas –, ce sont les pauvres qui sont le plus fortement et le plus durablement touchés.

Dimanche 1ᵉʳ janvier 2006

C'est peu de le dire : la fête est terminée. L'actualité reprend ses droits – et à grande vitesse. L'année commence en effet par un conflit inédit : la « guerre du gaz » entre la Russie et l'Ukraine.

On peut être tenté de n'y voir qu'un différend de voisinage. La Russie veut que l'Ukraine paie son gaz au prix du marché actuel et non au tarif préférentiel hérité de l'empire soviétique. L'Ukraine résiste, rechigne, refuse. Et la Russie coupe l'approvisionnement en gaz de l'Ukraine, au cœur d'un hiver particulièrement rigoureux. Au-delà de l'équation économique – le juste prix pour les Russes, le juste rythme pour les Ukrainiens –, il y a, bien sûr, un enjeu géopolitique : l'Ukraine est un grand pays – plus vaste que la France – qui a pour frontières l'Union européenne d'un côté et la Russie de l'autre ; l'Ukraine, en pleine construction de son identité nationale, est tiraillée entre les deux ensembles ; l'Ukraine, depuis la « révolution orange », regarde davantage vers l'Ouest ; à quelques semaines des élections législatives, son sourcilleux voisin de l'Est peut ne pas être insensible à une déstabilisation du pouvoir en place.

Au-delà de la question ukrainienne, la « guerre du gaz » révèle et cristallise une question russe dont il faut bien prendre la mesure.

Pourquoi ? Parce que la Russie possède, dans la nouvelle géopolitique du gaz, un double avantage stratégique. La quantité : elle détient, et de loin, les réserves de gaz les plus importantes du monde – environ moitié plus que l'Iran et le Qatar. La proximité : elle a une capacité d'accès aux marchés européens très supérieure à celle de ses principaux concurrents. Cette proximité lui permet de développer plus facilement de nouveaux gazoducs, comme le projet de gazoduc à travers la mer Baltique qui autoriserait la Russie à approvisionner l'Europe occidentale sans passer par l'Ukraine ni la Pologne. Ceci, à l'heure où tous les pays consommateurs se tournent frénétiquement vers le gaz à la fois pour être moins dépendants du pétrole (développement des voitures au GPL, chauffage au gaz) et pour produire de l'électricité sans avoir recours ni au charbon, ni au nucléaire. Bien entendu, la Russie entend profiter de cette position extrêmement favorable pour conforter sa sphère d'influence. Aussi la brutalité de la réponse russe a-t-elle inquiété : y compris aux pires heures de la guerre froide, la Russie s'était toujours comportée comme un partenaire fiable, n'interrompant jamais durablement ses livraisons à un pays occidental.

Fer de lance de cette ambition russe, la société Gazprom, dont l'actionnaire le plus important est l'Etat et dont le président, Medvedev Dmitry Anatolievich, est le premier vice-président de la fédération de Russie, s'est lancée dans une stratégie de développement global et de diversification tous azimuts. Conquête de nouveaux marchés, au-delà de l'ex-URSS et de l'Europe. Participation à la mondialisation des marchés du gaz en développant le gaz naturel liquéfié qui permet d'exporter du gaz par bateau partout dans le monde sans être contraint par les réseaux de gazoduc. Prise de participation dans de nouvelles sources d'approvisionnement, notamment en Asie centrale. Et, surtout, diversification des modalités de pénétration des marchés européens grâce à l'acquisition de réseaux de transport dans les pays consommateurs et à la construction de nouveaux gazoducs. La liste est impressionnante. Si Gazprom parvient à atteindre ses objectifs, elle contrôlera toute la chaîne du gaz, de l'extraction à la livraison au consommateur final. Face à cette stratégie et à cette détermination, que propose l'Europe ? Bien peu. Trop peu. Si l'avènement d'une Europe-puissance passe par la maîtrise de son espace, ce qu'elle a entrepris avec le projet Galiléo, si elle passe par la maîtrise de la technologie, elle passe aussi par la maîtrise de sa politique énergétique. Or les Vingt-Cinq se montrent toujours aussi incapables d'élaborer une politique commune crédible en matière de sécurité d'approvisionnement. Quant à la France, elle devrait soutenir plus efficacement la création d'un véritable marché unique de l'énergie, et aider à imposer le droit communautaire de la concurrence à nos partenaires extra-européens. Il faudra là encore être ambitieux, volontaire, imaginatif. Et porter loin son regard, tant les grandes questions stratégiques ont des conséquences concrètes sur la vie quotidienne des Français, et d'abord des plus modestes d'entre eux.

Dimanche 15 janvier

Coup de gueule contre le Paris-Dakar. Le Dakar est terminé : trois morts. Pour le pilote décédé, on dira qu'il avait pris ses risques et vécu sa passion, ce qui n'enlève rien au fait que c'est une vie perdue. Mais le décès de deux enfants de dix et douze ans, heurtés par des véhicules de la course, laisse sans voix – et la réaction des participants et organisateurs du rallye me choque. Aucun regret, notamment de la part du vainqueur qui ne veut pas que son plaisir soit gâché. Une indifférence abyssale. Seule décision prise : la dernière spéciale n'a pas été chronométrée. La belle affaire !

Quelle course automobile, quelle manifestation se serait poursuivie sur le territoire français ou en Europe

335

après un tel drame ? La vie de deux petits Africains a-t-elle la même valeur que celle de deux petits Européens ? Les responsables du Dakar ont dit vouloir continuer à travailler pour que cela ne se reproduise plus. Mais c'est ainsi chaque année ! Ce ne sont pas les radars, les limitations de vitesse et les contrôles qui empêcheront ceux qui considèrent l'Afrique comme un terrain pour leurs jouets modernes, et qui l'aiment pour cela, de continuer encore.

Il faut s'interroger sur la poursuite du rallye. L'argent qu'il procure aux villages, le commerce local qu'il génère, les puits que l'on fore doivent pouvoir être apportés aux populations d'Afrique sans que des vies ne leur soient volées. Et pour parler d'amour de l'Afrique, je préfère franchement Théodore Monod ou Charles de Foucauld.

Mercredi 1ᵉʳ février

La polémique sur la publication de caricatures de Mahomet s'amplifie. Douze dessins ont été publiés, le 30 septembre 2005, par le quotidien danois *Jyllands-Posten*, sous le titre « Les 12 visages de Mahomet ». L'une des caricatures représente la tête du Prophète surmontée d'un turban en forme de bombe. Ce n'est pas du meilleur goût – c'est le moins que l'on puisse dire. Ces dessins ont été repris par divers journaux européens.

Il aura fallu plusieurs mois pour que la polémique s'engage. La première, l'Arabie Saoudite s'est mise à boycotter les produits danois. D'autres pays arabes ont suivi. L'Iran n'est pas en reste. La crise s'amplifie. Etrange qu'il ait fallu tant de mois pour qu'une réaction se fasse jour. On devine une manipulation.

Des musulmans manifestent dans le monde entier. Des violences sont commises contre des ambassades européennes. Des menaces sont proférées contre les journaux qui reproduisent les caricatures en cause. Même des musulmans modérés s'inquiètent de ce qu'ils estiment être une nouvelle marque d'islamophobie.

Je suis pour ma part surpris de la disproportion entre la publication des dessins, pour certains stupides, et la violence des manifestations. Certes, le respect dû aux convictions religieuses est inscrit dans la culture et l'histoire de la France depuis un siècle. Et je n'accepterai pas que l'on mette en cause l'islam. Mais je ne reconnais pas l'islam dans la violence de certains propos. Tout comme je n'accepte pas que certains juifs assimilent toute critique d'Israël à de l'antisémitisme. Ou que les catholiques veuillent faire interdire des affiches de film (comme celle d'*Amen*, le film de Costa-Gavras) ou des publicités.

Les marques d'apaisement sont bienvenues. Comme celle donnée par le président du Conseil du culte musulman, Dalil Boubakeur, qui a reçu à la mosquée de Paris l'ambassadeur du Danemark.

Je veux en profiter pour préciser ma position sur la liberté d'expression. Celle-ci ne peut qu'être défendue, au même titre que la liberté de la presse qui la garantit et la prolonge. C'est un point qui ne saurait être discuté.

Mais la liberté d'expression ne peut être absolue. Notre droit condamne à juste titre les expressions de positions révisionnistes, racistes ou antisémites comme celles qui mettent en cause la dignité de groupes ou de personnes. De telles interdictions sont compatibles avec la liberté d'expression dont elles marquent les limites, que le juge contrôle comme celles de toutes les libertés. Il est donc normal que les représentants des groupes qui s'estiment atteints dans leur honneur expriment leur réprobation, éventuellement en saisissant la justice.

Je ne veux pas dire si telle ou telle des caricatures de Mahomet aurait dû ou devrait être interdite de publication parce qu'elle porterait atteinte à la dignité des musulmans. Je ne suis pas juge, et les responsables politiques ne doivent pas s'ériger en juges. Mais, a priori, la démocratie et la liberté d'expression, qui en est une des composantes essentielles, consistent, sauf cas exceptionnels, à laisser la caricature s'exprimer et à avoir, ensuite, toute liberté pour la critiquer. C'est un droit qu'il faut et faudra défendre sans jamais céder un pouce de terrain.

Une dernière notation : je doute du caractère spontané de ces manifestations. Elles sont souvent encouragées par des partis ou des régimes qui s'appuient sur des forces islamistes ou qui veulent leur donner des gages parce qu'ils les estiment menaçantes. Au Proche-Orient, ces violences ont pour effet de rendre plus difficile l'exercice par l'Europe de son rôle, pourtant indispensable, de soutien des efforts de paix. N'est-ce pas en réalité le but de certains de ceux qui sont derrière ces manifestations ?

Dimanche 5 février

La crise née de la publication des caricatures de Mahomet s'amplifie.

Je reviens sur ces caricatures. J'espérais l'apaisement : il n'en est rien. La crise gagne du terrain. Les gouvernements européens sont sur la défensive. La presse s'interroge. Le directeur de *France-Soir*, coupable d'avoir reproduit certains des dessins en cause, a été limogé.

Puisqu'il faut y revenir, revenons-y.

La liberté d'expression passe par la liberté de la presse. Qu'on ne compte pas sur moi pour remettre en cause un des acquis fondamentaux de notre démocratie. Celle-ci ne justifie pas tout, bien sûr. La liberté de la presse a son corollaire : la responsabilité. Elle ne saurait être absolue. Mais elle est intangible. Renoncer à la liberté d'expression, c'est renoncer à la démocratie.

Les convictions religieuses doivent non seulement être respectées mais protégées. Mais est-ce de cela qu'il s'agit ici ? J'en doute. Comme je doute – je l'ai dit – du caractère spontané des manifestations qui se répandent dans les rues arabes et dans les cours d'école.

Je suis frappé de ce que, la première, l'Arabie Saoudite ait appelé à la réaction. Et que, sans attendre, George W. Bush lui ait emboîté le pas. Je vois là le signe d'une « sainte-Alliance » entre les Etats-Unis et la monarchie saoudienne destinée, à un moment crucial de l'histoire du

338

Proche-Orient, à évincer l'Union européenne du règlement du conflit.

Des groupes extrémistes se sont jetés sur l'occasion. Je trouve injuste, inepte même, d'assimiler islam et terrorisme par une caricature qui fait du prophète Mahomet un fauteur de terrorisme. Cet amalgame, souvent utilisé par l'extrême droite, est stupide. Je ne me suis jamais reconnu dans le cynisme pessimiste de Samuel Huntington qui voit le « choc des civilisations » dominer le nouveau siècle. Je comprends que la plupart des musulmans soient choqués par cette représentation du prophète, qu'ils se sentent blessés, atteints dans leur foi, meurtris. Mais eux ne sombrent pas dans la violence. Ils expriment de l'incompréhension, pas de la haine. Rien ne justifie la violence actuelle des protestations ni les déchaînements d'intolérance.

Vendredi 11 février

Déplacement en Afrique du Sud. Je suis le seul Français invité au Sommet des progressistes qui s'ouvrira demain près de Pretoria. J'en ai profité pour organiser une visite auprès du gouvernement sud-africain. Un point clé de cette visite : mieux connaître sa réforme phare, le *black economic empowerment* (BEE).

J'ai pu rencontrer aujourd'hui trois acteurs principaux du BEE : Lionel October, en charge du dossier auprès du président Thabo Mbeki ; Ronnie Ntuli, président du National Empowerment Fund ; et Bridgette Radebe, PDG de Makau, partenaire BEE de Total en Afrique du Sud.

L'objectif du BEE est de corriger les inégalités économiques héritées de l'apartheid : les Noirs n'avaient pas le droit de diriger une société ou d'être actionnaires ! La méthode : redistribuer 25 % des parts des sociétés sud-africaines aux Noirs. Ils se structurent en sociétés « partenaires BEE » et bénéficient de financements exceptionnels pour acheter les parts des groupes « blancs ». Au début de la réforme, les partenaires BEE étaient des individus isolés : cela a permis la création d'entreprises « noires » et l'émergence d'une élite économique noire. Désormais, le BEE se veut *broad based*, à « base large » : ce ne sont plus des individus qui deviennent partenaires, mais des communautés noires tout entières. Par exemple, lorsque De Beers ouvre une exploitation minière près d'un village, les villageois deviennent partenaires BEE.

Cette réforme est révolutionnaire. Si elle aboutit, si elle n'est pas accaparée par quelques-uns, elle permettra une redistribution massive du capital vers les plus modestes. Elle sera fondatrice d'une société solidaire et elle pourra servir de modèle au reste de l'Afrique. Le risque, bien entendu, c'est que la réforme se limite à enrichir un petit nombre et attise les rancœurs. A suivre...

Samedi 12 février

Suite de mon programme en Afrique du Sud. Je viens de visiter le service périnatal de l'hôpital de Baragwanath, qui s'occupe à Soweto des enfants séropositifs. On en ressort anéanti : la moitié des femmes enceintes sont porteuses du virus, aucun traitement infantile n'est disponible. Le tiers des décès à Soweto est lié au sida !

En Afrique australe, l'espérance de vie a diminué de dix ans en dix ans. Chaque année, l'épidémie y tue plus de trois millions de personnes. La Banque mondiale a montré que la croissance par tête en Afrique serait trois fois supérieure sans les effets ravageurs du sida.

Le sida est la pandémie la plus destructrice qui frappe le Sud. Mais ce n'est pas la seule : la malaria, la résurgence de la poliomyélite, les risques de grippe aviaire. Comment, dans ces conditions, parler de développement ? Aider le Sud à se doter d'une politique de santé robuste est un préalable absolu. Je proposerai trois pistes au Sommet des progressistes.

Piste n° 1 : l'accès aux médicaments génériques. Ils sont cent fois moins chers que les médicaments brevetés ! L'accord signé en 2003 à Doha par les membres de l'OMC qui autorisait la production et l'exportation de génériques dans les pays pauvres en dérogation au droit de la propriété intellectuelle apparaissait comme un progrès. J'avais pris à l'époque position en sa faveur. Mais la complexité de ce mécanisme est telle qu'il n'a jamais été appliqué. C'est un échec. Il faut le dire. La simplification de ce système est un impératif.

Piste n° 2 : la création d'un fonds public mondial pour assurer une santé de base universelle. Même aux coûts du générique, les pays les plus pauvres n'ont pas les moyens d'acheter les médicaments. 25 % des enfants du Sud, essentiellement en Afrique, n'ont toujours pas accès aux vaccins standards, pourtant tombés dans le domaine public. Il reste par ailleurs à construire les systèmes de prévention, de soins, de distribution des médicaments et d'accompagnement des patients sans lesquels une épidémie ne peut être enrayée. Le fonds mondial fournirait l'aide budgétaire nécessaire. En attendant, il faut que les pays occidentaux assument leurs responsabilités et abondent les fonds existants, notamment le Fonds mondial contre le sida qui reste gravement sous-financé.

Piste n° 3 : il nous faut réfléchir à un droit d'ingérence sanitaire. Il y a là un devoir moral autant qu'une mesure de précaution élémentaire. Doit-on laisser tel gouvernement gérer seul l'épidémie de grippe aviaire sur son territoire alors qu'il refuse de reconnaître la gravité de la situation ? Non : les souches virales doivent être éradiquées à leur origine, avant que la mondialisation ne permette leur expansion accélérée et incontrôlable à travers la planète. Doit-on laisser des ministres nier l'existence de la pandémie de sida et prétendre, par exemple, que les médecines traditionnelles constituent un bon moyen de prévention ? Non : le foyer africain du sida constitue un danger pour le monde autant que pour les Africains eux-mêmes. Un droit d'ingérence sanitaire conduirait la communauté internationale à intervenir, même si les questions de souveraineté qu'une telle pratique soulève ne sont pas simples à résoudre.

Nous ne pouvons pas laisser l'Afrique mourir sous nos yeux sans rien faire. C'est un devoir impérieux. Ce doit être une priorité du président de la République française.

Dimanche 13 février

Sommet des progressistes, Didimala Lodge, à 40 km de Pretoria. Il s'agit du sommet annuel réunissant les leaders sociaux-démocrates de la planète, chefs d'Etat et représentants de l'opposition mêlés. Pour la première fois, il se tient dans un pays du Sud. Le thème du sommet : repenser les politiques de développement.

Devant les leaders du Nord, les représentants du Sud ont été unanimes. Le président d'Afrique du Sud Thabo Mbeki, le président du Brésil Luiz Inacio Lula da Silva, le président sortant du Mozambique Joaquin Chissano, le Premier ministre éthiopien Meles Zenawi – tous ont dressé un réquisitoire sévère contre les politiques de développement menées jusqu'ici par les pays occidentaux et les institutions internationales. Principale cible : le « consensus de Washington ».

Pour les chefs d'Etat du Sud, les Occidentaux ont imposé aux pays pauvres un modèle de développement erroné. Ce modèle – celui du « consensus de Washington » – repose sur deux piliers : l'ouverture totale au commerce international et un Etat modeste, doté d'un système fiscal et social limité. Il a abouti à un désastre : dépendance alimentaire basculant parfois vers la famine ; destruction des embryons de développement industriel et artisanal inaptes à résister à la concurrence internationale ; explosion des inégalités. Les institutions internationales se sont entêtées alors même que les pays qui décollaient suivaient un modèle opposé : la Chine, l'Inde, la Corée et les « dragons » asiatiques ont mis en place un Etat dynamique structurant une économie fondée sur une insertion internationale unilatérale, agressive à l'exportation mais protégée à l'importation. Pourquoi un tel entêtement ? Par intérêt commercial. Par aveuglement idéologique. Par incompétence économique.

N'en jetez plus ! Ce sombre tableau est-il exact ? Certains experts ont crié à la caricature. Ils notent que le « consensus de Washington » est, au moins partiellement, abandonné par les institutions internationales depuis 1998 et la période Stiglitz-Wolfensohn. La Banque mondiale a changé son fusil d'épaule, réhabilité l'investissement dans le « social », la lutte contre les inégalités et la pauvreté, et conduit une politique qui équilibre la libéralisation par la consolidation d'institutions visant à réguler le marché. Ils font remarquer que l'OMC s'est réorientée vers un « cycle du développement » où aucun engagement n'est demandé aux pays pauvres : Pascal Lamy a promis aux pays les moins avancés un « *round for free* ». Ils disent aussi que c'est aux pays du Sud à se prendre en main plutôt que d'accuser le Nord de leur échec.

Je crois pourtant, malgré les experts, que Thabo Mbeki et les autres leaders du Sud ont raison. Bien sûr, le développement des pays du Sud résultera avant tout de leurs efforts. Mais soyons honnêtes et lucides : nous sommes aussi, en partie, la cause de l'échec actuel. Et le « consensus de Washington » a fait beaucoup de dégâts. Nous en sommes enfin revenus, et il n'est plus défendu que par les libéraux les plus dogmatiques. Mais nous n'avons pas proposé de modèle progressiste alternatif. C'est cette tâche qui nous attend. Un tel modèle aurait deux axes : une insertion asymétrique dans le commerce international et la construction d'un Etat structurant, mettant en place les éléments constitutifs de la démocratie. Car la démocratie, ce ne sont pas seulement des élections libres : c'est aussi une administration non corrompue, une justice indépendante, une police contrôlée par la justice, un respect du droit des minorités. J'ai parlé en ce sens au Sommet des progressistes, et c'est en ce sens que je veux agir.

*

J'ai pu m'entretenir avec Nelson Mandela en marge du Sommet des progressistes. Un moment fort. Je l'avais rencontré à sa sortie de prison, en 1992, lorsque j'étais ministre de l'Industrie. Son aura était déjà exceptionnelle. Elle l'est plus encore aujourd'hui. Car cet homme de quatre-vingt-sept ans a fait l'histoire du monde. C'est le dernier des grands hommes du XXe siècle encore vivant. Les Sud-Africains, saisis d'une sorte de transe, pleurent au passage de « Madiba ». Les chefs d'Etat se lèvent et applaudissent longuement. Et je reconnais que mon émotion, à moi aussi, est intense. C'est étrange, cette impression qu'il donne de baigner dans un halo de lumière...

Conclusion

J'ai refermé ce journal le 1ᵉʳ mars 2006. Depuis lors, la crise du contrat première embauche a trouvé son dénouement. D'une certaine manière, cette crise résume toutes les dérives de l'année écoulée. Elle cristallise, comme souvent les explosions sociales, un malaise qui dépasse de très loin la cause première pour laquelle plusieurs millions de Français sont descendus dans la rue.

Sarkozy et la rupture

A bien des égards, l'élection présidentielle de 2007 marquera la fin d'un cycle. Les deux derniers présidents élus étaient déjà ministres il y a une quarantaine d'années. Il n'en sera pas de même cette fois-ci. Quelle que soit l'issue du scrutin, c'est la génération née après la guerre qui prendra en main les destinées du pays. Voilà la première rupture que Nicolas Sarkozy a souhaité marquer : il a d'emblée refusé de s'inscrire dans la filiation de Jacques Chirac, imitant en cela Lionel Jospin qui avait revendiqué un droit d'inventaire à l'égard de François Mitterrand.

Mais en choisissant de défendre la nécessité d'une rupture que, d'après lui, il est seul à pouvoir incarner, Nicolas Sarkozy cherche à créer une césure bien plus profonde :

345

celle qui séparerait la France d'aujourd'hui de celle de demain.

Nous ne pouvons rester immobiles face à l'intensification de la mondialisation et aux effets qu'elle exerce sur l'économie comme sur la société : les Français l'ont bien compris. L'effort à produire est considérable. Préserver notre culture, nos traditions, notre héritage politique et social et, dans le même temps, transformer notre pays pour lui imprimer le rythme du monde, saisir les opportunités offertes par cette nouvelle donne, permettre à la France de conserver son rang et son influence : voilà la tâche qu'il faut accomplir. Elle est exigeante. Elle requiert plus que de la détermination, presque de l'acharnement. N'est-il pas naturel de tenter d'y échapper – de chercher une autre voie supposée plus simple et plus directe, certes moins originale que celle qui vise à faire vivre la singularité française ? Nicolas Sarkozy répond par l'affirmative. Il faudrait rompre avec ce rêve devenu impossible, avec l'extravagance d'une France qui s'obstinerait à suivre un modèle différent de celui de ses voisins. Il faudrait accepter de se mêler au peloton au risque d'être distancé. Renoncer pour survivre, tel est le chemin qui nous est proposé : c'est la tentation de l'Amérique.

Ce choix n'est pas déshonorant : il y a mille aspects remarquables dans ce modèle anglo-saxon qu'on nous somme d'adopter. Mais ce n'est pas le mien. Je veux me battre pour conjuguer l'efficacité et la justice, parce que je ne puis admettre que le choix de l'une se fasse aux dépens de l'autre.

Je suis comme tous les Français pétri d'une argile particulière, faite de l'universalisme des Lumières, de la liberté née de la Révolution et de la solidarité portée par le socialisme. L'individualisme qui irrigue le modèle américain est riche d'une capacité d'adaptation qui nous fait parfois défaut, mais dont le prix est très élevé : les inégalités et les discriminations dont il s'accommode sont à l'opposé de la société solidaire que j'appelle de mes vœux.

Je ne crois pas les Français prêts à adopter ce modèle. Il est trop étranger à notre histoire, trop éloigné de nos aspirations. C'est pourtant cela, « la France d'après » que nous promet Nicolas Sarkozy. L'homme est habile. Il a longtemps réussi à faire croire qu'il n'avait aucune part dans la politique menée par le gouvernement, alors même qu'il en est aujourd'hui le ministre le plus important et qu'il est par ailleurs le chef du parti majoritaire. Peut-être cette supercherie aurait-elle pu tenir jusqu'au bout, peut-être la rupture promise aurait-elle pu rester séduisante parce qu'auréolée du mystère qui sied aux promesses, surtout lorsqu'elles sont politiques. Mais l'aventure du CPE est venue perturber cette stratégie. Car le CPE, ce n'est rien d'autre que la rupture à l'œuvre. C'est la volonté de contraindre la société française à accepter ce qu'elle a toujours refusé : une précarité sans contrepartie, une domination sans partage de l'employeur sur l'employé, des risques économiques intégralement supportés par le salarié.

Tant que la rupture restait un concept suffisamment vague pour que chacun puisse y associer tous les changements sociaux auxquels il aspire, la séduction qu'elle exerçait était forte. Quand le CPE a révélé aux jeunes ce que signifiait pour eux la rupture, ils se sont rebellés. Ils ont été suivis par tous ceux qui sentaient confusément que ce qui avait commencé pour les salariés des petites entreprises avec le CNE et se poursuivait pour les jeunes avec le CPE finirait, si on laissait faire, par atteindre l'ensemble du monde du travail.

C'est l'idéologie même de la rupture qui est aujourd'hui atteinte. Qu'il parvienne ou non à faire croire que, dès le début, il était opposé au CPE, Nicolas Sarkozy n'en a pas moins vu les Français rejeter massivement le concept avec lequel il voulait livrer bataille.

Villepin et la méthode de gouvernement

Beaucoup l'avaient annoncé : il y a chez cet homme un peu de lyrisme et un peu de dédain. On le disait animé d'une vision barrésienne de la France dont on se demandait comment elle s'appliquerait à la complexité sociale du début du XXIᵉ siècle.

Reconnaissons que l'expérience des premiers mois a fait mentir les Cassandres. L'été passa, puis l'automne : Dominique de Villepin se montrait ferme, pédagogue, étonnamment sobre.

Et puis, au moment peut-être où il s'y attendait le moins, la machine s'est grippée. L'adoption du CPE ne devait être qu'une formalité : le CNE n'avait-il pas convaincu les Français ? En faisant cette analyse, le Premier ministre a sans doute commis sa première erreur.

A la fin de l'année 2005, quelque 350 000 CNE avaient été signés. Fallait-il se réjouir de ce qui était présenté comme un grand succès ? Ces signatures de contrats n'ont pas été à l'origine d'une inflexion de la courbe de l'emploi. L'emploi dans le secteur marchand (celui qui est concerné par ce contrat) a augmenté de 60 000 postes de travail en 2005. C'est peu au regard des 1,7 million d'emplois créés en trois ans à partir de mai 1997 [1] – mais c'est là un autre sujet. Ce qui est important, c'est que le rythme de la création d'emplois (30 000 au premier semestre, 30 000 au second) n'a en rien été modifié par l'introduction au mois d'août du CNE. Qu'en est-il alors des 350 000 CNE signés en six mois ? La réponse est simple : le CNE a été substitué à d'autres contrats pour embaucher des salariés qui auraient de toute façon été recrutés. Il n'y a pratiquement pas eu d'emplois nouveaux créés.

Si bien que le CPE a beaucoup souffert d'arriver après son « grand frère ». Si le CPE avait permis aux jeunes de trouver les emplois qui leur font cruellement défaut, nombreux seraient ceux qui se seraient consolés en se disant que « c'est mieux que rien ». Mais il est rapidement apparu qu'il n'en serait rien. Les études publiées en mars 2006 annonçaient que le nombre de créations d'emplois que l'on pouvait attendre du CPE ne dépasserait pas 70 000 en dix ans : elles n'ont pas surpris.

---

1. Environ deux millions d'emplois ont été créés durant cette période : 1,7 million dans le secteur marchand et 300 000 dans le secteur non marchand, ces derniers correspondant aux emplois-jeunes.

Est-ce seulement en raison de l'expérience du CNE que la réaction fut aussi violente ? Est-ce uniquement parce que le CPE apparaissait comme un nouveau coup de poignard qu'il a suscité une opposition aussi déterminée ? Je ne le crois pas. Il y a une raison plus profonde que Dominique de Villepin n'a pas voulu voir. Ce fut sa deuxième erreur.

Nous n'avons pas connu un conflit social traditionnel. Nous avons vécu quelque chose de beaucoup plus profond et de beaucoup plus grave. Si la réaction provoquée par l'annonce du CPE a été sans commune mesure avec celle qui a suivi l'introduction du CNE, ce n'est pas seulement parce que celui-ci a été subrepticement adopté par ordonnance au milieu de l'été. C'est parce que cette fois-ci, ce sont nos enfants qui étaient en cause. Les manifestations ne rassemblaient pas seulement des lycéens, des étudiants et des militants mobilisés par leurs organisations. On y comptait des centaines de milliers de parents inquiets de l'avenir de leurs enfants. Pour la première fois depuis longtemps, les Français n'ont pas la certitude que leurs enfants vivront mieux qu'eux-mêmes, quand ils ne sont pas assurés du contraire. S'attaquer aux jeunes, c'était faire la preuve d'une dangereuse méconnaissance des inquiétudes profondes de notre peuple. Sans doute le fait de ne pas être un élu placé en permanence au contact de ses électeurs éclaire-t-il en partie cette erreur de jugement.

A un moment où les Français ont le sentiment que tous leurs repères s'estompent et que la mondialisation fait voler en éclats la structure de la société, ce sont des garanties qu'ils réclament, pas de l'aventure. C'est de concertation qu'ils ont besoin, non d'autoritarisme.

Habituellement prompts à dénigrer les syndicats, les Français ont pris comme une gifle le fait que Dominique de Villepin n'ait pas daigné débattre de son projet avec les principaux intéressés. Volontiers critiques de leurs députés et ordinairement peu soucieux de procédure parlementaire, les Français se sont cabrés face à l'utilisation de l'article 49-3. Ils ont vu dans cette mesure une injustice pour les jeunes et une menace pour l'ensemble de la population. Pour avoir voulu venir sur le terrain de son ministre de l'Intérieur, Dominique de Villepin a doublement perdu. Il a d'abord dû renoncer à un positionnement qu'il voulait moins droitier que celui de Nicolas Sarkozy : ceux qui avaient naïvement cru discerner chez le premier une fibre plus sociale que chez le second en auront été pour leurs frais. Mais il a aussi perdu dans la manœuvre beaucoup de son autorité. Quoi qu'il arrive maintenant, il restera un Premier ministre que son entêtement a conduit à préférer nuire aux intérêts du pays plutôt que d'accepter de se dédire.

Chirac et la présidence

Sans doute Jacques Chirac aurait-il pu trouver là une occasion de donner un peu de lustre à son quinquennat et un peu de sens à sa réélection. Dans la crise que nous venons de vivre, l'occasion lui était offerte d' « assurer par son arbitrage le fonctionnement régulier des pouvoirs publics », comme l'y invite l'article 5 de la Constitution.

Car c'est bien d'arbitrage dont le pays avait besoin. La donne était simple : les trois quarts des Français ne voulaient pas du CPE, alors que les trois quarts des électeurs de l'UMP en voulaient. Que le Premier ministre ait souhaité faire adopter un projet de loi conforme aux souhaits de sa majorité, cela peut se comprendre, même si cela ne justifie pas l'obstination qui a suivi. Mais que le président de la République n'ait pas senti qu'il lui incombait d'apaiser les esprits, de permettre aux lycéens ainsi qu'aux étudiants de retourner à leurs études et au pays de reprendre le chemin du travail, voilà qui est incompréhensible.

Une accumulation de contraintes politiques avait poussé Jacques Chirac dans une nasse. Après avoir cru trouver en Dominique de Villepin l'homme qui, flamberge au vent, monterait à l'assaut de la citadelle édifiée par Nicolas Sarkozy, il devait être douloureux d'avoir à le désavouer. Douloureux, mais aussi dangereux. Car Jacques Chirac était assez expérimenté pour savoir qu'il ne resterait pas grand-chose de l'autorité de son Premier ministre s'il devait en venir à le blâmer. Mais c'est précisément dans ces moments-là que le service du pays doit passer avant celui du parti. Pour avoir tenté de l'ignorer, Jacques Chirac s'est enferré dans un discours que les Français ne pouvaient pas comprendre. Cette loi est mauvaise, nous a-t-il dit. Elle est très mauvaise et il faut d'urgence en faire une autre. Elle est tellement mauvaise que, dans l'intervalle, il faudra surtout ne pas l'appliquer. Je la promulgue néanmoins, alors que je pourrais attendre ! Le spectacle offert par un président de la République française empêtré dans ses contradictions au point d'en oublier les devoirs de sa charge fut pathétique. Certains ont prétendu que l'ascendant qu'exerce sur lui son Premier ministre était la cause de cette dérobade. Je n'en sais rien – mais je ne suis pas sûr d'être rassuré par cette explication.

Ce que j'ai vu, c'est un président incapable d'imposer à son Premier ministre le retrait d'un texte qui divise les Français au point de les faire descendre dans la rue presque quotidiennement. La loi de la démocratie, c'est bien sûr celle de la majorité. Mais la démocratie ne se résume pas à l'application mécanique d'une arithmétique. La démocratie, c'est aussi le respect de la minorité. Mesurer l'intensité du refus d'une orientation que l'opposition n'a pas la possibilité de contrarier par son vote fait partie des devoirs du président. Lors du dernier quart de siècle, nous avons par deux fois au moins connu pareille situation. La première fois en 1984, à propos de l'unification du service public de l'Education nationale voulue par la majorité de gauche : l'importance des manifestations qui se déroulèrent alors fit comprendre à François Mitterrand qu'il fallait retirer le projet. La deuxième en 1994, au sujet du contrat d'insertion professionnelle : Edouard Balladur, qui était Premier ministre d'un gouvernement de cohabitation, a admis que la voie qu'il avait choisie pour tenter de favoriser l'emploi des jeunes était rejetée par les Français, et il en a tiré les conséquences en abandonnant le CIP. Jacques Chirac n'a pas su jouer ce rôle d'arbitre alors même que les conditions de sa réélection lui imposaient de tenir compte de l'avis de la gauche.

Tout cela met à mal les institutions de la Ve République. Comment en être surpris ? Cette crise a achevé de déconsidérer un président devenu l'otage de son Premier ministre. Beaucoup avaient compris que dans l'attelage, presque unique au monde, que constituent le président de la République française et son Premier ministre, le second servait de « fusible » au premier. Personne n'avait jusqu'alors eu l'imagination d'une situation dans laquelle le président servirait de « béquille » au Premier ministre.

Comme si cela ne suffisait pas, ce même président annonce aux Français médusés que ce n'est pas le gouvernement qui proposera un texte de sortie de crise, mais le parti majoritaire. Faut-il que la Ve République soit malade pour que la marque du pouvoir passe des mains du président à celles du Premier ministre avant d'échoir à une majorité désavouée !

La crise de régime est ouverte. Elle est sensible dans tous les commentaires. Une telle débâcle n'est pas de nature à redonner confiance aux Français. L'année qui vient sera longue et douloureuse pour tous ceux qui aiment la France. Elle doit déboucher sur un renouveau : à nous de savoir en créer l'espoir.

Un président pour la France du XXIe siècle

A quoi sert le président de la République ?

Nous ne sommes pas dans un régime parlementaire où le chef de l'Etat n'exerce qu'une fonction symbolique. Que cette mission soit héréditaire – comme au Royaume-Uni – ou élective – comme en Allemagne – ne change rien à l'affaire. Il existe même, au Portugal, une forme de parlementarisme dans laquelle le chef de l'Etat est élu au suffrage universel mais ne dispose pratiquement d'aucun pouvoir. Je suis favorable à un véritable régime parlementaire, mais ce n'est pas sur ce principe qu'est organisée la Ve République. L'adoption du quinquennat a par ailleurs renforcé la tendance à la présidentialisation du régime : un président élu pour cinq ans, c'est un président qui doit être dans l'action et qui ne saurait se contenter de suivre de loin la politique de son Premier ministre. C'est d'autant plus vrai qu'un autre phénomène renforce depuis quelques années l'urgence d'une réunification de l'exécutif : il s'agit de l'importance nouvelle prise par le Conseil européen qui réunit, une fois par semestre au moins, les chefs d'Etat et de gouvernement. A cette occasion sont prises de nombreuses décisions qui orientent – et encadrent parfois très précisément – les vies politiques nationales, si bien qu'il est illusoire d'espérer que le président de la République française puisse laisser son Premier ministre gouverner sans s'en mêler – à moins de changer radicalement de régime, ce que les Français ne me semblent pas disposés à faire.

Il ne nous reste donc qu'une option : celle d'un président qui gouverne. C'est ce qui m'avait conduit, dans *La Flamme et la Cendre*, à préconiser la suppression de la fonction de Premier ministre. Depuis, je me suis laissé convaincre qu'il s'agissait là d'une réforme inutilement lourde, et que le Premier ministre pourrait fort bien demeurer le premier des ministres. Il y aurait même quelque inconvénient à se priver de la soupape de sécurité que son renvoi peut constituer. Que le président de la République n'ait pas usé de cette possibilité lors de la crise du CPE en dit plus long sur l'inadéquation de Jacques Chirac à la fonction que sur l'inadaptation de notre Constitution à nos besoins.

Mais si le président doit assumer de plus en plus largement la direction du gouvernement, il faudra renforcer les pouvoirs du Parlement, et particulièrement ceux de l'Assemblée nationale. On prétend souvent que les rédacteurs de la Constitution de la Ve République ont délibérément opté pour une Assemblée affaiblie. Ce n'est pas faux. Ses pouvoirs de contrôle et d'enquête sont néanmoins nombreux et puissants. Pourquoi l'Assemblée se tient-elle aux ordres du gouvernement ? La réponse ne se trouve pas dans les textes, mais dans la soumission des majorités successives qui, inconscientes de leur force, auraient pourtant eu les moyens de se faire entendre et respecter. Qu'on imagine seulement la puissance des rapporteurs budgétaires de la commission des Finances, qui peuvent contrôler sur place et sur pièces tous les services de l'Etat. Pour que ce pouvoir soit réellement et utilement exercé, il faut que ses dépositaires disposent de la détermination et du temps nécessaires. S'il y a une réforme indispensable au renforcement de l'Assemblée nationale, c'est celle qui consisterait à interdire aux députés tout cumul de mandats et à les obliger à être présents au Palais-Bourbon. Voilà la mère de toutes les réformes : elle n'épuise évidemment pas le sujet de l'évolution de nos institutions, mais elle en est la condition première.

La question centrale de l'élection de 2007 sera donc bien la suivante : un président pour quoi faire ?

Il faut d'abord un président qui imprime une orientation politique. Le président de la République est le président de tous les Français : cette formule impose des devoirs au titulaire de la charge. Je pense en particulier au droit qu'ont les minorités non seulement de s'exprimer, mais aussi de faire valoir leur point de vue. J'ai dit plus haut comment le président devait en tenir compte. La démocratie repose sur le vote majoritaire, mais elle ne doit pas aboutir à la dictature de la majorité sur la minorité. L'intensité du refus que cette dernière exprime doit être appréciée. Et c'est au président de savoir identifier les moments où le vote d'une loi mettrait en péril l'harmonie nationale. Les situations d'une telle nature sont toutefois peu fréquentes : dans la plupart des cas, le président peut mettre en œuvre le projet politique pour lequel il a été élu, et suivre ainsi le chemin qu'il a indiqué au pays.

Le président ne saurait cependant varier au gré des

ressacs de l'opinion publique. Il ne peut être un président-ectoplasme qui ne s'enquerrait des sondages que pour s'y conformer. Rien ne serait plus détestable dans son principe ni plus dangereux dans son accomplissement qu'un président qui demanderait alentour ce qu'il doit faire : il lui faut savoir ce qu'il veut pour la France et l'indiquer aux Français. Savoir écouter est un impératif, mais savoir répéter ne peut suffire.

Si le président doit considérer les sondages avec prudence, il doit aussi tenir à distance les experts. Souvent issus de l'ENA, ces derniers savent tout ou presque. Ce sont eux qui ont incité Alain Juppé à recommander à Jacques Chirac de dissoudre l'Assemblée nationale en 1997, parce qu'ils jugeaient impossible de construire pour 1998 un budget permettant de respecter nos engagements européens ; or le gouvernement de Lionel Jospin a conçu peu après un budget qui a permis à la France de remplir les critères de l'euro. Ce sont eux qui, à la fin de 1998, m'expliquaient que la croissance économique allait s'effondrer alors que j'affirmais qu'il ne s'agissait que d'un « trou d'air » ; or le taux de croissance a dépassé 3 % du PIB en 1999. Je ne prétends pas que la compétence n'est pas nécessaire à l'exercice des responsabilités gouvernementales parce que les questions à traiter seraient avant tout politiques. Je pense au contraire que la compétence est plus nécessaire encore aujourd'hui qu'hier parce que le monde est devenu plus compliqué et que les affaires de l'Etat ont gagné en technicité. Mais je crois que c'est le responsable politique lui-même qui doit être compétent, et pas seulement ses conseillers dont la tendance naturelle est de chercher à le transformer en perroquet. C'est pourquoi je ne vois pas d'inconvénient à nommer un médecin ministre de la Santé ou un avocat garde des Sceaux : ils s'en laisseront sans doute moins conter que d'autres. La compétence technique est, pour une femme ou un homme politique, la condition de l'indépendance.

Le président doit indiquer un chemin au pays, et c'est justement ce qui ne s'est pas passé en 2002. Les conditions particulières de la réélection de Jacques Chirac ont privé les Français d'un second tour qui aurait vu s'affronter deux visions de l'avenir. Aussi était-il sans doute illégitime de la part du président réélu de considérer que son orientation était largement validée en dépit de la modestie de son score du premier tour. C'est en raison de ce parti pris que cette élection n'a pas joué le rôle que l'on pouvait attendre d'elle : celui d'un contrat démocratiquement conclu d'une part entre le peuple et un homme ou une femme appelé à diriger le pays pendant cinq ans, et d'autre part par le peuple avec lui-même qui accepte de voir la majorité décider de l'avenir collectif. Le quinquennat qui s'achève aurait pu être sauvé si Jacques Chirac ne s'était pas mépris sur le sens du vote du 5 mai 2002. La France n'a pas eu cette chance.

Le chemin que je veux tracer est celui de l'efficacité et de la justice. La volonté de justice est l'un des principaux marqueurs de la gauche depuis les premiers temps du socialisme. Elle est souvent présentée comme incompatible avec l'efficacité économique. C'est là une caricature. Une gauche qui a l'ambition de rester durablement au pouvoir, et elle doit avoir cette ambition si elle veut être en mesure d'atteindre ses objectifs de justice, doit être une gauche efficace. Une gauche efficace, ce n'est pas seulement une gauche qui ferait correctement fonctionner la machine économique : c'est bien le moins, mais cela ne saurait suffire. Ce n'est pas non plus une gauche qui aurait su élargir le champ de ses préoccupations aux questions environnementales : c'est une sensibilité que nous avons faite nôtre. C'est une gauche capable de réussir les transformations que la France doit connaître. On dit les Français rétifs à la réforme. L'échec du CPE a permis aux détracteurs de notre société de reprendre l'antienne de la France irréformable. Je n'en crois rien. Comme d'autres peuples, les Français ont compris que leur système productif devait être l'objet de transformations importantes. Mais plus que d'autres sans doute, ils veulent que ces changements se fassent dans la justice. C'est ce que ce gouvernement n'a pas compris. C'est ce que seule la gauche peut accomplir.

Le président de la République française est le président des Français. Mais il est aussi le président de la France. Son rôle dépasse la mission que lui ont confiée ses concitoyens et qui touche à la société française, à ceux qui la composent, à ses anciens et à ses enfants. Il lui incombe également de représenter la France, de faire vivre son histoire et de préparer son avenir. Cette charge fait parfois la noblesse et souvent la difficulté de la fonction. Car la place de la France dans le monde n'est pas comparable à celle d'une autre nation. Nous avons su, depuis des siècles et singulièrement depuis la Révolution de 1789, porter un message dont j'ai dit dans l'introduction de ce volume combien il était constitutif de mon identité. Faire entendre la voix de la France, voilà bien ce qui relève du président de la République et qui ne relève que de lui. Ce message fait de l'alliance de la liberté et de l'égalité, beaucoup de peuples sont prêts à l'entendre. Beaucoup nous disent aujourd'hui combien ils souffrent de ne plus l'entendre.

Plus près de nous, nos amis nous attendent pour reprendre le cours de la construction européenne. Nous ne le ferons pas sans eux, mais ils ne le feront pas sans nous. Le prochain président n'aura que peu de temps pour prendre des initiatives s'il souhaite en voir l'aboutissement. C'est pourquoi il doit avoir dès maintenant à l'esprit la voie qu'il entend proposer. Mieux : il aura dû en discuter au préalable avec les représentants de nos partenaires européens, qu'ils soient de droite ou de gauche. Cela peut sembler surprenant à ceux qui n'ont pas eu jusqu'à présent l'occasion de participer activement à la construction européenne, fût-ce dans des rôles mineurs. Les relations personnelles tissées entre les dirigeants des divers Etats membres y jouent fréquemment un rôle aussi important que les appartenances politiques : en témoigne la relation qu'ont entretenue François Mitterrand et Helmut Kohl. Si l'on veut pouvoir convaincre pour avancer, un respect réciproque doit de longue date animer les acteurs à la négociation.

Reste la confiance. Ce qui me frappe le plus lorsque je parcours le pays, c'est de voir à quel point nous avons perdu confiance en l'avenir comme en nous-mêmes. C'est vrai tant du chef d'entreprise qui menace d'aller exercer son activité à l'étranger que du syndicaliste qui craint de ne pas pouvoir l'en empêcher. Or rien ne se fera sans confiance. Ni la croissance, ni les réformes.

Si la confiance nous fait défaut, c'est parce que l'avenir paraît sombre. Le sentiment du déclassement gagne toutes les catégories de la population, ceux qui souffrent depuis longtemps comme ceux qui découvrent la souffrance. A tous ceux-là, je veux dire que je crois en notre avenir collectif. Pour eux, je veux défendre mon projet politique.

La disparition de l'URSS a sonné le glas de l'utopie communiste. Elle a périmé une représentation du monde distinguant les bons des méchants et les progressistes des conservateurs – vision qui, dans sa simplicité, ne diffère guère au fond de celle que nous a proposée George W. Bush lorsqu'il a prétendu s'attaquer à l'axe du mal. Une longue parenthèse s'est ainsi refermée. Une lecture approximative de Marx avait donné naissance à une mécanique économique et sociale censée conduire inéluctablement à la victoire des forces populaires et à l'instauration d'un communisme d'autant plus séduisant qu'il était moins précisément défini. Comme dans toute religion, les promesses de paradis devaient permettre de supporter la dureté de la vie présente.

Ferai-je sourire en disant que je crois, moi, au socialisme des origines, au socialisme qui, de Saint-Simon à Jaurès, a éclairé le monde ? A celui à la renaissance duquel aspirait Léon Blum quand il écrivait qu'il « doit revenir [...] à la pureté de l'inspiration primitive [1] » ? C'est un socialisme qui refuse les insupportables inégalités d'un système économique capable de broyer les hommes, mais c'est un socialisme qui, loin de fustiger par principe « les patrons », place très haut l'esprit d'entreprise lorsqu'il est mis au service de tous dans la société, dans la science ou dans les arts.

Ce socialisme-là veut chercher les talents partout où ils

1. Léon Blum, *A l'échelle humaine*, Paris, Gallimard, 1945.

se trouvent afin de leur permettre de s'exprimer. Il ne tolère pas que des inégalités de naissance fondent des divergences de destin. Il s'accommode de l'effort et du sacrifice, pourvu qu'ils soient consentis dans la justice. Et dans le monde d'aujourd'hui, mon socialisme s'élève contre ce qui ne peut plus durer.

Il s'élève contre la misère à laquelle sont abandonnés ces enfants du Sud qui survivent avec moins de un dollar par jour alors que les pays riches rechignent à abaisser les droits de douane et à ouvrir leurs marchés. Il s'élève contre l'indifférence dans laquelle l'Afrique meurt du sida parce que les laboratoires pharmaceutiques refusent de céder leurs licences. Il s'élève contre l'égoïsme qui nous conduit à temporiser dans la lutte pour la préservation de l'environnement. Jamais la mise en garde de Saint-Exupéry, pour qui « nous n'héritons pas de la terre de nos parents, nous l'empruntons à nos enfants », n'a aussi fortement résonné dans nos têtes.

Il s'élève contre l'insupportable immobilisme européen quand l'action diplomatique d'une Union européenne politiquement majeure pourrait contribuer à l'apaisement d'une planète ensanglantée.

Il s'élève contre l'aveuglement des politiques qui courtisent leurs électeurs à coups de cadeaux fiscaux et qui, en privant de la sorte la recherche de financement, sacrifient l'avenir.

Il s'élève contre une école qui, en France aujourd'hui, n'autorise pas l'épanouissement de tous les talents parce que le hasard de la naissance continue d'y faire obstacle ; contre un système de santé qui, en France aujourd'hui, aggrave les inégalités devant la mort en différenciant l'accès aux soins selon l'origine sociale ; contre une politique du logement qui, en France aujourd'hui, fait d'un logement digne un luxe auquel tous ne peuvent prétendre.

Il s'élève contre la recrudescence des discriminations raciales.

Cela fait trente ans, presque jour pour jour, que j'ai adhéré au Parti socialiste. J'avais un peu plus de vingt ans

– l'âge des enthousiasmes. J'ai maintenant l'âge de la détermination. J'aime passionnément la France. J'ai de l'ambition pour mon pays, de l'amour pour son histoire, de l'admiration pour ses réussites, de la fraternité avec ses habitants. Je veux qu'il retrouve de l'élan, de la confiance, de l'espoir. L'espoir qui, depuis trop longtemps, n'est plus réservé qu'aux privilégiés.

Faire de la politique, c'est vouloir servir. C'est vouloir changer le monde. C'est vouloir changer la vie. Briguer les plus hautes charges, c'est ne pas rester frileusement en retrait : c'est vouloir mettre en accord des années de combat militant et ce que je crois juste pour la France.

Je veux redonner l'espoir de construire le monde autrement qu'en s'inclinant devant le pouvoir de l'argent. Je veux faire en sorte que l'espoir change de camp.

TABLE

www.ingramcontent.com/pod-product-compliance
Lightning Source LLC
Chambersburg PA
CBHW070239290326
41929CB00046B/1968